히로시마 고등사범학교에서 민족의 교육자를 꿈꾸던 시절의
길영희 선생(25세)

인중 제고 교장 시절 교장실에서
교지 춘추(春秋)를 보는 길영희 선생(1960년)

가루실 자택 앞에서(1972년)

정년 20년을 맞아 제물포고등학교를 찾아와 사자후를 토하던
길영희 교장선생(81세)

길영희 교장선생 재판기록

허경진 옮기고 엮음

평민사

[목차]

일러두기

1. 이 책은 길영희 교장선생이 경성의학전문학교 학생으로 1919년 삼일만세운동에 참여하여 체포되고 재판 과정을 거쳐 판결받는 과정까지의 일체 기록을 수집하여 출판하였다.

2. 조서부터 판결문까지, 진행 절차에 따라 문서를 편집하였다.

3. 일본어로 된 문서들은 번역하고, 원문을 뒤에 편집하였다. 인명은 괄호 안에 한자를 쓰고, 지명은 한글로 표기하였다.

4. 조서는 사진도 그대로 편집하고, 판결문은 관련 부분만 사진을 편집하였다.

5 국가 기관에서 보존하고 있는 재판 기록이 중심이며, 「예심종결서」는 『매일신보(每日申報)』 1919년 9월 7일부터 11일까지 5회에 걸쳐 연재된 한글본 「騷擾學生의 豫審終決書, 這這히 判明된 彼等의 罪狀」을 편집하였다.

6. 『매일신보』판 「예심종결서」는 1919년 당시의 맞춤법에 따라 기록된 한글이기에 가능하면 원본 형태를 살렸다. 인명은 괄호 안에 한자를 쓰고 지명은 한글로 고쳤다. 필요한 한자어는 음을 달았으며, 띄어쓰기와 아래아(ㆍ), 고투의 문장만 최소한으로 고쳐 독자들이 불편하지 않게 하였다.

7. 독자들이 찾아보기 쉽게 '길영희' 부분은 볼드로 편집하였다.

머리말

길영희 교장선생은 경성의학전문학교 1학년에 재학중이던 1919년 삼일만세운동에 참여했다가 체포되어 재판을 받고 옥고를 치르셨다. 그로부터 65년 뒤인 1984년 3월 1일 새벽 3시 40분에 유명을 달리하셨다. 길영희 교장선생의 생애를 여러 가지 측면에서 이야기할 수 있겠지만, 독립운동가의 측면에서 보자면 20세 청년이던 경성의학전문학교 1학년 시절 피 끓는 애국심으로 삼일만세운동에 참여해 옥고를 치르고 사립 배재고등보통학교 학생이 되었다가, 광복 이후 인천중학교를 바로세우고 제물포고등학교를 설립하여 명문으로 육성한 뒤 65주년 삼일절 새벽에 서거하셨다.

길영희 교장선생의 만세운동 참여 이야기는 제자들이 오래 전부터 들어서 다들 알고 있었지만, 재판기록은 잊혀져 있었다. 이제 길영희 교장선생의 서거 40주기를 앞두고, 우리가 잊고 있었던 재판기록을 정리하여 제자와 그분을 기억하는 국민들에게 공개하고자 한다.

이 책은 길영희 교장선생이 경성의학전문학교 1학년 학생으로 독립만세운동에 참여하여 체포, 구속, 기소되어 신문받고 판결 받는 과정까지의 일체 기록을 수집하고 번역하여 출판한 것이다. 경성의학전문학교 선배와 동급생들이 함께 신문받았는데, 이 가운데 백인제, 한위건, 길영희 세 학생이 함께 옥고를 치렀지만 석방된 뒤에는 각기 다른 길을 걸었다.

3학년이던 백인제는 경성의학전문학교를 퇴학당한 뒤에 복교하여 졸업하고, 동경제국대학에서 의학박사학위를 받고 돌아와 경성의학전문학교 교수가 되고, 서울 저동에 백외과를 개업하였으며, 재단법인 백병원을 설립하였다.

2학년이던 한위건은 후배 길영희에게 만세운동에 참여하라고 연락하였으며, 3월 1일 파고다공원에서 학생대표로 독립선언서를 낭독하였다. 경성의학전문학교에서 퇴학당한 뒤 상해에서 조직된 대한민국임시정부에 참여하여 내무위원이 되었으며, 귀국하여 조선공산당 선전부장으로 활동하였다.

1학년이던 길영희는 경성의학전문학교에서 퇴학당한 뒤에 사립 배재고등보통학교에 4학년으로 편입학하여 졸업하고, 일본 히로시마고등사범학교에 유학하여 교육자로서의 길을 걸었다.

경성의학전문학교에 입학하여 의사의 길을 걸으려고 꿈을 꾸었던 20대 청년 세 사람이 의사, 공산주의자, 교육자로 각기 다른 한 평생을 살았지만, 당대 한국사회에 큰 영향을 끼쳤던 것은 마찬가지이다. 어찌 이 세 사람뿐이겠는가. 이때 길영희 교장선생과 함께 만세를 부르고 투옥생활을 했던 여러 전문학교의 학생들이 모두 일제강점기와 광복 이후 대한민국 각 분야에서 지도자로서의 길을 걸었다. 이 책은 길영희 교장선생 개인의 재판기록이지만, 우리 사회 여러 지도자들의 젊은 시절 애국심을 보여주는 책이기도 하다.

　이 책에 실린 자료는 허경진(제고 14회)이 수집하여 번역하였고, 박만(제고 14회)이 법조문 차원에서 문장을 감수 교열하였다. 선생 서거 40주년을 앞두고 출판하여 길영희 교장선생을 기억하는 여러분들과 함께 나누어 보고자 한다.

2023년 8월 15일

길영희선생기념사업회 회장 박민

1장
길영희 신문조서(訊問調書)

1.
길영희 신문조서 번역문

[피고인 길영희(吉瑛羲)]

위 피고인에 대한 보안법위반 등 사건으로 다이쇼(大正) 8년(1919년) 6월 25일 경성지방법원에서
예심계직무대리 조선총독부 판사 호리 나오요시(堀直喜)
조선총독부재판소 서기 와타베 나오타로(渡部直太郎)
열석하여 예심판사는 피고인에 대해 다음과 같이 신문하다.

문) 성명·연령·신분·직업·주소·본적지 및 출생지를 말하라.
답) 성명은 **길영희(吉瑛羲).**
　　연령은 20세, 10월 9일생.
　　신분은 -.
　　직업은 경성부 의학전문학교(醫學專門學校) 1년생.
　　주소는 평안북도 희천군 희천면 읍상동 92.
　　본적지는 평안북도 희천군 희천면 읍상동 92.
　　출생지는 평안북도 희천군 희천면 읍상동 92.

문) 위기(位記)·훈장·종군기장(從軍記章)·연금·은급(恩給)
　　또는 공직을 가지고 있는가?
답) 없다.
문) 지금까지 형벌에 처해진 적이 없는가.
답) 없다.
문) 종교는 무엇인가.
답) 없다.

문) 피고는 전에 서울 어디에 있었는가.

답) 경성부 송현동 47번지 엄조이(嚴召史) 집에 있었다.

문) 동숙자가 있었는가.

답) 없다. 혼자 있었다.

문) 금년 2월 20일 경 피고는 한위건(韓偉健)을 방문하여 독립운동 애기를 한 일이 있는가.

답) 그때 한위건(韓偉健)을 찾아 '미국에 있는 이승만(李承晩)이 파리에 가서 조선독립운동을 하고 또 동경에서 조선인 유학생이 독립선언을 했는데, 그런 것을 알고 있는가' 하고 물었던 바, 동인은 그런 것은 모른다고 말했다. 그런 것은 당시 학생 사이에 일반적 소문으로 되어 있었으므로 특별히 한위건에게 애기한 것은 아니다.

문) 그런 말을 했을 때 피고는 어떻게 느끼고 있었는가.

답) 조선인이 독립운동을 하고 있지만 오늘의 처지로서 조선은 아무래도 독립할 수 없다고 생각했다.

문) 한위건과는 어째서 그렇게 친한가.

답) 한위건은 나의 상급생으로 알고 있는 정도이며, 특별히 친한 것은 아니다.

문) 친하지 않는 자와 어떻게 그런 애기를 할 수 있는가.

답) 그런 애기는 학생 사이에 있는 것으로서 특별히 독립운동의 애기라고 할 수 없다.

문) 3월 1일 파고다공원에서 독립선언이 있다고 하는 것은 언제 알았는가.

답) 그날 이전에 안 것이 아니다. 3월 1일 학교에서 독립운동을 개시하기 위해 오늘 오후 2시 파고다공원에서 독립선언을 한다는 것을 알았다. 그래서 3월 1일 오후 2시 파고다공원에 가니 많은 사람이 모여 있었다. 2명의 사람이 육각당(六角堂)에 올라가서 그 중 한 사람은 무언가 읽고 있었다. 뒤에 들으니 독립선언서의 낭독이라고 하였다. 군중은 일제히 독립만세를 불렀으므로 나도 독립만세라고 불렀다. 군중과 함께 문을 박차고 나와 독립만세를 부르면서 종로를 나와 대한문(大漢門) 안까지 갔다가 그곳에서 군중과 헤어져 귀가하였다.

문) 이형원(李亨垣)을 아는가.

답) 동급생이니 알고 있다.

문) 동인을 조사한 바에 따르면, 3월 1일 전날, 즉 2월 28일에 학교 교실에서 4·5명의 학생이 있는 곳에서 피고로부터 '내일 3월 1일 오후 2시에 파고다공원에서 독립선언이 있고 학생도 참가하기로 되어 있으니 참가하도록 하라'는 뜻을 전달받았다고 하는데 사실인가.

답) 나는 그런 것을 알고 있지 않았으므로 그런 말을 한 일이 없다.

문) 또 3월 4일 동인에게 '내일 학생들만으로 독립운동을 할 것이니 참가하라'고 권유했다는데 어떤가.

답) 그런 말한 일이 없다. 그날은 동인을 만난 일이 없다.

문) 3월 1일 학교에서 바로 파고다공원에 갔는가.

답) 하숙에 일단 돌아와 학교 도구를 놓고 갔다.

문) 그날 단성사에 가지 않았는가.

답) 간 일이 없다.

문) 누구와 같이 갔는가.

답) 혼자 갔다.

문) 오태영(吳泰泳)을 아는가.

답) 알고 있다.

문) 동인의 공술에 의하면, '학교에서 돌아오는 길에 피고는 동인에게 단성사로 오라고 말했다'면서 단성사에 갔다고 하는데 그런가.

답) 나는 그런 말 한 적이 없다. 또 단성사에 간 일도 없다.

문) 3월 1일 파고다공원에서 독립선언을 한 자는 누구인지 몰랐다고 하는 것인가.

답) 그렇다.

문) 어떤 방면의 사람이 한다고 하는 것인가.

답) 그것도 몰랐다.

문) 파고다공원에 가서도 몰랐는가.

답) 그렇다.

문) 단지 독립선언을 하고 독립운동이 있다고 하는 것뿐으로 파고다공원에 갔다는 말인가.

답) 나는 독립선언이 있다는 것을 몰랐다.

문) 그렇다면 무엇 때문에 갔는가.

답) 단지 독립운동이 있다는 것만 알고 간 것이다.

문) 독립운동이란 무엇인가.

답) 조선인이 조선국을 독립국으로 하겠다는 것을 목적으로 힘쓴다는 것을 독립운동이라고 한다.

문) 피고는 그런 것을 알고 파고다공원에 갔던 것이니, 독립운동에 찬동하고 만세를 불렀던 것이 아닌가.

답) 조선이 독립한다는 것이 싫지는 않았으니까 조선인의 의무로서 군중과 함께 독립만세를 부르고 돌아다닌 것이다.

문) 이와 같이 운동하면 독립이 될 줄 생각했는가.

답) 독립될지 안 될지는 모르겠으나, 사람들이 하니까 나도 따라 한 것이다.

문) 한위건 등과 해외에서의 독립운동 애기를 했다는 것, 또 李亨垣・吳泰泳 등의 공술에 의하면, 이번 독립운동에 대해 여기 진술하는 것 이상의 관계가 있다고 생각되는데 어떤가.

답) 그밖에 아무런 관계가 없다.

문) 군중과 함께 만세를 부르고 다니면 장안의 질서가 문란해진다는 것을 알고 있었는가.

답) 그것은 알고 있었다.

문) 3월 5일은 어떻게 했는가.

답) 하숙에 있었다.

문) 그날 독립운동이 있는 것을 알았는가.

답) 모르고 있었다.

문) 오태영(吳泰泳)의 진술에 의하면, '3월 4일 피고로부터 3월 5

일 독립운동이 있는 것을 들었다'고 하는데 어떤가.

답) 나는 ㄱ 운동이 있는 것을 몰랐으므로 동인에게 말한 석이 없다.

문) 3월 4일까지 송현동 47번지의 엄조이(嚴召史) 집에 하숙하고 있다가 3월 5일에 소격동 36번지 이명규(李明珪) 집으로 전출했다는데 그런가.

답) 날짜는 확실하지 않지만 그렇게 전출하였다.

문) 무엇 때문에 전출했는가.

답) 학교에서 무슨 일이 일어나면 내가 1년생의 총대로서 선생에게 의견을 진술한 관계로 학교에서 나를 주의인물로 취급할 것이라 생각했고, 또 타인이 나를 찾아오는 것이 재미가 없어 숨어버리기 위해 전출한 것이다.

문) 송현동의 하숙에는 동숙인이 있었는가.

답) 다른 학교 학생은 있었지만 그 이름은 모른다. 의학교(醫學校) 학생은 한 사람도 없었다.

문) 피고는 언제 고향에 돌아갔는가.

답) 3월 7일에 부친과 같이 돌아갔다.

문) 현재의 상태에 대해 무슨 불평이 있는가.

답) 조선에는 중학교 설비가 없기 때문에 고등학문을 할 수가 없는 것, 참정권이 없는 것, 고등관리에 나아갈 수가 없는 것 등이 불평이다.

문) 그러한 불평이 있으므로 독립을 희망하는 것이 아닌가.

답) 그렇지 않다. 지금이라도 독립이 되면 좋은가 나쁜가 하는 것에 대해 확실히 모르고 있는 정도이다.

피고인 **길영희(吉瑛羲)**에게

위를 읽어 주었더니 틀림없다고 말하고 서명하다.

작성일 다이쇼(大正) 8년(1919년) 6월 25일

경성지방법원

서기 조선총독부재판소 서기 와타베 나오타로(渡部直太郎)

신문자 예심계직무대리 조선총독부 판사 호리 나오요시(堀直喜)

2.
길영희 신문조서 일본어 원문

[被告人 吉瑛羲]

右被告人ニ對スル保安法違反等事件ニ付大正8年6月25日京城地方
法院ニ於テ
豫審掛職務代理朝鮮總督府判事 堀直喜
朝鮮總督府裁判所書記 渡部直太郎
列席ノ上豫審判事ハ被告人ニ對シ訊問ヲ爲スコト左ノ如シ.

問) 氏名, 年齡, 身分, 職業, 住所, 本籍地及出生地ハ如何.
答) 氏名ハ 吉瑛羲.
　　年齡ハ20歳（10月9日生）.
　　身分ハ一.
　　職業ハ京城醫學專門學校1年生.
　　住所ハ平安北道熙川郡熙川面邑上洞92番地.
　　本籍地ハ平安北道熙川郡熙川面邑上洞92番地.
　　出生地ハ平安北道熙川郡熙川面邑上洞92番地.

問) 位記, 勳章, 從軍記章, 年金, 恩給又ハ公職ヲ有セサルヤ.
答) 有シマセヌ.
問) 是迄刑罰ニ處セラレタルコトナキヤ.
答) アリマセヌ.
問) 宗敎ハ何乎.

答) 無宗教テアリマス.

問) 被告ハ前ニ 京城ノ何處ニ居ッタカ.

答) 京城府松峴洞47番地嚴召史方ニ居リマシタ.

問) 同宿者アリタルヤ.

答) アリマセヌ. 私1人テ居リマシタ.

問) 本年2月20日頃被告ハ 韓偉鍵ヲ訪問シ獨立運動ノ話ヲ爲シタルコトアリヤ.

答) 其ノ時分 韓偉鍵ヲ訪ネ米國ニ居ッタ李承晩カ巴里ニ行ッテ朝鮮獨立ノ運動ヲ爲シ又東京ニ於ケル朝鮮人留學生カ獨立宣言ヲシタカソ−云フコトヲ知ッテ居ルカト尋ネタル處, 同人ハソ−云フ事ハ知ラヌト申シマシタ. 左樣ノ事ハ其ノ當時學生間ニ一般ニ噂サレテ居リタルノテアリマスカラ特ニ韓偉鍵トノミ話シタルト云フ譯テアリマセヌ.

問) 左樣ノ話ヲスル時被告ハ如何ニ感シテ居ッタカ.

答) 朝鮮人カ獨立運動ヲシテ居ルカ今日ノ處朝鮮ハトウシテモ獨立出來ルモノテナイト思ヒマシタ.

問) 韓偉鍵トハトウシテ懇意乎.

答) 韓偉鍵ハ私ノ上級生テアリマスカラ私ハ知ッテ居リマスカ別ニ懇意ト云フ譯テアリマセヌ.

問) 懇意テアラサルモノカ如何ニシテ左樣ノ話ヲ爲シタルヤ.

答) 左樣ノ話ハ學生間ニ在ッタノテ別ニ獨立運動ノ話ト云フ譯テアリマセヌ.

問) 3月1日 パコタ公園テ獨立ノ宣言アルト云フコトハ何時知リタルヤ.

答) 其ノ日ノ以前ニ知ッタ事アリマセヌ. 3月1日學校テ學生間ノ噂テ何人カ知ラヌモ獨立運動ヲ開始スル爲メ本日午後2時 パコタ公園テ獨立ノ宣言ヲスルト云フ事ヲ知リマシタ. ソレテ私ハ3月1日午後2時パコタ公園ニ行クト多數ノ人カ集ッテ居リマシタ. 而シテ2名ノ者カ六角堂ノ上ニ登リ其ノ中ノ1名カ

何カ讀ンテ居リマシタ． ソレハ後ニ聞クト獨立宣言書ノ朗讀
テ在ッタトノ事テアリマス． 而シテ群衆ハ其ノ時一齊ニ獨立
萬歳ト唱ヘマシタカラ私モ獨立萬歳ト唱ヘマシタ． ソーシテ群
衆ト共ニ門ヲ出テ道々獨立萬歳ト唱ヘツヽ鍾路ニ出テソレカ
ラ大漢門內マテ行キマシタカ私ハ其處テ別レテ歸宅シマシタ．

問） 李亨恒ヲ知ルヤ．

答） 同級生テアリマスカラ知ッテ居リマス．

問） 同人ヲ取週ヘタル處ニヨレハ3月1日ノ前日卽チ2月28日ニ學
校ノ敎場テ4，5名ノ學生カ居ル處テ被告ヨリ明3月1日午後2
時 パコタ公園テ獨立ノ宣言アルカソレニ學生モ參加スル事ニ
爲ッテ居ルカラソレニ參加スル樣ニ云ハレタル旨供述シテ居
ルカ如何．

答） 私ハ左樣ノ事ヲ知ッテ居ラヌノテアリマシタカラソ一云フ事
ヲ話シタルコトアリマセヌ．

問） 尙3月4日ニ同人ニ對シ明日學生丈ケテ獨立運動ヲスルカラ參
加セヨト勸メタルトノ事テアルカ如何．

答） 左樣ノコト云フタ事アリマセヌ． 其ノ日又同人ニ逢ッタ事モ
アリマセヌ．

問） 3月1日ハ學校ヨリ直ク パコタ公園ニ行キタルヤ．

答） 下宿ニ一旦歸リ學校ノ道具ヲ置イテ行キマシタ．

問） 其ノ日 團成社ニ行キタルニアラスヤ．

答） 左樣テアリマセヌ．

問） 何人ト一緒ニ行キタルヤ．

答） 私1人テ行キマシタ．

問） 吳泰泳ヲ知ルヤ．

答） 知ッテ居リマス．

問） 同人ノ供述ニヨレハ學校ノ歸リ途ニ被告ハ同人ニ對シ 團成社
ニ來イト云フタトノ事テ團成社ニ行キタルトノ事ナルカソー
カ．

答）私ハ左様ノ事云フタ事アリマセヌ. 又 團成社ニ行キタル事モ
アリマセヌ.

問） 3月1日 パコタ公園テ獨立宣言スル者ハ誰テアルカ知ラナ
カッタト云フノカ.

答）左様テアリマス.

問）トウ云フ方面ノ人カ遣ルトノ事ナリシヤ.

答）ソレモ判リマセヌテシタ.

問）パコタ公園ニ行ッテモ判ラナカッタノカ.

答）左様テアリマス.

問）只獨立ノ宣言ヲシテ獨立運動カアルト云フ事丈ケテソレテ パ
コタ公園ニ行キタルノカ.

答）私ハ獨立ノ宣言アルト云フ事モ知ラナカッタノテアリマス.

問）然ラハ何ノ爲ニ行キタルヤ.

答） 只獨立運動ヲスルト云フ事丈ケヲ知ッテ行キタルノテアリマ
ス.

問）獨立運動トハ何乎.

答） 朝鮮人カ朝鮮國ヲ獨立國ニシタイト云フ目的ノ下ニ盡スコト
カ獨立運動テアリマス.

問） 被告ハソ一云フ事ヲ知ッテ パコタ公園ニ行キタルノテアルカ
ラ其ノ獨立運動ニ贊成シテ萬歳ヲ云フテ歩イタノカ.

答） 朝鮮カ獨立スルコトハ厭テハナカッタカラ朝鮮人ノ義務トシ
テ群衆ト共ニ獨立萬歳ト云フテ歩イタノテアリマス.

問）斯様ニ運動スレハ獨立出來ルト思ヒタルヤ.

答） 獨立出來ルカ出來ヌカソレハ判リマセヌテシタカ人カ遣ルノ
テアリマスカラソレテ私モ遣ッタノテアリマス.

問） 韓偉鍵等ト海外ニ於ケル獨立運動ノ話ヲシタト云フコト又李
亨恒, 吳泰泳等ノ供述ニヨレハ被告ハ今度ノ獨立運動ノ事ニ
ツキ玆テ供述スル以上ノ關係アッタ樣ニ思ハ丶カ如何.

答）外ニ何等關係アリマセヌ.

問) 群衆ト共ニ萬歳ヲ云フテ歩ケハ市中ノ秩序カ紊ルヽト云フ事ヲ知ッテ居ッタカ.

答) ソレハ承知シテ居リマシタ.

問) 3月5日ハトウシタカ.

答) 下宿ニ居リマシタ.

問) 其ノ日獨立運動アルコトヲ知リタルヤ.

答) ソレハ知ラスニ居リマシタ.

問) 呉奉泳ノ供述ニヨレハ3月4日ニ被告ヨリ3月5日獨立運動アルト云フ事ヲ聞イタトノ事ナルカ如何.

答) 私ハ其ノ運動ノアルコトヲ知ラヌノテアリマスカラ同人ニ話シタルコトアリマセヌ.

問) 3月4日迄松峴洞47番地ノ嚴召史宅ニ下宿シテ居ッタカ3月5日ニ昭格洞36番地 李明珪方ニ轉居シタルトノ事ナルカソーカ.

答) 日ハ判然致シマセヌカ其ノ通リ轉居シマシタ.

問) 何ンノ爲ニ轉居シタルヤ.

答) 私ハ學校テモ何カ事カ興ルト1年生ノ總代トシテ先生ニモノヲ云フテ居ッタ様ノ關係カラ學校テモ私ヲ注意人物トシテ取扱ッテ居ルタロート思ヒ又他人カ私ヲ訪ネテ呉ルト惡イカラソレテ隱クルヽ爲ニ轉居シタルノテアリマス.

問) 松峴洞ノ下宿ニハ同宿人アリタルヤ.

答) 他ノ學校ノ生徒ハ居リマシタカ其ノ名前ハ知ッテ居リマセヌ. 醫學校ノ生徒ハ1人モ居リマセヌテシタ.

問) 被告ハ何時郷里ニ歸リタルヤ.

答) 3月 7日ニ歸リマシタカ父ト一緒ニ歸ッタノテアリマス.

問) 現在ノ狀態ニツキ何カ不平アリヤ.

答) 朝鮮ニハ中學校設備ナク爲ニ高等ノ學問ヲスルコト出來ヌコト, 參政權ノナキコト, 高地位ノ官吏ニナルコト出來ヌ事等カ不平テアリマス.

問) ソー云フ不平アルカラ獨立ヲ希望スルノテハナイカ.

答) 左様テアリマセヌ．今テモ獨立スレハ善イカ惡イカト云フ事
ニツキテハ判ラスニ考ヘテ居ル位テアリマス．

被告人 **吉瑛羲**
右讀聞ケタルニ相違ナキ旨申立テ署名シタリ．

作成日　大正8年6月25日
京城地方法院

書記　京城地方法院朝鮮總督府裁判所書記　渡部直太郎
訊問者　豫審掛職務代理朝鮮總督府判事　堀直喜

2장
길영희 의견서(意見書)

1.

길영희 의견서 번역문

김형기(金炯璣), 윤자영(尹滋瑛), 이공후(李公厚), 한창환(韓昌桓), 김대우(金大羽), 주종의(朱鍾宜), 김택원(金澤遠), 최경하(崔景河), 나창헌(羅昌憲), 박윤하(朴潤夏), 김백평(金柏枰), 박노영(朴老英), 박쾌인(朴快仁), 장기욱(張基郁), 장채극(張彩極), 전옥결(全玉玦), 이철(李鐵), 김동환(金東煥), 이용재(李龍在), 이규송(李奎宋), 김철환(金鐵煥), 박인옥(朴寅玉), 이형영(李亨永), 김한영(金漢泳), 최평집(崔平楫), 하태흥(河泰興), 김상덕(金相德), 윤기성(尹基誠), 박창배(朴昌培), 진연근(陳演根), 박동진(朴東鎭), 안상철(安尙哲), 손홍길(孫洪吉), 유만종(劉萬鍾), 이양식(李亮植), 남위(南偉), 길원봉(吉元鳳), 이시영(李時英), 이인식(李仁植), 김기세(金基世), 도상봉(都相鳳), 민찬호(閔瓚鎬), 진용규(奏龍奎), 강용철(姜龍喆), 장명식(張明植), 윤귀룡(尹貴龍 尹瓚), 최주원(崔柱元), 김양갑(金陽甲 金相礪), 채정흠(蔡禎欽), 김영진(金永珍), 김양수(金瀁秀), 김병조(金炳祚), 한병만(韓秉萬), 허익원(許益元), 이규선(李奎璿), 허영조(許永祚), 이강(李橿), 김창식(金昌湜), 김중익(金重益), 장세구(張世九), 한병승(咸秉昇), 강학룡(姜學龍), 백인제(白麟濟), 오태영(吳泰泳), 황용주(黃龍珠), 정인철(鄭寅喆), 오용천(吳龍天), 함태홍(咸泰鴻), 현창연(玄昌燕), 전진극(全鎭極), 이형원(李亨垣), 김

진하(金鎭夏), 이익종(李翼鍾), 유완영(劉完榮), **길영희(吉瑛羲)**, 송영찬(宋榮璨), 김경하(金景河), 허룡(許龍 許鎭河), 이학(李鶴), 최용무(崔容武), 황의동(黃義東), 유극로(兪極老), 남연채(南延彩), 유화진(兪華鎭), 윤윤용(尹允用), 박승영(朴勝英), 이유근(李有根), 정구철(鄭求喆), 박세균(朴世均), 한창달(韓昌達), 이남옥(李南玉), 한수룡(韓秀龍), 안규용(安圭瑢), 강용전(康龍田), 양호갑(梁好甲), 성준섭(成俊燮), 박규훈(朴圭燻), 이능선(李能善), 홍순복(洪淳福), 유근영(柳近永), 방재구(方在矩), 한흥리(韓興履), 손진기(孫眞基), 노원(盧援), 조남천(趙南天), 윤주영(尹周榮), 조용욱(趙庸郁), 김형식(金亨植), 김용관(金龍觀), 이수창(李壽昌), 박승표(朴勝表), 심대섭(沈大燮), 최강윤(崔康潤), 김종현(金宗鉉), 채순병(蔡順秉), 정기순(鄭基淳), 조용석(趙鏞錫), 박인석(朴仁錫), 황창희(黃昌禧), 이상준(李相駿), 오의명(吳義明), 김윤옥(金允玉), 김승제(金承濟), 이희경(李熙慶 李熙景), 김봉건(金鳳乾), 한종건(韓鍾建), 빅경조(朴炅朝), 임동건(林東乾), 이병관(李炳寬), 김갑수(金甲洙), 한호석(韓戶石 韓皓湅), 이국수(李掬水 李官錫), 정석도(鄭石道), 김응관(金應寬), 이시웅(李時雄), 이동제(李東濟), 조무환(曹武煥), 신용준(愼鏞俊), 임주찬(任周燦), 심원섭(沈元燮), 오충달(吳忠達), 김복성(金福成 金光振), 김유승(金裕昇), 박희봉(朴喜鳳 朴喜昌), 박병원(朴炳元), 박흥원(朴興源), 박준영(朴俊榮), 정태화(鄭泰和), 신봉조(辛鳳祚), 조봉룡(趙鳳龍 趙宖植), 오세창(吳世昌), 성주복(成周復), 김재중(金載中), 김교승(金敎昇), 정신연(鄭信燕), 김찬두(金贊斗), 박주풍(朴疇豊 朴周豊), 김봉렬(金鳳烈), 서영완(徐永琬), 이아주(李娥珠 李愛主), 신특실(申特實 申眞心), 유점선(劉點善), 노예달(盧禮達), 최정숙(崔貞淑), 탁명숙(卓明淑 卓瑪利亞), 김독실(金篤實), 안명흠(安明欽), 김기택(金基澤), 황

금봉(黃金鳳 黃恩受), 김승만(金昇萬), 고재완(高在玩), 양주흡(梁周洽), 양새순(梁仕順 梁仕恂), 김호준(金鎬俊), 김세룡(金世龍), 박수찬(朴秀燦), 김준희(金俊嬉), 강선필(姜善弼), 유석우(庾錫祐), 최사열(崔士烈), 최상덕(崔上德), 윤좌진(尹佐珍), 김사국(金思國), 차영호(車榮鎬), 안상덕(安商悳), 민강(閔橿), 한남수(韓南洙), 윤이병(尹履炳), 이민설(李敏舌), 이헌교(李憲敎), 이용규(李容珪), 유태응(劉泰應), 이춘균(李春均), 강일영(姜日永), 김용희(金用熙), 김영식(金英植), 어대선(魚大善), 최흥원(崔興源), 김백원(金百源), 문일평(文一平), 김극선(金極善), 차상진(車相晋), 백관형(白觀亨), 조형균(趙衡均), 유준근(柳濬根), 송주헌(宋柱憲), 유희완(柳熙完), 박용태(朴容泰), 이인영(李寅永), 문성호(文成鎬)

위의 피고 등에 대한 출판법과 보안법위반사건은 다음 이유에 의해 당원 공판에 부칠 건이라고 사료되므로, 이에 의견을 부쳐 별책 소송기록과 함께 반려합니다.

작성일 다이쇼(大正) 8년(1919) 8월 30일

발송자 경성지방법원 검사국
　　　　조선총독부 검사 야마사와 사이치로(山澤佐一郞)
수신자 경성지방법원 예심괘
　　　　조선총독부 판사 호리 나오요시(堀直喜) 귀하

[이유]

제1

미국과 중국 북경(北京)·상해(上海) 등에 재류하는 불령조선인 등은 구라파 전란의 종식에 제하여 북미합중국 대통령의 대적강화의 한 항목으로서 각 민족의 자결주의를 주창함을 듣자, 조선민족도 또한 해당 주의에 따라 제국의 속박을 벗어나 한 독립국을 형성할 이유가 있다고 일컫고, 그 실현을 기하는 데는 우선 조선민족을 규합하고 내외 호응하여 독립희망의 의사를 표시하고, 이어 각종의 수단에 의하여 운농에 송사할 필요가 있다고 간주하여, 상해(上海)로부터 사람을 동경(東京)과 조선에 파견하여 주로 학생과 조선 서부에 있는 예수교인의 일부에게 이상의 사상을 선전하여 인심동요의 형세가 나타나자, 동경(東京)에서는 다이쇼(大正) 8년(1919) 1월 초순을 기해 최팔용(崔八鏞) 등 불령분자들이 재류학생을 규합하여 동경시 신전구 조선기독교청년회에서 조선독립에 관한 격렬한 논의를 거듭하고 경시청에 출두하여 독립의 의견을 진술하는 등 불온한 행동을 하게 되자, 이것을 문지한 서울에 있는 학생의 사상도 점차로 험악하게 되어 동경(東京)에 있는 학생의 주장에 따르려 하는 자가 점차로 많아지고, 소재를 비밀로 하여 독립운동을 상의하였다.

이와 전후하여 천도교주 손병희(孫秉熙)와 각 여당인 최린(崔麟)·권동진(權東鎭)·오세창(吳世昌) 등은 일반 민심의 기미를 보자 최남선(崔南善)·송진우(宋鎭禹) 등과 상모하여 항상 가지고 있던 조선독립의 야망을 수행하는 것이 바로 이때라고 좋은 기회를 놓치지 말세라, 더욱이 예수교 전도자인 이승훈(李昇薰)·함태영(咸台永)·박희도(朴熙道)·세브란스병원

사무원 이갑성(李甲成)·기타 자들과 또 2~3명의 불교 승려와 서로 결탁하기에 이르렀다. 위 수모자 중 박희도(朴熙道)와 이 갑성(李甲成)은 독립을 획책하고 그 운동을 하는 데에는 서울 에서 학생을 규합하고 그 실행 방면을 담당시키는 것밖에 없 다고 생각하고, 가만히 학생 사이의 사상동정을 살피며 거사하 는 날에 대비하겠다고 하였다.

박희도(朴熙道)는 다이쇼(大正) 8년 1월 하순 각 전문학교 유력자라고 보는 자, 즉 연희전문학교 학생 김원벽(金元璧), 보 성법률상업전문학교 학생 강기덕(康基德), 경성의학전문학교 학생 한위건(韓偉健)과 피고 김형기(金炯璣), 경성공업전문학교 학생 주종의(朱鍾宜), 경성전수학교 학생 이공후(李公厚)를 경 성부 관수동 중국요리점 대관원(大觀園)에 초청하고, 주익(朱 翼)·윤화정(尹和鼎) 또한 이 자리에 연석하여 조선독립의 호 기가 왔다면서 이를 위해 집회 논의를 거듭하여 상호결속할 필요가 있음을 설득하고 독립운동에 힘쓸 것을 권유하였으며, 이갑성(李甲成)도 또한 각 학생 간의 결속을 공고히 하기 위해 2월 12일과 14일에 두 번에 걸쳐 음악회 등을 가탁하여 경성 부 남대문통 세브란스연합의학전문학교 구내인 자택에 김원벽 (金元璧), 피고 김형기(金炯璣), 피고 윤자영(尹滋瑛)·김영진 (金永珍)·배동석(裵東奭)·한위건(韓偉健) 등 각 전문학교 학 생 중 유력자를 초청하여, 해외에서의 독립운동의 정세를 논의 하고 독립의 사상을 고취하는데 힘쓰고, 그렇지 않아도 일본에 서의 학생의 맹동에 자극받고 있는 청년학생들에게 사상을 선 동하였다.

그 후 박희도(朴熙道)는 손병희(孫秉熙) 일파와 조선독립의 모의를 진행시킴과 동시 강기덕(康基德)·김원벽(金元璧) 등과 회합하여, 위 모의의 내용을 누설시켜 서로 격려하여 학생 간의 결속을 종용함으로써, 강기덕(康基德) 등은 이를 대책으로 하여 각 전문학교로부터 대표적 인물을 물색하여 간부를 조직함이 초미의 규합이라고 생각하고, 각자 지기 또는 이를 통해 권유한 결과 경성의학전문학교 피고 김형기(金炯璣)와 한위건(韓偉健), 세브란스연합의학전문학교 학생 김영진(金永珍)·이용설(李容卨), 경성공업전문학교 피고 김대우(金大羽), 보성법률상업전문학교 강기덕(康基德)과 피고 한창환(韓昌桓), 연희전문학교 김원벽(金元璧)은 모두 각기 두서 학교를 대표한다는 내락을 얻었기 때문에, 2월 20일 경 경성부 승동예배당에서 제1회 학생간부회를 개최하여 그 석상에서 전성득(全性得), 피고 김형기(金炯璣), 김영진(金永珍), 피고 김대우(金大羽), 강기덕(康基德), 김원벽(金元璧)은 다같이 각자 학교를 대표하여 그 책임을 지고, 이용설(李容卨), 한위건(韓偉健), 피고 윤자영(尹滋瑛), 피고 한창환(韓昌桓)은 위 대표자가 관헌에 체포당했을 무렵 뒷일을 처리하였고, 또는 타방면의 임문에 종사한다는 등의 이유로서 대표자라고 일컫는 것을 피하면서 각 동창 학생을 규합하여 일을 맡는다는 것을 의정하여 그 목적의 진척에 노력하였다.

손병희(孫秉熙) 일파와는 이와 전후하여 상의를 진행시켜 조선인의 자유민임과 조선의 독립국임을 반복 상론하고 질서를 문란케 하는 문사를 나열한 선언서를 많이 인쇄하여 널리 조선의 주요 시읍에 배포하고, 또한 사람을 파견하여 그 취지를 부연 고취시켜 곳곳에 조선독립의 시위운동 내지 폭동을 일으킬 것을 기획하였으며, 그 주모자의 한 사람인 박희도(朴熙道)는 2월 23일경 김원벽(金元璧)을 통해 각 학교 대표자에게 손병희(孫秉熙) 일파와 합동하여 서울에서의 시위운동에 앞장설 것을 종용하여 학생측의 승낙을 얻었다. 이어서 손병희(孫秉

熙) 일파는 3월 초순을 기해 독립선언을 하고 시위운동을 개시하도록 결정하고, 학생측에 통고하기 위해 학생측 간부는 2월 25일 경성부 정동 소재 정동예배당 구내 목사 이필주(李弼柱) 집에서 전기 각 대표자와 한위건(韓偉健), 피고 한창환(韓昌桓), 피고 윤자영(尹滋暎) 등과 회합하고 3월 1일 당일 각 전문학교와 중등학교 학생은 모두 정각에 파고다공원에 참집하여 시위운동에 참가시키도록 힘을 쓰고, 다시 그 상황에 따라서는 계속해 각 전문학교 학생을 중심으로 일대 시위운동을 할 것을 결의하였다. 다음날 26일 김영진(金永珍), 이용설(李容卨), 피고 윤자영(尹滋暎), 피고 김택원(金澤遠), 피고 최경하(崔景河), 피고 나창헌(羅昌憲), 피고 박윤하(朴潤夏), 김영조(金榮洮) 등 각 전문학교의 유력자들은 다시 이필주(李弼柱) 집에 회합하여 제2회의 독립운동에는 더욱 학생을 규합하여 참가하도록 하고, 또 제1회와 제2회의 독립운동에 제하여 관헌에게 체포를 면했던 자는 그 뜻을 굽히지 말고 더욱 독립운동을 계속하여 최후의 목적을 달성한다는 결의를 하였다.

이에 앞서 강기덕(康基德)·한위건(韓偉健)·김원벽(金元璧)은 위 모의를 거듭하는데 곁들어 각자 각 중등 정도의 학생 대표자를 전형하여 그들 학생의 결속을 준비케 하고, 김원벽(金元璧)은 경신학교 강우열(康禹烈)·강창준(姜昌俊), 경성고등보통학교 박쾌인(朴快仁) 등을 회유하였고, 강기덕(康基德)은 평안도, 함경도 출신 학생으로 조직된 서북(西北)친목회의 회원임을 이용하고 또는 그밖의 방법에 의하여 2월 초순경부터 경성고등보통학교 피고 김상평(金相枰)과 피고 박노영(朴老英), 중앙학교 피고 장기욱(張基郁), 선린상업학교 피고 이규송(李奎宋), 보성고등보통학교 피고 장채극(張彩極)과 피고 전옥결(全玉玦) 등 그 밖의 각 학교 학생을 당시 거주한 경성부 안국

동 34번지 박희용(朴熙容) 집에 초청하여, '우리 조선이 국제
연맹에서 주창되어 온 민족자결주의에 따라 독립이 되게끔 지
식계급 사이에 그 기획이 진행 중에 있다'고 말하고, '이 운동
의 성패는 오로지 학생의 결속에 있는 바 크다. 언젠가 그 기
회가 올 때는 통보할 것이니 그 뜻을 간직하고 대표자가 되어
앞으로 각자 학교 학생에 대해 독립사상을 고취시키고 이에
대비해야 함이 긴요하다'고 설득하고 선동하였다. 따라서 위
각 피고 등은 그 뜻을 체득하여 모두 동창학생에게 개인적 또
는 집회의 방법으로 기회 있을 때마다 전기 취지에 따라 한번
조선독립운동이 일어날 때는 분기 참가할 것을 설득하였으므
로, 중등 정도의 각 학생도 모두 이 불칙한 말을 믿고 그 때가
오기를 기다리고 있었다.

　이리하여 2월 하순 손병희(孫秉熙) 일파가 드디어 3월 1일
오후 2시를 기해 서울 종로통 파고다공원에서 독립선언을 발
표할 것을 결정하고 전계 취지의 독립선언서 인쇄가 이루어지
자, 이갑성(李甲成)은 '손병희(孫秉熙) 일파의 뜻을 포함한 해
당선언서를 서울 장안에 반포하는데는 각 중등학생을 회유한
강기덕(康基德)의 힘을 빌리지 않으면 안 된다'고 하고, 동일
그 배포를 동인에게 일임하였는데, 동인은 즉시 위 각 중등학
생의 대표자에게 2월 28일 밤 위 이필주(李弼柱) 집에 참집하
라는 뜻을 통고하여 참집시키고, 한편 각 전문학교 대표자는
그날 밤 승동예배당에 회합하여, 김성국(金成國)은 독립선언서
약 1,500매를 가지고 와서 명 3월 1일 오후 2시를 기해 파고
다공원에서 독립선언을 하도록 하였으며, 다시 계속하여 학생
측 주최의 제2회 독립운동을 하도록 유의시키고, 또 선언서는
중등학생에게 배포시킬 것이므로 동인 등에게 교부한다는 뜻
을 보고하였다. 강기덕(康基德)과 피고 한창환(韓昌桓) 등은 즉

시 위 이필주(李弼柱) 집에 이르러 동소에 참집한 피고 김상평(金相枰), 피고 장채극(張彩極), 피고 전옥결(全玉玦), 피고 이규송(李奎宋), 피고 장기욱(張基郁), 사립조선약학교 대표자인 피고 김동환(金東煥)과 피고 이용재(李龍在) 외 십수 명에게 '손병희(孫秉熙) 일파가 명 3월 1일을 기해 조선독립선언을 하고 동시에 선언서를 발포하여 시위운동을 할 것이니, 각자 학생을 결속시켜 이 운동에 참가함과 동시에 독립선언서를 각자 학교를 중심으로 배포하라'는 뜻을 말하고 각 배포장소를 지정하고 해당 선언서 100매 내지 300매를 각 학교 대표자에게 교부하였다.

경성고등보통학교 대표자인 피고 김상평(金相枰)은 위 선언서 200매를 수취하고 그날밤 즉시 동창생 박창수(朴昌洙)가 거주하는 경성부 적선동 128번지 어떤 집에 이르러, 위 선언서 배포의 상의를 위해 미리 참집시켜 놓은 동교 간부인 피고 박노영(朴老英), 피고 박쾌인(朴快仁), 기타 여러 명에게 강기덕(康基德)의 말을 전하고 선언서를 보여주고, 명 3월 1일 각 학교 학생을 규합하여 파고다공원에 이르는 방법을 토의하고, 3월 1일 등교하여 위 피고 3명은 정오 휴게시간에 전학생을 각 교실에 집합시켜 비밀 누설을 막기 위해 교실 입구 등에 망을 보도록 하고, 각 교실을 순회하다가 '오후 2시를 기해 파고다공원에서 손병희(孫秉熙) 일파가 조선독립을 선언할 것이니 오후 1시경 박수 기타의 표시를 하면 자기들을 따라오라'는 뜻을 알리고 있다가 교정에서의 국장참열(國葬參列) 예행연습이 끝나자, 위 피고 3명은 교문에서 학생일동을 결속하여 앞장을 서서 이를 인솔하여 파고다공원에 참집하였으며, 피고 박노영(朴老英)은 전기 박창수(朴昌洙) 집에서 피고 김상평(金相枰)의 위촉을 받아 위 선언서 200매를 수취하여 동일 오후

2시경까지 파고다공원에 이르는 도중 인사동·낙원동·관훈동 방면의 각호 또는 통행인에게 이것을 배포하였다.

사립선린상업학교 대표자인 피고 이규송(李奎宋)은 위 선언서 약 300매를 가지고 즉시 경성부 청엽동 2정목 35번지에 숙박하는 동교생 남정채(南廷彩)를 찾아 위 선언서 20매를 교부하고, 또 동정(同町) 3정목 132번지에 숙박하는 동교 대표자의 한 사람인 피고 김철환(金鐵煥)을 찾아 선언서 약 70-80매를 교부하면서 모두 내일 오후 2시를 기해 배포할 것을 위촉한 다음, 그 나머지 약 200매를 가지고 다시 경성부 금정 157번지 장주환(張柱煥) 집에 동교 대표자의 한 사람인 피고 박인옥(朴寅玉)을 찾아 동인에게 위 선언서의 배포를 위촉하고, 또 피고 김철환(金鐵煥)과 피고 박인옥(朴寅玉)은 명 3월 1일 학생을 파고다공원에 참가시키는 방법을 강구한 다음, 그 날밤은 피고 박인옥(朴寅玉) 집에 숙박하고, 그 다음날 3월 1일에 이르러 피고 김철환(金鐵煥), 피고 박인옥(朴寅玉)은 학교에서 수시로 학생들에게 위 독립운동계획을 알리고, 오후 2시 파고다공원에 참집할 것을 알리고 일반에게도 이를 주지시켜, 동교 학생은 동 시각에 파고다공원에 이르렀으며, 피고 김철환(金鐵煥)은 위 선언서 가운데 약 10매 남짓을 피고 유극로(兪極老)에게 교부하고, 나머지는 경성부 마포 광화문 방면에 뿌리고, 피고 유극로(兪極老)는 이를 남대문 방면에 뿌리고, 피고 이규송(李奎宋)은 약 100매를 황금정 방면에, 피고 박인옥(朴寅玉)은 약 100매를 마포 방면에 모두 동일 오후 2시 경까지 배포를 마치고 파고다공원으로 향하였다.

사립중앙학교의 대표자인 피고 장기욱(張基郁)은 위 선언서 약 200매를 3월 1일 동교에서 1년생 이춘학(李春鶴)이란 자에게 교부하여 서울 장안에 배포시키고, 또 학교에서는 동교 학생에게 독립운동 참가를 위해 파고다공원에 참집하라는 뜻을 알리고 동 공원에 향하였으며, 사립조선약학교 대표자인 피고 김동환(金東煥)과 피고 이용재(李龍在)는 위 선언서 약 100매를 다음날 3월 1일 학교에서 동교생 배한빈(裴漢斌)·황도범(黃道範)과 피고 박준영(朴俊榮) 등 약 20여 명에게 앞서와 같은 취지를 말하고, 선언서 약 8매를 교부하고 동대문 방면에 배포를 명령했으며, 동교생과 같이 파고다공원에 이르렀다. 사립보성고등보통학교 대표자인 피고 장채극(張彩極)과 피고 전옥결(全玉玦)은 위 선언서 약 200매를 그날밤 즉시 경성부 송현동 11번지 장기룡(張基龍) 집인 피고 장채극(張彩極)의 숙소에 이르러 피고 이철(李鐵)과 함께 3명이 협의한 다음, 그날밤 피고 장채극(張彩極)과 피고 이철(李鐵)은 송현동 안국동 수송동 방면에 산재한 동교 학생 이태영(李泰榮)·김장렬(金長烈)·박한건(朴漢健)·김홍기(金弘基) 외 6명 등에게 선언서 10매 정도를 배포할 것을 의뢰하였다.

다음날 3월 1일 피고 장채극(張彩極)은 위 선언서 전부를 가지고 등교하여 동교 구내 운동사무실에 이를 두고 감시 임무를 맡았고, 피고 전옥환(全玉煥)과 피고 이철(李鐵)은 학생 일반에게 그 뜻을 말해 오후 2시 파고다공원에 참집할 것을 고지시킨 다음, 위 선언서를 3개로 나누어 피고 장채극(張彩極)이 파고다공원 앞과 종로 동남쪽을, 피고 이철(李鐵)은 그 북쪽을, 피고 전옥결(全玉玦)은 인사동 청진동 방면으로 배포 구역을 정하고, 전기 배포를 의뢰한 자의 보조를 얻어 동일 오후 2시를 기해 선언서를 배포하였다. 피고 이인식(李仁植)은 파고다공원에서 피고 장채극(張彩極)으로부터 독립선언서 약 10매를 수취하여 동 시각에 동소 부근에 배포하고, 각 피고들과 같이 동일 오후 2시 경 파고다공원에 참집하였다. 그밖에 경성의학전문학교에서는 한위건(韓偉健), 피고 김형기(金炯磯) 등, 경성공업전문학교에서는 피고 김대우(金大羽), 동 부속공업 전습소에서는 피고 이형영(李亨永), 경성전수학교에서는 전성 득(全性得)과 피고 윤자영(尹滋瑛) 등이 주동이 되어 2월 하순 경부터, 기타 서울에 소재한 각 학교에서는 각각 주모자가 있어서 학생 일반에 개인적 또는 집회의 방법으로서, 그 뜻을 말해 3월 1일 파고다공원에 참집한다는 뜻을 발표하였다. 이리하여 조선독립시위운동의 준비가 이루어지고 3월 1일 정오가 지나자 전시 각 학교 학생을 비롯 수만의 군중이 파고다공원으로 쇄도 운집해 왔다.

손병희(孫秉熙) 외 32명의 수모자는 갑자기 결의를 변경하여 수모자들의 회합장소를 파고다공원의 뒷편에 있는 인사동 요리점 명월관(明月館)으로 변경하고, 파고다공원에는 성명불상자를 시켜 선언서를 낭독케 하여 시위운동을 개시할 것으로 하였다. 오후 2시 반 경 위 공원 안 육각당(六角堂)에서 성명불상자가 일어나 손병희(孫秉熙) 이하 32명이 서명한 독립선언서를 낭독하고 조선의 독립국임을 선언한다고 말하자, 군중은 열광하여 조선독립만세·대한독립만세 또는 독립만세라고 고창하여 다수 민중의 힘을 빌려, 제국정부와 세계 각국에 대해 조선인은 모두 독립자유민이며 조선은 한 독립국임을 희망하는 의사를 나타내었다. 이로써 정치변혁의 목적을 달성하려고 이 목적 하에 집합한 다수 민중은 동 공원 문전에서 주모자의 지휘에 따라 동서 2대로 갈라졌다.

서쪽으로 향한 일파는 종로 1정목 전차교차점에 이르러 다시 그곳에서 갈라져, 그 1대는 남대문역전 의주통, 정동의 미국영사관, 이화학당 안, 대한문 앞, 광화문 앞, 조선보병대(朝鮮步兵隊) 앞, 서대문정, 프랑스영사관, 서대문정, 장곡천정을 경유하여 본정 2정목 부근에 이르러서 경찰관의 제지를 만나 대부분이 해산하였고, 그밖의 1대는 무교정, 대한문에 이르러 동문 안에 돌입하여 독립만세를 고창한 뒤 정동 미국영사관에 이르러 되돌아와, 대한문 앞에서 다시 갑·을 2대로 갈라져 갑대(甲隊)는 광화문 앞, 조선보병대 앞, 서대문정 프랑스영사관, 서대문정, 장곡천정을 거쳐 본정에 들어가고, 을대(乙隊)는 무교정, 종로통을 거쳐 창덕궁 앞에 이르러 동소에서 안국동, 광화문 앞, 프랑스영사관, 서소문정, 서대문정, 영성문 등을 거쳐 대한문 앞 장곡천정에서 본정에 들어가 해산하는 자가 있고, 혹은 영악정 명치정을 향하고 혹은 남대문통을 거쳐 동대문 방면을 향하는 자가 있었다.

동쪽으로 향한 1대는 창덕궁 앞, 안국동, 광화문 앞, 서대문정 프랑스영사관에 이르러, 일부는 서소문정, 일부는 정동 미국영사관 또는 영성문을 거쳐 대한문 앞에 이르러 장곡천정으로부터 본정에 들어가 일부는 경찰관의 제지에 따라 해산하고, 일부는 종로통을 나와 동서연초회사 앞에 이르러 다시 동대문 부근을 향하다가 일몰이 되어 해산했으며, 기타 서울 장안에 이르는 곳마다 군중의 떠들썩함이 극에 이르러 모두 조선독립만세·대한독립만세 또는 독립만세 등을 절규하였다. 피고 김한영(金漢永) 최평집(崔平楫) 하태흥(河泰興) 김상덕(金相德) 윤기성(尹基誠) 김대우(金大羽) 주종의(朱鐘宜) 박창배(朴昌培) 진연근(陳演根) 박동진(朴東鎭) 양재순(梁在順) 이형영(李亨永) 유만종(劉萬鍾) 손홍길(孫洪吉) 남위(南偉) 장채극(張彩極) 전옥결(全玉玦) 이철(李鐵) 최상덕(崔上德) 길원봉(吉元鳳) 이시영(李時英) 윤귀룡(尹貴龍) 김귀세(金貴世) 도상봉(都相鳳) 진용규(奏龍奎) 강용철(姜龍喆) 동주원(董柱元) 김양갑(金陽甲) 이인식(李仁植) 김형기(金炯璣) 김택원(金澤遠) 최경하(崔景河)

채순흠(蔡順欽)　김영진(金永珍)　김양수(金瀁秀)　김병조(金炳祚)
한병만(韓秉萬)　허익원(許益元)　이규선(李圭璿)　허영조(許永祚)
이강(李橿)　김중익(金重益)　장세구(張世九)　함병승(咸秉昇)　강
학룡(姜學龍)　백인제(白麟濟)　오태영(吳泰泳)　황용수(黃龍洙)
정인철(鄭寅喆)　오용천(吳龍天)　함태홍(咸泰鴻)　현창연(玄昌燕)
이형원(李亨垣)　김종하(金鍾夏)　이익종(李翼鍾)　유완영(劉完榮)
길영희(吉瑛羲)　윤좌진(尹佐珍)　허룡(許龍)　이학(李鶴)　최용무
(崔溶武)　김종현(金宗鉉)　이규송(李奎宋)　황의동(黃義東)　김철
환(金鐵煥)　박인옥(朴寅玉)　유극로(兪極老)　남정채(南廷彩)　유
화진(兪華鎭)　윤윤용(尹允用)　윤자영(尹滋瑛)　이공후(李公厚)
박윤하(朴潤夏)　박승영(朴勝英)　이유근(李有根)　성구철(鄭求喆)
한창달(韓昌達)　이남규(李南圭)　한수룡(韓秀龍)　박쾌인(朴快仁)
김상평(金相枰)　박노영(朴老英)　박수찬(朴秀燦)　전준희(全俊禧)
안규용(安圭瑢)　강용전(康龍田)　양호갑(梁好甲)　성준섭(成俊變)
박규훈(朴圭壎)　이능선(李能善)　홍정복(洪淳福)　손덕기(孫悳基)
노원(盧援)　조남천(趙南天)　윤주영(尹周榮)　조용욱(趙庸郁)　김
형식(金亨植)　이수창(李壽昌)　박승표(朴勝表)　심대섭(沈大燮)
최강윤(崔康潤)　정기순(鄭基淳)　박인석(朴仁錫)　황창희(黃昌禧)
이상준(李相駿)　오의명(吳義明)　장기욱(張基郁)　김승제(金承濟)
이희경(李熙慶)　김봉건(金鳳乾)　박경조(朴炅朝)　임동건(林東乾)
한종달(韓鍾達)　한호석(韓戶石)　이국수(李掬水)　김응관(金應寬)
이시웅(李時雄)　이동제(李東濟)　조무환(曹武煥)　신용준(愼鏞俊)
임주찬(任周燦)　심원섭(沈元燮)　김동환(金東煥)　이용재(李龍在)
오충달(吳忠達)　김복성(金福成)　김유승(金裕昇)　박희봉(朴喜鳳)
박병원(朴炳元)　박흥원(朴興源)　박준영(朴俊榮)　정태화(鄭泰和)
강일영(姜日永)　김용희(金用熙)　신봉조(辛鳳祚)　오세창(吳世昌)
김재중(金載中)　김교승(金敎昇)　정신희(鄭信熙)　김찬두(金瓚斗)

박주풍(朴疇豊) 김봉렬(金鳳烈) 서영완(徐永琬) 김기택(金基澤) 황금봉(黃金鳳) 신특실(申特實 女) 최정숙(崔貞淑 女) 노복달(盧福達 女) 고재완(高在玩) 이춘균(李春均) 차영호(車榮鎬) 어대선(魚大善) 유희완(柳熙完) 등은 전현 목적 하에 파고다공원 또는 동 공원에서 출동한 군집에 참가하여 함께 대한독립만세·조선독립만세 또는 독립만세를 절규하면서 군집에 창화(唱和)하였다.

그 가운데 피고 박승영(朴勝英)은 프랑스영사관에 이르자 군집에 솔선하여 동관 안에서 동 관원에게 '조선은 오늘 독립을 선언하고 사람이 모두 독립국이 될 것을 열망하니 이 뜻을 본국 정부에 통고해 줄 것'을 말하여 시위운동의 기세를 울렸으며, 피고 이익종(李翼鍾)은 장안을 광분한 다음 창덕궁 앞에서 동 군집과 갈리어 종로통으로 향하는 도중 성명불상자 학생 2·3명을 유인하여 동소를 동행 중의 조선인에 대해 '조선은 지금 독립하려 한다. 다같이 만세를 부르지 않으면 안된다'면서 선동하고 가다가 더욱 많은 군중을 규합하여 이를 지휘하고 스스로 독립만세를 부르며 또는 부르게 하면서, 종로통을 동쪽으로 달려 종로 4정목 경찰관 파출소 앞에 쇄도하여 독립을 고취하는 연설을 하여 인심을 격앙시켰으며 치안을 방해한 자이다.

제2

위 독립시위운동에 참여한 학생간부의 주동자는 미리 모의한 제2회 독립시위운동을 3월 5일로 결정하였다. 소기의 목적을 달성하기 위해 한위건(韓偉健) 등 주모자는 각 전문학교 학생과 각 중등학교의 대표자인 피고 장채극(張彩極), 피고 전옥결(全玉玦), 강우열(康禹烈), 배재고등보통학교 기타 각 학교의 대표자를 3월 4일 오전 중에 경성부 정동 배재고등보통학교 기숙사에 초청하여 3월 5일 오전 9시를 기해 남대문역전 광장에 집합키로 하였다. 학생 주최의 독립시위운동을 하기로 하고, 그 방법으로서 강기덕(康基德)과 김원벽(金元璧)을 선정하여 지휘의 임무를 맡기도록 함으로써, 각자는 편의상 자기학교 학생이나 아는 이를 규합하여 참가시키도록 노력할 뜻을 고지시켰다. 각 참가자는 동지들에게 통지하거나 또는 일반에게 주지시켰으며, 그날밤 다시 한위건(韓偉健)·강기덕(康基德), 피고 한창원(韓昌垣), 피고 장기욱(張基郁), 피고 전옥결(全玉玦) 등은 세브란스연합의학전문학교 구내에 참집하여, 위 운동을 계속하고 다시 결속시켜 여러 가지 수단으로 목적관철에 노력할 것을 협의하였다.

위 제2회의 시위운동의 거사를 안 사립 중동학교 학생 피고 김종현(金宗鉉), 경성고등보통학교 학생 피고 김강윤(金康潤), 사립국어보급학관 학생 피고 채순병(蔡順秉)은 3월 4일 밤 당시 동숙한 경성부 안국동 39번지 박태병(朴台秉) 집에서 명 5일에 많은 군중을 남대문역전에 초치하여 위 운동의 대성황을 이루도록 공모한 다음, 피고 김종현(金鍾鉉)이 소유한 탄산지와 철필 3자루를 사용하여 명 5일 오전 8시 30분에 남대문역전에 집합하여 제2회의 독립운동을 개최하는데 따라 태극기를 가지고 오도록 하는 뜻을 담은 통고문 약 400매를 만들어, 이것을 3방향으로 나누어 그날밤 즉시 피고 최강윤(崔康潤)은 송현동 방면으로, 피고 채순병(蔡順秉)은 소격동 방면으로, 피고 김종현(金宗鉉)은 중학동 방면을 각각 중심하여 각 호에 배포하였다.

이리하여 3월 5일 오전 8시 전후 남대문역전에 쇄도한 군중은 무려 수만 명을 헤아리고, 강기덕(康基德)·김원벽(金元璧)

은 인력거에 탑승하여 조선독립이라고 대서한 깃대를 펄럭이면서 달려가 제2회의 시위운동을 한다는 뜻을 선전하였다. 군중은 일제히 독립만세를 높이 부르며 앞장 선 강기덕(康基德)·김원벽(金元璧)의 지휘에 따라 독립만세를 절규하면서 남대문으로 향하였다. 그 사이 어떤 자는 당일 독립운동자의 표시를 명확하게 하기 위해 다수의 붉은 수건을 뿌리고 이것을 주워 흔들게 하여 남대문에 이르자, 군중은 경비 출동한 경찰관헌의 제지를 만나 그 중 강기덕(康基德)·김원벽(金元璧) 등 검속된 자가 많았다. 이때 제지를 면한 1대는 남대문시장에서 조선은행 앞을 지나 종로 보신각으로 향하여 위 일대와 합쳐서 독립만세를 부르면서 떠들썩함이 극에 이르렀지만, 드디어 출동한 경찰관 때문에 해산하지 않을 수 없었다.

이때 최평집(崔平楫) 유만종(劉萬鍾) 안상철(安尙哲) 이양식(李亮植) 길원봉(吉元鳳) 윤귀룡(尹貴龍) 도상봉(都相鳳) 민찬호(閔瓚鎬) 장명식(張明植) 이강(李橿) 김창식(金昌湜) 장세구(張世九) 김진옥(金鎭玉) 이형원(李亨垣) 송영찬(宋榮璨) 이학(李鶴) 박인옥(朴寅玉) 박세균(朴世均) 한창달(韓昌達) 김종현(金宗鉉) 최강윤(崔康潤) 채순병(蔡順秉) 양호갑(梁好甲) 성준섭(成俊燮) 홍순복(洪淳福) 유근영(柳近永) 방재구(方在矩) 한흥리(韓興履) 노원(盧援) 조남천(趙南天) 윤주영(尹周榮) 김형식(金亨植) 김용관(金龍觀) 이수창(李壽昌) 조남석(趙南錫) 박인석(朴仁錫) 이상준(李相駿) 김윤옥(金允玉) 김승제(金承濟) 이희경(李熙慶) 한종건(韓鍾健) 박경조(朴炅朝) 이병관(李炳寬) 김갑수(金甲洙) 한호석(韓戶石) 이국수(李掬水) 정석도(鄭石道) 김응관(金應寬) 조무환(曹武煥) 오충달(吳忠達) 김유승(金裕昇) 조봉룡(趙鳳龍) 오세창(吳世昌) 성주복(成周復) 김봉렬(金鳳烈) 서영완(徐永玩) 이아주(李娥珠 女) 신특실(申特實 女) 유점선

(劉點善 女) 노복달(盧福達 女) 탁명숙(卓明淑 女) 김독실(金篤實 女) 안명흠(安明欽) 황금봉(黃金鳳) 김승만(金昇萬) 박윤하(朴潤夏) 박노영(朴老英) 장기욱(張基郁) 이용재(李龍在) 고재완(高在琓) 최사열(崔士烈) 이인식(李仁植) 윤좌진(尹佐珍) 이인영(李寅永) 최흥종(崔興琮) 등은 남대문역 또는 중도에서 위 군중에 참가하여 독립만세를 부르고, 또는 붉은 수건을 흔들면서 광분하였다. 그 가운데 피고 최흥완(崔興琓)은 남대문역전 인력거 위에서 '신조선신문(新朝鮮新聞)'이라고 이름하여 조선독립을 고취하는 것 같은 불온인쇄물 수십 매를 살포하였다. 또 자기신변에 집합한 군중에 대해 민족자결주의를 설명하고 독립사상을 고취할 연설을 하려고, 그 첫머리에 말을 시삭하였다. 군중은 독립만세를 고창하면서 이에 창화하였으며, 함께 대한문 앞에 이르러 동소에서 인력거 위에서 조선독립이라고 크게 쓴 깃대를 들고 군중에 솔선하여 시위운동의 기세를 올리고, 이로서 각 피고들은 정치의 변혁을 목적으로 한 불온한 언동으로 치안을 방해한 자들이다.

제3

피고 유준근(柳濬根)은 유생으로 다이쇼(大正) 8년 3월 1일 이래 서울에서 독립운동이 개시되어 점차 조선 전토에 번지자, 유생도 또한 묵시 방관할 수 없다고 하여, 피고 송주헌(宋柱憲), 피고 백관형(白觀亨) 외 11명의 동지를 권유하여 3월 1일 경성부 수창동 모 여관에서 회합하여 위 피고 3명 외 11명과 함께 공모하였다. 이왕(李王) 전하에게 복위를 청하고, 조선의 독립을 꾀할 것을 기도하여 '바야흐로 독립선언이 일조에 전국에 침투하니 이미 패연히 이를 막을 길 없다. 강산은 옛과 같고 궁실 또한 옛과 같으며 인민도 옛과 같다. 따라서 대위에 복위하여 일국을 호령하고 각국에 빨리 조회해야 한다'는 뜻의 상서를 작성하였다. 3월 5일 피고 3명은 동지와 더불어 경기도 한지면 청량리에 이르러 이왕(李王) 전하의 반우식(返虞式)의 귀로를 맞아, 피고 송주헌(宋柱憲)은 해당 상서를 받들고 그 노상을 경계하기 위해 도로가에 도열한 경관을 빼돌리고, 장차 전하의 상여에 가까운 전하 앞으로 내밀려함으로써 치안을 방해하였다.

제4

피고 어대선(魚大善)은 동일 같은 곳에서 유생들 다수 참집시킬 예정으로, 그 기회를 이용해 조선독립의 사상을 고취하고 더욱 그 운동을 치열하게 할 것을 기도해, '바야흐로 파리(巴里) 강화회의에서 민족자결주의가 제창되고 우리 조선도 또한 이에 따라 독립할 것이다. 대개 일에는 시작이 있으면 맺음이 없을 수 없다. 이 독립의 목적을 수행하려고 하면 분발 노력하고 불요불굴의 정신으로서 운동에 종사하여 유종의 미를 거두지 않으면 안된다'는 선동적 연설을 하려 하였다. 그곳에서 군중을 향해 머리말 연설을 시작하자 이왕(李王) 전하의 상여가 통과하고 군중은 일제히 독립만세를 부르기 시작했으므로 연설은 중단되고 군중과 함께 독립만세를 창화하여 치안을 방해한 자이다.

제5

피고 김백원(金百源), 피고 문일평(文一平), 피고 차상진(車相晋), 피고 문성호(文成鎬), 피고 조형균(趙衡均), 피고 김극선(金極善), 피고 백관형(白觀亨)은 3월 1일 손병희(孫秉熙) 외 32명이 독립선언을 발표하고 체포당하자 동인 등의 의사를 계승하고 조선독립의 목적을 수행할 것을 공모하였다. 다이쇼(大正) 8년 3월 12일 각 피고는 경성부 서린동 중국요리점 영흥관(永興館)에 회합하여 조선 13도 대표자명의로서, 한편 조선총독에 대해, '조선독립은 동포 2,000만의 요구이다. 우리들은 손병희(孫秉熙) 등의 후계자로서 조선독립을 요구한다'는 뜻의 애원서(哀願書)를 제출하고, 또 경성부 종로 보신각(普信閣) 앞에서 '피고 등이 조선 13도의 대표자로서 위 한 서류를 조선총독에게 제출한다'는 뜻을 발표함과 동시에, 당시 점차로 잠잠해지려는 독립운동을 다시 북돋아 격려시킴으로써 그 목적을 수행할 것을 의정하였다. 피고 차상진(車相晉), 피고 문성호(文成鎬)는 그날 즉시 조선총독부에 출두하여 이를 제출하였으며, 피고 김백원(金百源), 피고 문일평(文一平), 피고 김극선(金極善), 피고 조형균(趙衡均), 피고 백관형(白觀亨)은 동시에 위 보신각 앞에 이르러 참집한 군중에 대해 피고 문일평(文一平)이 위 애원서를 낭독하고 정치에 관한 불온한 언동을 하여 치안을 방해한 자들이다.

제6

손병희(孫秉熙) 외 32명의 주모자는 전기와 같이 2월 하순경 조선인이 자유민이란 것, 조선의 독립국이란 것을 반복 상론하고 조헌(朝憲)을 문란케 한 문사를 게재한 선언서 약 1만 매를 인쇄하여 널리 조선 내에 배포하고, 또 사람을 시켜 조선 주요 지방에 그 취지를 부연 고취시키고 그곳에 조선독립의 일대 시위운동을 발발시켰다. 피고 안상덕(安商悳)은 다이쇼(大正) 8년 2월 28일 오전 10시 경 경성부 경운동 78번지 이종일(李鍾一) 집에서 동인으로부터 위 손병희(孫秉熙) 외 32명의 조선독립선언서 약 2,000매를 수취하고 함경남도와 강원도 방면으로 보내 줄 것을 부탁받고, 동일 강원도 평강역에 이르러 동소 전도 교구장 이모(李某)에게 위 가운데 700매 가량을 교부하여 일반에게 배포케 하였다. 다음날 다시 함경남도 영흥 읍내에 이르러 동소 천도교구실에서 교구장에게 나머지를 교부하여 일반에게 배포시킴으로서, 정치에 관해 불온한 행동을 하고 치안을 방해하였다.

제7

3월 1일 손병희(孫秉熙) 등이 독립선언서를 발표하고, 이어서 그 선언 발표의 전말을 기술하고 또한 조선독립의 사상을 고취시킴으로써 국헌을 문란케 하는 취지를 기재한 조선독립 신문이 일반에게 반포하자, 서울 장안에서 조선독립에 관해 황당무계한 사실을 날조하였다. 또 전조선에 걸쳐 봉기한 독립운동의 풍문을 과장하게 늘어 놓는 등 불온한 문서로서 독립사상을 고취 선전하는 문서를 마음대로 만들어 간행 반포하여 해당 운동의 위세를 고양시키려는 자가 빈번하게 발생하였다. 다음 각 피고는 또한 이에 따라 정치의 변혁을 목적하여 각자가 다음과 같이 범행을 감행하여 치안을 방해한 자이다.

1. 피고 양재순(梁在順), 피고 김호준(金鎬俊)은 공모한 다음 소관 관서의 허가를 받지 않고 다이쇼(大正) 8년 3월 8일부터 동월 11일까지 4일간 경성부 광희정 2정목 340번지 피고 김호준(金鎬俊) 집에서 조선독립의 사상을 고취하고 분기하여 운동에 참가하도록 선동적 문사를 쓴 각성호 회보 제1호로부터 제4호까지 원고를 그날 밤 순서에 따라 작성하여, 피고 김호준(金鎬俊)이 구입한 등사판으로 각 호 약 80매씩 인쇄하고, 피고 양재순(梁在順)은 그 발행을 담당하여 인쇄가 끝나자 각기 그날 밤에 모두 경성부 광희정 방면의 각 집에 배포하였다.

2. (갑) 피고 박노영(朴老英), 피고 박수찬(朴秀燦), 피고 김세룡(金世龍)은 공모하여 불온문서를 간행할 것을 기도해 한위건(韓偉健)이 작성한 「동포여 일어서라」라는 제목의 조선독립의 사상을 고취시키고 분기해 운동에 참가하도록 하는 선동적 문사의 원고에 따라 피고 유석우(庾錫祐)가 대여한 등사판을 사용하여, 다이쇼(大正) 8년 3월 7일 밤에서 다음날 8일 오전 1시 사이에 경성부 관훈동 51번지 피고 김세룡(金世龍) 집에서 방재룡(方在龍)·김한위(金漢偉)와 함께 약 800매를 인쇄하였다. 피고 김세룡(金世龍)·피고 박수찬(朴秀燦)은 그 발행을 담당하고, 피고 박수찬(朴秀燦)은 해당 인쇄물 약 250매를 3월 8일 밤 경성부 견지동, 인사동 방면에 배포하였다. 또 농일 당시 거주한 경성부 소격동 신용식(申傭植) 집에서 해당 인쇄물 약 250매를 방재룡(方在龍)의 주선에 따라 서울 장안에 반포하기 위해 씨명불상자에게 교부하였다. 피고 김세룡(金世龍)은 동일 경성부 가회동 77번지 조홍식(趙弘植) 집에서 위 인쇄물 약 200매를 피고 최사열(崔士烈)에게 교부하여 배포시켰다.

(을) 피고 강선필(姜善弼)은 피고 박노영(朴老英), 피고 박수찬(朴秀燦)이 전시 불온문서의 인쇄 발행을 기도했지만 그 자금이 없음을 알고 그 비용을 제공하려 하여, 다이쇼(大正) 8년 3월 7일 경 숙소인 경성부 간동 122번지 민부훈(閔孚勳) 집에서 피고 박수찬(朴秀燦)에게 돈 10원을 교부하고, 피고 박노영(朴老英) 등으로 하여금 위 인쇄물에 필요한 백지 기타를 구입케 함으로써 위 범행의 수행을 용이하게 하였다.

(병) 피고 유석우(庾錫祐)는 피고 김세룡(金世龍)이 피고 박노영(朴老英)과 같이 정치에 관해 불온한 문서의 인쇄 발행을 기도하고 있는 것을 알면서, 다이쇼(大正) 8년 3월 5일 경 피

고 김세룡(金世龍)의 요구에 따라 한양상회(漢陽商會)에서 사용하는 등사판 1대를 대여할 것을 승낙하고, 경성부 죽첨정 2정목 41번지의 자택에서 같은 날 가족을 시켜 피고 김세룡(金世龍)에게 등사판을 교부시킴으로써, 피고 김세룡(金世龍)의 전시 범행을 용이하게 해 주었다.

(정) 피고 김준희(金俊禧)는 3월 7일경 숙소인 경성부 재동 106번지 김원배(金元培) 집에서 피고 박노영(朴老英)으로부터 격문의 작성을 동숙인인 한위건(韓偉健)에게 의뢰해달라는 촉탁을 받고 이를 승낙하여, 즉시 한위건(韓偉健)에게 피고 박노영(朴老英)의 취지를 말했던 바, 동인이 「동포여 일어서라」라는 제목의 불온문서의 원고를 작성해 교부해 줌으로서, 즉시 이를 김세룡(金世龍) 집에 가지고 가서, 피고 박노영(朴老英) 등에게 교부하고 동인 등의 위 범행을 용이하게 해주었다.

(무) 피고 최사열(崔士烈)은 3월 8일 숙소에서 피고 김세룡(金世龍)으로부터 「동포여 일어서라」라고 제목한 불온문서의 등사판 인쇄 약 200매의 배포를 의뢰받아, 이를 배포하여 조선독립의 사상을 고취하고 그 목적을 수행하려고 하여, 이를 승낙하고 동일 이를 가회동 방면으로 배포케 한 자이다.

3. 피고 양호갑(梁好甲)은 다이쇼(大正) 8년 3월 1일 밤 경성부 관훈동에서 이지익(李枝翼)이란 자로부터 3월 1일 독립선언발표의 전말을 기술하여 조선독립의 사상을 고취한 조선독립신문 약 30매의 배포를 의뢰받아 이를 승낙하고, 그날밤 이것을 관훈동 가회동 방면의 각 호에 배포시켰던 자이다.

4. 피고 전옥결(全玉玦), 피고 이철(李鐵)은 공모한 다음,

(갑) 3월 1일 타처에서 위 조선독립신문 약 200매를 수취하여 동일 피고 이인식(李仁植) 외 수십 명을 시켜 송현동·간동·안국동·인사동 방면에 배포케 했다.

(을) 3월 2일 타처에서 조선독립의 사상을 고취한 독립신문 제2호와 독립가 수백 매의 배포를 부탁받아, 경성부 간동 107번지 모가에 기숙하는 보성고등보통학교 학생 성명불상자 수명에게 교부하고 서울 장안에 배포시켰다.

(병) 3월 4일 경 이충모(李忠模)라는 자로부터 경고 2,000만 동포라고 제한 조선독립의 사상을 고취한 불온한 인쇄물 수백 매를 고취하여, 동일 위 학생 등에게 부탁하여 서울 장안에 배포시켰다.

(정) 3월 5일 경 피고 전옥결(全玉玦)이 한위건(韓偉健)으로부터 수취해 온 전 취지의 독립신문 제3호 약 80매를 동일 피고 강창준(姜昌俊) 등에게 교부하여 서울 장안에 배포시켰다.

5. 피고 강일영(姜日永), 피고 김용희(金用熙), 피고 김영식(金英植)은 공모한 다음, 3월 27 · 8일 경 경성부 사직동 190번지 피고 김용희(金用熙) 집에서 경고문이라고 제하여, 우리들은 이때를 타서 상해에 있는 동포와 책응하여 시위운동을 하지 않으면 안 된다고 하는 뜻의 원고를 작성해, 피고 강일영(姜日永)의 실형이 소유한 모필용 등사판을 사용하여 100매 정도를 인쇄하고, 이를 3등분하여, 다음날 피고 김용희(金用熙)는 내자동 방면, 피고 강일영(姜日永)은 황금동 방면, 피고 김영식(金英植)은 서울 장안 일대에 반포한 자들이다.

6. 피고 장채극(張彩極), 피고 이철(李鐵), 피고 한창환(韓昌桓), 김홍식(金鴻植) · 이용설(李容卨) 등은 공모한 다음, 당시 서울 장안에서 아무런 통일 없이 간행되는 독립신문 등을 통일하여 간행할 것을 기도하였다. 이용설(李容卨) · 김유인(金裕寅), 피고 한창환(韓昌桓)은 그 간부가 되어 원고의 작성 기타를, 김홍식(金鴻植)은 그 인쇄 배포를, 피고 장채극(張彩極), 피고 이철(李鐵)은 위 원고계와 김홍식(金鴻植)과의 사이에 있으

면서 원고의 접수를 맡았다. 4월 초순경부터 조선독립사상을 고취한 독립신문 제17호를 비롯하여 매일 또는 격일 또는 4·5일마다 서울 장안에서 인쇄 발행하여 제23호에 이르렀다. 다시 동일 경 간부로부터 위 신문원고는 조민언(趙敏彦)이라는 자가 제공할 것이라고 하고, 또 서울 장안 각처에서 대규모로 다수 인쇄 발행한다는 결의를 하였는데, 그때까지 귀향하고 있던 전옥결(全玉玦)은 재차 서울에 와서 피고 장채극(張彩極), 피고 이철(李鐵)과 함께 경성부 소격동 102번지 신용식(申庸植) 집에 동숙하기에 이르러 위 신문 간행에 찬의를 표하고 이에 가담하였다. 피고 장채극(張彩極), 피고 이철(李鐵), 피고 전옥결(全玉玦)은 위 인쇄 발행의 담당자로서, 김홍식(金鴻植) 외 각 중등학교 대표인 경신학교 강우열(康禹烈), 중앙학교 최석인(崔錫仁), 배재고등보통학교 김병호(金炳鎬)를 물색하여 인쇄 배포의 임무를 담당케 하고, 동월 26일까지 사이에 전기 제23호에 이어 제27호까지의 원고를 조민언(趙敏彦)으로부터 수취하여 위 인쇄담당자에게 교부함으로써, 동인 등은 모두 동일 경 서울 장안에서 위 원고에 기초하여 인쇄한 것을 서울 장안 각처에 배포케 하였다.

제8

1. 피고 한남수(韓南洙), 피고 김사국(金思國)은 변호사 홍면희(洪冕禧)·이규갑(李奎甲) 등과 함께 3월 1일 이후 조선 전도에서 봉기한 독립운동은 그간 하등의 연락 관계없이 소기의 효과를 올릴 수 없다고 하고, 이에 국민대회를 조직하여 각개의 독립운동단을 망라하여 조선가정부(朝鮮假政府)를 수립하고, 계통적 독립운동을 할 것을 기도해, 3월 중순경부터 자주 협의해왔다. 이어서 홍면희(洪冕禧)·이규갑(李奎甲)·김규(金

奎) 등의 권유에 따라 각 방면의 대표자가 된 것을 승낙한 자는 4월 2일 인천부 각국공원(各國公園)에 참집하여 가정부(假政府)를 수립하고 일반에게 그 선포를 할 것을 의정하였다. 여기에 참여한 피고 안상덕(安商悳)은 천도교(天道教) 대표자가 되고 박용희(朴用熙)·장붕(張鵬)·이규갑(李奎甲)은 예수교 대표자로, 김규(金奎)는 유생(儒生) 대표자로, 이종욱(李鍾郁)은 불교 대표자가 되어, 피고 한남수(韓南洙), 홍면희(洪冕禧)는 그 알선의 수고를 맡기로 결정하였다. 그후 며칠이 지나 피고 한남수(韓南洙), 피고 김사국(金思國), 김규(金奎), 피고 이헌교(李憲敎), 피고 이민태(李敏台)는 경성부 내자동 64번지 한성오(韓聖五) 집에 회합하여 협의한 결과, 김규(金奎), 피고 한남수(韓南洙), 피고 김사국(金思國) 등으로 국민대회를 개최하는데 요하는 취지서 작성을 알선하기로 하였다.

피고 한남수(韓南洙)는 상해에 있는 독립운동본부와 연락을 취하기 위해 4월 8일 서울을 떠나 상해로 향하고 뒷일을 피고 이규갑(李奎甲) 등에 일임함으로써, 동인 등은 더욱 실행의 기획이 진척되어, 피고 이헌교(李憲敎), 피고 이민태(李敏台)는 이 거사에 찬동하고 위 회합에 참가하였으며, 피고 이헌교(李憲敎)는 피고 윤이병(尹履炳), 윤용주(尹龍周), 최전구(崔銓九) 등에게 권유하여 국민대회원이 되어줄 것을 요구해, 피고 윤이병(尹履炳)은 이에 응해 동지가 될 것을 승인하였다. 피고 이용규(李容珪)는 이전에 의병을 일으켜 종신징역에 처해졌지만, 누차 정치에 관해 불온한 행동으로 나와 검속 또는 처형을 받는 등 이력이 많은 자인데, 김규(金奎)는 이러한 인물을 일원으로 하는 것이 이익이 될 것으로 생각하고, 그 사정을 말해 국민대회의 거사에 찬동을 요구했던 바, 피고 이용규(李容珪)는 즉시 그 동지가 될 것을 승낙하였다.

4월 중순에 이르러 드디어 조선가정부(朝鮮假政府)가 조직되어 내각을 선정하고 이를 선포함과 동시에, 국민대회의 취지를 발표하기 위해 조선 13도의 대표자를 경성부 서린동 봉춘관(奉春館)에서 회합하고, 또 당일 수천 명의 노동자를 종로에 모으고, 자동차를 빌려 서울 장안을 달리면서 인쇄물을 배포하는 등의 실행계획을 세웠다. 피고 김사국(金思國)은 이 실행을 위해 학생측의 알선자 김유인(金裕寅) 등과 연락을 취했으나, 이에 소요되는 경비를 갹출할 필요가 있으므로 동월 19일 경 피고 김사국(金思國)은 당시 숙박한 경성부 통의동 김회수(金晦秀) 집에서 동 피고 · 피고 안상덕(安商悳), 피고 민강(閔橿), 김유인(金裕寅), 현석칠(玄錫七)의 각 동지와 회합한 다음, 천도교 대표자인 피고 안상덕(安商悳), 예수교 대표자 현석칠(玄錫七)이 각각 600원을 제공하여 그 비용에 충당키로 하였다. 그 접수는 비밀누설을 염려하여 피고 민강(閔橿)이 약종상을 경영하여 금전의 출납과 거래자의 내왕이 빈번함을 이용해 현석칠(玄錫七)과 피고 안상덕(安商悳)은 피고 민강(閔橿)의 손을 거쳐 피고 김사국(金思國) 또는 김유인(金裕寅)에게 교부토록 하였고, 피고 민강(閔橿)은 그 점을 알면서 위 금전 접수의 중개를 맡을 것을 승낙하였다. 피고 안상덕(安商悳)은 그 다음날 20일 금 500원을 경성부 천정 5번지 피고 민강(閔橿) 집에서 동인에게 교부하였고, 동 피고는 이를 그날 밤 즉시 동소에서 피고 김사국(金思國)에게 교부하여 동 피고 등의 범행 실행을 용이하게 했다.

　이에 앞서 국민대회의 간부인 피고 한남수(韓南洙), 이규갑(李奎甲) · 이동욱(李東旭) · 현석칠(玄錫七) 등은 협의를 한 다음 이동욱(李東旭)의 집필에 따라 「국민대회 취지서」라고 제목하여 조선 13도 대표자의 성명을 열기하고, 손병희(孫秉熙) 등

33명의 독립선언서의 뜻을 계승하고 조선민족이 일치하여 대소단결하고 각 지방대표자를 총합하여 본회를 열어 임시정부를 조직하고 제국정부에 납세를 거부하고 소송행위를 안하는 등의 방법으로 더욱 독립운동에 힘쓸 것을 기재하였다. 또 선포문이라고 제하여 국민대회는 민의에 따라 임시정부를 조직하고 국민대표자를 파리강화회의에 출석시키기 위해 위원을 선정하여 약법을 제정한다는 뜻과 임시정부 각원·평정관·강화회의 출석위원 등의 성명을 열기하여 조선독립의 사상을 고취하고 조헌을 문란케 하는 원고를 작성하였다. 현석칠(玄錫七)은 장소를 불명한 곳에서 이것을 목판으로 번각하여 약 6,000매 이상을 인쇄하였고, 피고 김사국(金思國)은 이를 국민대회의 간부인 이동욱(李東旭) 등 수 명에게 교부하였으며, 이상 각 피고는 국민대회 간부 또는 회원이 되어 조선가정부를 수립한다고 일컬으며, 다음과 같이 각 피고 등으로 하여금 그 발표와 시위운동을 하게 했다.

2. 피고 장채극(張彩極), 피고 전옥결(全玉玦), 피고 이철(李鐵)은 4월 중순경부터 피고 김사국(金思國)·김유인(金裕寅) 등으로부터 부탁받아 국민대회의 조선독립운동에 대해 그 실행 방면을 담당하고,

(갑) 4월 17·8일 경 이춘균(李春均)으로부터 조선독립의 사상을 고취하고 조헌(朝憲)을 문란하게 하는 임시정부선포문이라고 제한 인쇄물과 임시정부령 제1호·제2호라고 제한 인쇄물 2종 합계 약 100매를 교부받아 보관 중, 김유인(金裕寅)의 명에 따라 다시 많이 번각하여 국민대회취지서와 같이 일괄 배포할 것을 기도하였으며, 피고 윤좌진(尹佐珍)에게 그 인쇄를 부탁함으로써 동 피고는 다시 김종사(金鍾射)와 나종하(羅鍾河)의 두 사람과 공모하여, 경성부 간동 7번지 김태정(金泰鼎)

집에서 동월 20일부터 동월 22일까지 피고 전옥결(全玉玦), 피고 윤좌진(尹佐珍), 김종사(金鍾射)·나종하(羅鍾河) 등 4명이 피고 윤좌진(尹佐珍) 소유의 등사판을 사용해 위 2종의 인쇄물을 1장으로 모아 약 1,500매를 인쇄하였다.

(을) 김유인(金裕寅)은 4월 26일 피고 장채극(張彩極)에게 명 23일을 기해 국민대회를 개최하고,

(가) 당일 자동차 3대를 고용하여 1대에 한 사람씩 탑승케 하여, 국민대회, 공화만세라고 묵서한 깃발 2자루씩을 게양케 하여, 동대문, 서대문, 남대문으로부터 출발하여 길마다 인쇄물을 배포하며 정오를 기해 종로 보신각 앞에 집합시킬 것.

(나) 간부에게는 노동자 3,000인을 종로 보신각 앞에 배치하여 지휘자 3명을 국민대회 등의 기를 게양시켜, 정오를 기해 독립만세를 고창함으로써 시위운동을 할 것.

(다) 종로에서 해당 운동을 개시함과 동시에 봉춘관(奉春館)에서 국민대회를 열어 조선 13도의 대표자가 참집하여 조선가정부(朝鮮假政府)의 선포를 하기 위해 동 회관 앞에 국민대회의 표찰을 붙일 것 등의 계획을 말하고, 위 자동차탑승자·군중지휘자·간판게양자의 선임을 의뢰하고, 그 비용으로서 금 200원을 교부하였다. 피고 장채극(張彩極)은 피고 전옥결(全玉玦), 피고 이철(李鐵)과 협의한 결과 피고 최상덕(崔上德)에게 주선을 의뢰하였으므로, 동 피고는 그 비용으로 50원을 청구하여 수취한 다음, 전부터 아는 사이인 박수봉(朴壽奉)·이만봉(李萬奉)이란 자를 주선하였다. 이어서 피고 유태응(劉泰應)에게 노동자 지휘자가 되어달라고 부탁하여 승낙을 얻었다. 또 전철백(全撤伯)·주병봉(朱炳鳳)이란 자에게 위 간판 게양의 임무를 맡도록 하고, 또 김홍식(金鴻植) 등의 알선에 의해 그밖의 자동차 탑승자와 지휘자의 승낙을 얻었다. 그리고 장채극(張彩

極)은 그날 밤 경성부 서대문정 영성문 부근 방덕환(方德煥) 집에서 김유인(金裕寅), 피고 김사국(金思國)과 회합하여 현석 칠(玄錫七)이 인쇄한 목판인쇄의 선포문과 국민대회취지서의 배포를 인수하였다. 피고 김사국(金思國)과 함께 인력거를 타고 통의동 81번지 이경문(李景文) 집에 이르러 피고 김사국(金思國)이 동가에 감추어 둔 위 2종의 목판인쇄물 6,000매와 위 간판 1매를 가지고 나와, 피고 장채극(張彩極)은 즉시 숙소인 경성부 소격동 신용식(申傭植) 집에 가지고 가서, 피고 전옥결(全玉玦), 피고 이철(李鐵)과 같이 전기 윤좌진(尹佐珍) 등이 등사한 임시정부선포문과 위 2종의 목판인쇄분을 일괄하여 3매 철로 하고, 또 흰 베를 사서 자동차탑승자와 지휘자가 사용할 깃발 9장을 만들어, 피고 전옥결(全玉玦)은 그것에 국민대회 또는 공화만세라고, 또 위 간판에는 국민대회라고 묵서하여 준비를 완성하였다.

(병) 그 다음날인 23일이 되자 피고 장채극(張彩極)은 김유인(金裕寅)과 함께 보성고등보통학교에서 자동차탑승자인 이만봉(李萬奉) 외 2명에게 비용으로 피고 이만봉(李萬奉)에게 35원을, 그 밖의 2명에게 30원을 주고, 또 위 인쇄물철 약 10부씩과 기 2장씩을 교부하였다. 또 위 피고 장채극(張彩極)의 숙소에서 피고 유태응(劉泰應)과 박수봉(朴壽奉) 외 1명에게 5원씩과 공화만세 또는 조선독립이라고 대서한 기 1장씩을 교부하고, 미리 인쇄물 배포 담당을 부탁한 강우열(康禹烈)이 동대문 방면, 김병호(金炳鎬)가 서대문 방면, 유기원(柳基元)이 창덕궁 방면, 김홍식(金鴻植)이 방면불상, 서울 장안에서 정오를 기해 배포하기로 하고 각 350부씩 교부하였다. 따라서 동일 정오를 기해 피고 유태응(劉泰應)·박수봉(朴壽奉) 외 1명은 종로 보신각 앞에서 가지고 있던 기를 흔들며 독립만세를

고창하였으며, 이만봉(李萬奉)은 서대문에서, 다른 2명은 동대문과 남대문에서 각자 기를 흔들면서 위 인쇄물을 뿌렸다. 또 김병호(金炳鎬) 등은 앞에 정한 방면에 위 인쇄물을 뿌리고, 피고 장채극(張彩極)·피고 전옥결(全玉玦)은 인력거를 타고 경성부 서린동 봉춘관(奉春館)으로 위 간판을 가지고 가서, 피고 이철(李鐵)이 인솔해 온 김철백(金撤伯)·주병봉(朱炳鳳) 2명에게 교부하여 그 게양을 명령하였다. 이상 각 피고는 위 각 범행을 감행하고 이어서 치안을 방해하였다.

제9

피고 차영호(車榮鎬)는 이전부터 조선독립을 위해 상해에서 귀국하여 분주하게 돌아다니던 일명 고한(高漢)이라고 하는 고의봉(高義鳳)과 내왕하면서 3월 1일 독립운동에 참가하여, 3월 중순경 피고 장채극(張彩極)에게 소개를 의뢰하고 김유인(金裕寅)과 서로 아는 사이가 되었다. 동인과 피고 장채극(張彩極) 등이 앞에 말한 독립신문 제1호 이하를 발간코자 하자, 그 용지의 조달에 고민하다가 피고 차영호(車榮鎬)에게 그 조달을 의촉했다. 동 피고는 동양용달회사(東洋用達會社)에 의뢰하여 백지 2만 매를 주선 받아 준비하고 다이쇼(大正) 8년 3월 하순경 경성부 관훈동 120번지 피고의 영업소에서 김유인(金裕寅) 등이 조선독립을 고취하여 조헌을 문란케 하는 것 같은 불온문서를 발간할 것이라는 사실을 알면서, 김유인(金裕寅)에게 위 백지 1만 6,000매를 건네주어 동인은 피고 장채극(張彩極) 등과 함께 독립신문 제17호 이하 제27호와 임시정부선포문 등의 간행을 용이하게 하였다.

제10

피고 이춘균(李春均)은 동경 사립명치대 학생인 바, 경성부 계동 130번지 이사용(李思容) 집에 숙박 중 4월 중순경 동소에서 성명불상자로부터 조선의 독립사상을 고취하는 취지를 담은 임시정부선포문이라고 제한 인쇄물과 임시정부령 제1호·제2호라고 제한 인쇄물 2종 약 100매를 수취하였다. 그 배포를 인수 맡아 가지고 있던 중, 동일 경 경성부 안국동 노상에서 피고 장채극(張彩極)에게 교부하면서 배포를 의뢰하였고, 김유인(金裕寅), 피고 장채극(張彩極)은 다시 이를 다수 인쇄하여 배포하려고, 피고 윤좌진(尹佐珍)으로 하여금 인쇄케 하여 국민대회 당일 서울 장안에 뿌리도록 하여 조선독립에 관해 불온한 행동을 하여 치안을 방해하였다.

제11

피고 양주흡(梁周洽)은 동경 사립명치대 학생인 바, 다이쇼(大正) 8년 1월 초순경부터 동경에 있는 학생들과 회동하여 조선독립을 의논하고, 이 목적을 수행하는데는 조선에 귀환하여 조선에서의 독립운동의 간부 등과 일을 같이 함이 효과가 있을 것이라는 중의에 따라, 1월 31일 동경을 출발하여 한 차례 고향인 함경남도 북청군 이곡면의 자택에 이르렀다가, 3월 1일 서울에 왔다. 간동 88번지 전명우(全命禹) 집에서 김유인(金裕寅) 등 외 6명의 일본유학생과 동숙하게 되었으며 3월 25일 경성부 경복궁 앞에서 다수의 군중이 집합하여 조선독립의 희망의사를 발표하고 그 목적을 달성코자 독립만세를 고창하고 떠들던 차에, 피고도 독립만세를 부르고 당시 점차로 완만해지려 하는 조선독립운동의 기세를 더욱 강하게 하여 치안을 방해하였다.

제12

피고 박용태(朴容泰)는 다이쇼(大正) 8년 3월 1일 경기도 안성군 안성읍 내에서 수만의 군중이 참집하여 군중의 위력을 빌려 조선독립의 목적을 달성코자 독립만세를 고창하고 동 읍 내를 광분할 때, 군중과 함께 독립만세를 고창하면서 치안을 방해하였다.

제13

피고 이인영(李寅永)은 다이쇼(大正) 8년 4월 2일 경기도 안성군 이죽면 죽산시장에서 장날을 만나 많은 군중과 참집함을 호기로 삼아, 고문(告文)이라고 제하여 '조선독립의 목적을 수행코자 한다면 영구히 일본인과 동화해서는 안된다'는 뜻을 기록하여, 조선독립의 사상을 고취한 불온문서를 배포하며 선동하고 전후 8회에 걸쳐 군중에 대해 연설을 한 까닭으로, 군중은 모두 독립만세를 고창하며 군중의 위력으로서 조선독립의 목적을 수행코자 죽산시장을 중심으로 광분하기에 이르러, 피고도 또한 군중과 함께 독립만세를 부름으로써 치안을 방해하였다.

이상 피고 등의 수차례에 걸친 조헌을 문란케 한 문서의 저작, 인쇄 반포, 관의 치안방해행위는 각각 범의가 계속한 자들이다.

이상의 사실은 이를 인정할 만한 증빙이 충분하며, 멋대로 조헌을 문란케 한 문서를 저작하고 인쇄 반포한 점은 출판법 제11조 제1항, 제1호 제3항을 적용하고, 이를 방조한 행위에 대해서는 형법 제62조·제63조를 적용할 것이며, 조선독립에 관한 불온한 언동을 한 점은 보안법 제7조를 적용하고, 또 형법 제47조·제55조·제54조와 다이쇼(大正) 8년 제령 제7호 제1조, 형법 제6조·제10조를 적용 처단할 만한 범죄라고 사료하오니, 형사소송법 제167조 제1항에 따라 결정할 것임.

2.
길영희 의견서 일본어 원문

金炯璣　尹滋瑛　李公厚　韓昌桓　金大羽　朱鍾宜　金鐸遠
崔景河　羅昌憲　朴潤夏　金柏枰　朴老玦　朴快仁　張基郁
張彩極　全玉玦　李鐵　　金東煥　李龍在　李奎宋　金鐵煥
朴寅玉　李亨永　金漢泳　崔平楫　河泰興　金相德　尹基誠
朴昌培　陳演根　朴東鎭　安尙哲　孫洪吉　劉萬鍾　李亮稙
南偉　　吉元鳳　李時英　李仁植　金基世　都相鳳　閔瓚鎬
秦龍奎　姜龍喆　張明植　尹瓚コト尹貴龍　董柱元
金相礪コト金陽甲　　蔡禎欽　金永珍　金濚秀　金炳祚
韓秉萬　許益元　李奎璿　許永祚　李櫃　　金昌湜　金重益
張世九　咸秉昇　姜學龍　白麟濟　吳泰泳　黃龍珠　鄭寅喆
吳龍天　咸泰鴻　玄昌燕　全鎭極　李亨垣　金鍾夏　李翼鍾
劉完榮　**吉瑛羲**　宋榮璨　金景河　許鎭河コト許龍
李鶴　　崔容武　黃義東　俞極老　南廷彩　俞華鎭　尹允用
朴勝英　李有根　鄭求喆　朴世均　韓昌達　李南圭　韓秀龍
安圭瑢　康龍田　梁好甲　成俊燮　朴圭熏　李能善　供淳福
柳近永　方在矩　韓興履　孫悳基　盧椵　　趙南天　尹周榮
趙庸郁　金亨植　金龍觀　李壽昌　朴勝表　沈大燮　崔康潤
金宗鉉　蔡順秉　鄭基淳　趙鏞錫　朴仁錫　黃昌禧　李相駿
吳義明　金允玉　金承濟　李熙景コト李熙慶　全鳳乾

韓鍾建　朴炅朝　林東乾　李炳寬　金甲洙　韓皓漣コト韓戶石
李官錫コト李掬水　鄭石道　金應寬　李時雄　李東濟　曺武煥
愼鏞俊　任周燦　沈元燮　吳忠達　金光振コト金福成　金裕昇
朴喜昌コト朴喜鳳　朴炳元　朴興源　朴俊榮　鄭泰和　辛鳳祚
趙宖植コト趙鳳龍　吳世昌　成周復　金載中　金敎昇　鄭信凞
金瓚斗　朴周豐コト朴疇豐　金鳳烈　徐永琬　李愛主コト李娥珠
由悳心コト申特實　劉點善　盧禮達　崔貞淑　卓瑪利亞コト
卓明淑　金篤實　安明欽　金基澤　黃恩秀コト黃金鳳　金昇萬
高在玩　梁周洽　梁在恂コト梁在順　金鎬俊　金世龍　朴秀燦
金俊禧　姜善弼　廎錫祐　崔士烈　崔上德　尹佐珍　金思國
車榮鎬　安商悳　閔橿　韓南洙　尹履炳　李敏台　李憲教
李容珪　劉泰應　李春均　姜日永　金用熙　金英植　魚大善
崔興琮　金百源　文一平　金極善　車相晋　白觀亨　趙衡均
柳濬根　宋柱憲　柳熙完　朴容泰　李寅永　文成鎬

右者ニ對スル出版法及保安法違反被告事件左記ノ理由ニ依リ當院
公判ニ付スヘキモノト思料シ玆ニ意見ヲ付シ別册訴訟記錄及返戾候
也.

(作成日) 大正8年8月30日

(發送者) 京城地方法院檢事局
朝鮮總督府檢事　山澤佐一郞

(受信者) 同院豫審掛
朝鮮總督府判事　堀直喜殿

理由

第1

米國及支那國北京, 上海等ニ在留スル不逞ノ鮮人等ハ歐州戰亂ノ終熄ニ際シ北米合衆國大統領ノ對敵講和ノ1項目トシテ各民族ノ自決主義ヲ主唱セルヲ聞クヤ, 朝鮮民族モ亦該主義ニ係リテ帝國ノ羈絆ヲ脫シ, 一獨立國ヲ形成スルノ理アリト稱シ其實現ヲ期センニハ先朝鮮民族ヲ糾合シ內外呼應シテ獨立希望ノ意思ヲ表示シ尋テ各種ノ手段ニ依リ運動ニ從事スルノ要アリト做シ, 上海ヨリ人ヲ東京及朝鮮ニ派シ主トシテ學生及朝鮮西部ニ在ル耶蘇敎徒ノ1部ニ向ッテ如上ノ思潮ヲ宣傳シ, 儵ニシテ人心動搖ノ勢ヲ呈スルニ至リ, 東京ニ於テハ大正8年1月初旬ヲ期シ崔八鏞等不逞ノ徒ハ在留學生ヲ糾合シ東京市神田區朝鮮基督敎靑年會ニ於テ朝鮮獨立ニ關シ激越ナル論議ヲ重ネ, 警視廳ニ出頭シテ獨立ノ意見ヲ陳辯スル等不穩ノ行動ニ出ツルヤ, 之ヲ聞知シタル在京城學生ノ思想漸ク險惡トナリ, 在東京學生ト響應シ其⊙ニ倣ハントスル者漸ク多ク, 所在密ニ獨立運動ヲ議シタリシカ此ト前後シテ天道敎主孫秉熙竝ニ其黨與タル崔麟, 權東鎭, 吳世昌等ハ一般人心機微ヲ看取スルヤ, 崔南善, 宋鎭禹等ト相謀リ居常抱藏セル朝鮮獨立ノ非望ヲ遂クル適ニ斯時ニ在リ好機乘スヘシト爲シ, 更ニ耶蘇敎傳道者李昇薰, 咸台永, 朴熙道, セブランス病院事務員李甲成, 其他ノ者竝ニ2・3ノ佛敎僧侶ト相結フニ至リタリ. 右王謀者中朴熙道及李甲成ハ獨立ヲ策シ其運動ヲ爲スニハ京城ニ於ケル學生ヲ糾合シ其實行方面ヲ擔任セシムルニ如カスト思料シ, 竊カニ學生間ノ思想動靜ヲ觀シ事ヲ擧クルノ日ニ備ヘントシ, 朴熙道ハ大正8年1月下旬頃各專門學校有力者ト目スヘキ者卽延禧專門學校生徒金元璧, 普成法律商業專門學校生徒康基德, 京城醫學

專門學校生徒韓偉鍵及被告金炯璣, 京城工業專門學校生徒被告朱鍾宜, 京城專修學校生徒被告李公厚ヲ京城府觀水洞支那料理店大觀園ニ招致シ, 朱翼, 尹和鼎亦此席ニ連リ朝鮮獨立ノ好機全レリ之カ爲ニ集會論議ヲ重ネ相互結束ノ要アルヲ說キ, 獨立運動ニ力ヲ致スヘキ旨ヲ勸メ, 一面李甲成モ亦各學生間ノ結束ヲ鞏固ナラシムル爲メ2月12日及14日ノ兩度ニ音樂會等ニ假託シ, 京城府南大門通セブランス聯合醫學專門學校構內ノ自宅ニ金元璧, 被告金炯璣, 被告尹滋瑛, 金文珍, 裵東奭, 韓偉鍵等各專門學校生徒ノ有力者ヲ招致シ, 海外ニ於ケル獨立運動ノ情勢ヲ論議シ獨立ノ思想ヲ鼓吹スルニ努メ, 左ナキタニ內地ニ於ケル學生ノ妄動ニ刺激セラレ居ル靑年學生ノ思想ヲ煽リ, 其後朴熙道ハ孫秉熙一派ト朝鮮獨立ノ謀議ヲ進ムル傍, 康基德, 金元璧等ト會合シ右謀議ノ內容ヲ洩シ相激勵シ, 學生間ノ結束ヲ慫慂シタルヲ以テ康基德等ハ之カ對策トシテ, 各專門學校ヨリ代表的人物ヲ物色シ以テ幹部ヲ組織スルヲ焦眉ノ急ナリトシ, 各自知己又ハ之ヲ介シ勸誘シタル結果, 京城專修學校全性得及被告尹滋瑛, 京城醫學專門學校被告金炯璣及韓偉鍵, セブランス聯合醫學專門學校金文珍, 李容卨, 京城工業專門學校被告金大羽, 普成法律商業專門學校康基德及被告韓昌桓, 延禧專門學校金元璧ハ何レモ各頭書學校ヲ代表スヘキコトノ內諾ヲ爲シタル爲, 2月20日頃京城府承洞勝洞禮拜堂ニ於テ第1回ノ學生幹部會ヲ開催シ, 席上全性得, 被告金炯璣, 金文珍, 被告金大羽, 康基德, 金元璧ハ何レモ各自學校ヲ代表シ其責任ヲ負ヒ, 李容卨, 韓偉鍵, 被告尹滋瑛, 被告韓昌桓ハ右代表者カ官憲ニ逮捕セラレタル際後事ヲ處理シ, 又ハ他ノ方面ノ任務ニモ從事スル等ノ理由ニヨリ代表者ト稱スルコトヲ避ケ, 各同窓學生ヲ糾合シ事ニ當ルヘキヲ議定シ以テ其目的ノ進捗ニ努メタリ. 孫秉熙1派ノ間ニハ此ト前後シテ議ヲ進メ, 朝鮮人ノ自由民タル

コト，朝鮮ノ獨立國タル旨ヲ反覆詳論シ以テ，朝憲ヲ紊亂スヘキ文辭ヲ連ネタル宣言書ヲ多數印刷シテ汎ク朝鮮主要ノ市邑ニ配布シ，且又人ヲ派シテ其趣旨ヲ敷衍鼓吹セシメ以テ所在ニ朝鮮獨立ノ示威運動乃至暴動ヲ勃發セシメンコトヲ企劃シ，其首謀者ノ一人タル朴熙道ハ2月23日頃金元璧ヲ通シ各學校代表者ニ對シ，孫秉熙一派ト合同シテ京城ニ於ケル示威運動ノ衝ニ當ルヘキ旨ヲ慫慂シ學生側ノ承諾ヲ得タリ．次テ孫秉熙一派ハ3月初旬ヲ期シ獨立宣言ヲ爲シ示威運動ヲ開始スヘク決定シ，學生側ニ通告シタル爲メ學生側幹部ハ2月25日京城府貞洞所在貞洞禮拜堂構內牧師李弼柱方ニ前記各代表者及韓偉鍵，被告韓昌桓，被告尹滋瑛等會合シ，3月1日當日各專門學校及各中等程度學生ハ擧ソテ定刻パコタ公園ニ參集シ，示威運動ニ參加セシムル樣力ヲ盡シ，更ニ其模樣ニヨリ引續キ各專門學校生徒ヲ中心トシテ一大示威運動ヲ爲スヘキコトヲ決議シ，翌26日金文珍，李容高，被告尹滋瑛，被告金澤遠，被告崔景河，被告羅昌憲，被告朴潤夏，金榮洮等外各專門學校ノ有力者ハ更ニ李弼柱方ニ會合シ，右第2回ノ獨立運動ニハ奮ッテ學生ヲ糾合シテ參加スヘク，尙第1回及第2回ノ獨立運動ニ際シ官憲ヨリ逮捕ヲ免レタル者ハ其志ヲ枉ケス，益タ獨立運動ヲ繼續シテ行ヒ，次テ最後ノ目的ヲ遂クヘキコトノ由合ヲ爲シタリ．先之康基德，韓偉鍵，金元璧ハ右謀議ヲ重ヌル傍，各自各中等程度ノ學生代表者ヲ銓衡シ以テ同學生ノ結束ヲ準備セシメ，金元璧ハ儆新學校康禹烈，姜昌俊，京城高等普通學校朴快仁等ヲ懷柔シ，康基德ハ平安道，咸鏡道出身學生ヨリ組織セラルヽ西北親睦會ノ會員ナルヲ利用シ，又ハ其他ノ方法ニヨリ2月初旬頃ヨリ京城高等普通學校被告金柏枰及被告朴老英，中央學校被告張基郁，善隣商業學校被告李奎宋，普成高等普通學校被告張彩極及被告全玉玦等外各學校生徒ヲ當時居住セル京城府安國洞

34番地朴熙容方ニ招致シ,　　吾朝鮮モ國際聯盟ニ於テ主唱セラ
ル、民族自決主義ニ則リ獨立シ得ヘク智識階級者間ニ其企劃進
行中ナリ,　而モ此運動ノ成否ハ一ニ學生ノ結束ニ負フ所大ナリ.
何レ其機會到來ノ秋ハ通報スヘキニ依リ其意ヲ體シ代表者トナ
リ, 自今各自校學生ニ對シ獨立思想ヲ鼓吹シ, 之ニ備フルノ肝要
ナルヲ說キテ煽動シタリ. 因ッテ右各被告等ハ其ノ旨ヲ銜ミ何レ
モ同窓學生ニ對シ個人的ニ又ハ集會ノ方法ニヨリ機會アル每ニ
前記ノ趣旨ニ則リ, 一度朝鮮獨立運動ノ擧ケラル、日ニハ奮起參
加スヘキコトヲ說得シタルヲ以テ中等程度ノ各學生モ總テ此無
稽ノ言ヲ信シ其秋ノ來ルヲ要望スルニ至レリ.

斯クテ2月下旬孫秉熙一派カ愈々3月1日午後2時ヲ期シ京城府鍾
路通パコタ公園ニ於テ獨立宣言ヲ發表スルニ決シ, 前揭趣旨ノ獨
立宣言書ノ印刷成ルヤ, 李甲成ハ孫秉熙一派ノ旨ヲ含ミ該宣言書
ヲ京城府內ニ頒布スルニハ各中等學生ヲ懷柔セル康基德ノ力ニ
俟タサルヘカラストナシ, 同日頃其配布方ヲ同人ニ一任シタルニ
ヨリ, 同人ハ直ニ右各中等學生ノ代表者ニ對シ2月28日ノ夜右李
弼柱方ニ參集スヘキ旨ヲ通告シテ參集セシメ, 一面各專門學校ノ
代表者ハ同夜右勝洞禮拜堂ニ會合シ,　　金成國ハ獨立宣言書約
1,500枚ヲ携ヘ來リ,　明3月1日午後2時ヲ期シパコタ公園ニ於テ
獨立宣言ヲ爲スヘク,　更ニ引續學生側主催ノ第2回獨立運動ヲ爲
スヘキニヨリ留意スヘク, 尙宣言書ハ中等學生ニ配布セシムヘキ
ニヨリ同人等ニ交付スル旨ヲ報告シ, 康基德及被告韓昌桓等ハ直
ニ右李弼柱方ニ至リ同所ニ參集セル被告金柏枰, 被告張彩極, 被
告全玉玦, 被告李奎宋, 被告張基郁, 私立朝鮮藥學校代表者タル
被告全東煥及被告李龍在外十數名ニ對シ孫秉熙一派カ明3月1日
ヲ期シ朝鮮獨立ノ宣言ヲ爲シ, 同時ニ宣言書ヲ發布シ示威運動ヲ
爲スヘキニヨリ, 各自ハ學生ヲ結束シテ此運動ニ參加スルト共ニ

獨立宣言書ヲ各自學校ヲ中心トシテ配布スヘキ旨ヲ申告ケ，各配布場所ヲ指定シ各校ニ對シ該宣言書100枚乃至300枚ヲ各代表者ニ交付シタリ.

玆ニ於テ京城高等普通學校代表者被告金柏枰ハ右宣言書200枚ヲ受取リ同夜直ニ同窓生朴昌洙ノ居住セル京城府積善洞128番地某方ニ至リ，豫メ右宣言書配布ニ付打合スヘキ爲スヘキ通知ヲ爲シ同所ニ參集セシメ置キタル同校幹部タル被告朴老英，被告朴快仁，其他數名ニ對シ康基德ノ言ヲ傳ヘ宣言書ヲ示シ，明3月1日自校學生ヲ糾合シテパコタ公園ニ至ルヘキ方法ヲ討議シ，翌3月1日登校スルヤ，右被告3名ハ正午休憩時間ニ全學生ヲ各教室ニ集メ秘密漏洩ヲ防ク爲メ廊下，教室ノ入口等ニ見張リヲタタシメ各教室ヲ巡回シ，午後2時ヲ期シパコタ公園ニ於テ孫秉熙一派カ朝鮮獨立ヲ宣言スルニヨリ午後1時頃拍手其他ノ合圖ヲ爲セハ自分等ニ追隨シ來ルヘキ旨ヲ告知シ，同時頃同校庭ニ於ケル國葬參列ノ豫習終ルヤ，右被告3名ハ校門ニ於テ學生一同ヲ結京シ，先頭ニ立チテ之ヲ引率シパコタ公園ニ參集シ，被告朴老英ハ前記朴昌洙方ニ於テ被告金柏枰ノ依囑ヲ受ケ右宣言書200枚ヲ受取リ，同日午後2時頃迄パコタ公園ニ至ル途中，仁寺洞，樂園洞，寬勳洞方面ノ各戶又ハ通行人ニ配布シ，私立善隣商業學校代表者被告李奎宋ハ右宣言書約300枚ヲ攜ヘ，直ニ京城府靑葉町2丁目35番地ニ宿泊セル同校生被告南廷彩ヲ訪ヒ右宣言書20枚ヲ交付シ，又同町3丁目132番地ニ宿泊セル同校代表者ノ1人タル被告金鐵煥ヲ訪ヒ宣言書約7・80枚ヲ交付シ，何レモ明日午後2時ヲ期シ配布スヘキコトヲ依囑シタル上，其殘部約200枚ヲ攜ヘ，更ニ京城府錦町157番地張柱煥方ニ同校代表者ノ1人タル被告朴寅玉ヲ訪ヒ，同人ニ對シ右宣言書ノ配布ヲ依囑シ，尙被告金鐵煥及被告朴寅玉ト明3月1日學生ヲパコタ公園ニ參集セシムヘキ方法ヲ講シタル上，

同夜ハ被告朴寅玉方ニ宿泊シタリシカ,　翌3月1日ニ至リ被告金鐵煥, 被告朴寅玉ハ學校ニ於テ隨時學生ニ對シ右獨立運動ノ計劃ヲ告ケ,　午後2時パコタ公園ニ參集スヘキ旨ヲ由告ケ一般ニ之ヲ周知セシメタルニヨリ同校學生ハ隨意同時刻パコタ公園ニ到リ, 被告金鐵煥ハ右宣言書ノ中約10餘枚ヲ被告兪極老ニ交付シ,　其餘ハ京城府麻浦, 光化門方面ニ, 被告兪極老ハ之ヲ南大門方面ニ, 被告李奎宋ハ約100枚ヲ黃金町方面ニ,　被告朴寅玉ハ約100枚ヲ麻浦方面ニ,　何レモ同日午後2時迄ニ配布ヲ終リテパコタ公園ニ向ヒタリ.

私立中央學校ノ代表者タル被告張基郁ハ右宣言書約200枚ヲ翌3月1日同校ニ於テ,　1年生李春鶴ナル者ニ交付シ京城府內ニ配布セシメ, 尙學校ニ於テ同校生徒ニ獨立運動參加ノ爲メパコタ公園ニ參集スヘキ旨ヲ告ケテ同公園ニ向ヒ,

私立朝鮮藥學校代表者被告全東煥及被告李龍在ハ右宣言書約100枚ヲ翌3月1日學校ニ於テ同校生裵漢斌,　黃道範及被告朴俊榮等約20餘名ニ前同趣旨ヲ告ケテ宣言書約6枚乃至8枚ヲ交付シ東大門方面ニ配布ヲ命シ, 同校生徒ト共ニパコタ公園ニ至リ, 私立普成高等普通學校代表者被告張彩極及被告全玉玦ハ右宣言書約200枚ヲ携ヘ同夜直ニ京城府松峴洞11番地張基龍方ナル被告張彩極ノ宿所ニ至リ,　被告李鐵ト共ニ3名協議ノ上該宣言書8枚乃至10枚位ヲ一括シ, 又同夜被告張彩極及被告李鐵ハ松峴洞, 諫洞, 安國洞, 壽松洞方面ニ散在セル同校生李泰榮, 金長烈, 朴漢健, 金弘基外6名等ニ其情ヲ告ケテ其配布方ヲ依賴シ置キ, 翌3月1日被告張彩極ハ右宣言書全部ヲ携ヘテ登校シ, 同校構內運動事務室ニ之ヲ藏置シテ看視ノ任ニ當リ, 被告全玉玦及被告李鐵ハ學生一般ニ對シ其情ヲ告ケ,　午後2時パコタ公園ニ參集スヘキコトヲ告知シタル上, 右宣言書ヲ3分シ被告張彩極ハパコタ公園前,　鍾路通

南側，被告李鐵ハ其北側，被告全玉玦ハ仁寺洞，清進洞方面ヲ配布區域ト定メ，前記配布ヲ依賴シタル者ノ補助ヲ籍リ，同日午後2時ヲ期シ全部ノ宣言書ヲ配布シ，被告李仁植ハパコタ公園ニテ被告張彩極ヨリ獨立宣言書約10枚ヲ受取同時刻ニ同所附近ニ配布シ，各被告トモ同日午後2時頃パコタ公園ニ參集シタルナリ．

其他京城醫學專門學校ニテハ韓偉鍵，被告金炯璣等，京城工業專門學校ニ於テハ被告金大羽，同附屬工業傳習所ニ於テハ被告李亨永，京城專修學校ニ於テハ全性得及被告尹滋瑛等何レモ主トナリ2月下旬頃ヨリ，其他京城所在各學校ニ於テモ夫々主謀者アリテ學生一般ニ對シ個人的或ハ集會ノ方法ニヨリ其情ヲ告ケ3月1日パコタ公園ニ參集スヘキ旨ヲ發表シタリ．

斯クテ朝鮮獨立示威運動ノ準備成リ，3月1日正午ヲ過クルヤ前示各學校生徒ヲ始メ數萬ノ群衆ハパコタ公園ニ殺到蝟集シ來レリ．孫秉熙外32名ノ首謀者ハ遽カニ議ヲ變更シテ首謀者ノ會合スヘキ場所ヲパコタ公園裏，仁寺洞料理店明月舘支店(舊太華舘)ニ變更シ，パコタ公園ニ於テハ氏名不詳者ヲシテ宣言書ヲ朗讀シテ示威運動ヲ開始セシムルコトヽナシ，時午後2時30分頃右公園內6角堂ニ於テ氏名不詳者ハ起ッテ孫秉熙以下33名ノ署名セル前揭獨立宣言書ヲ朗讀シ以テ朝鮮ノ獨立國タルヘキコトヲ宣言スト稱スルヤ，群衆ハ熱狂シテ朝鮮獨立萬歲，大韓獨立萬歲，又ニ獨立萬歲ト高唱シ，多衆ノ威力ヲ籍リテ帝國政府並世界各國ニ對シ朝鮮人ハ總ヘテ獨立自由民タリ．朝鮮ハ一獨立國タランコトヲ翹望セル意思ヲ表白シ依テ以テ政治變革ノ目的ヲ遂ケント欲シ，此目的ノ下ニ集合セル多衆ハ同公園門前ニ於テ首謀者ノ指揮ニ從ヒ東西2派ニ分レ，西ニ向ヒシ一隊ハ鍾路1丁目電車交叉點ニ至リ，更ニ同所ニ於テ分派シ，其一隊ハ南大門驛前，義州通，貞洞米國領事舘，梨花學堂內，大漢門前，光化門前，朝鮮步兵隊前，

西大門町, 佛國領事舘, 西小門町, 長谷川町ヲ經テ本町2丁目附近ニ至リ警察官ノ制止ニ遭遇シ大部分ハ解散シ,

其他ノ一隊ハ武橋町, 大漢門ニ至リ同門内ニ突入シテ獨立萬歳ヲ高唱シタル後出テ, 貞洞米國領事舘ニ至リ, 引返シテ大漢門前ニ至リ同所ニテ更ニ甲乙2隊ニ分レ,

甲隊ハ光化門前, 朝鮮歩兵隊前, 西大門前, 佛國領事舘, 西小門町, 長谷川町ヲ經テ, 本町ニ入リ,

乙隊ハ武橋町, 鍾路通リヲ經テ昌德宮前ニ至リ, 同所ヨリ安國洞, 光化門前, 佛國領事舘, 西小門町, 西大門町, 永成門等ヲ經テ大漢門前, 長谷川町ヨリ本町ニ入リ解散スルモノアリ, 更ニ進ンテ或ハ永樂町, 明治町ニ向ヒ, 或ハ南大門通ヲ經テ東大門方面ニ向ヒタルモノアリ.

東ニ向ヒシ一隊ハ昌德宮前, 安國洞, 光化門前, 西大門町, 佛國領事舘ニ至リ, 一部ハ西小門町, 一部ハ貞洞米國領事舘, 又ハ永成門ヲ經テ大漢門前ニ至リ長谷川町ヨリ本町ニ入リ, 一部ハ警察官ノ制止ニヨリ解散シ, 一部ハ鍾路通ヲ出テ東亞煙草會社前ニ至リ, 更ニ東大門附近ニ向ヒ日没頃解散シ, 其他京城府内到ル所群衆喧喚ヲ極メ, 總テ朝鮮獨立萬歳, 大韓獨立萬歳, 又ハ獨立萬歳等ヲ絶叫スルニ際シ, 被告金漢泳, 崔平楫, 河泰興, 金相德, 尹基誠, 金大羽, 朱鍾宜, 朴昌培, 陳演根, 朴東鎭, 梁在順, 李亨永, 劉萬鍾, 孫洪吉, 南偉, 張彩極, 全玉玦, 李鐵, 崔上德, 吉元鳳, 李時英, 尹貴龍, 金基世, 都相鳳, 秦龍奎, 姜龍喆, 董桂元, 金陽甲, 李仁植, 金炯璣, 金鐸遠, 崔景河, 蔡禎欽, 金永珍, 金瀁秀, 金炳祚, 韓秉萬, 許益元, 李圭璿, 許永祚, 李椢, 金重益, 張世九, 咸秉昇, 姜學龍, 白麟濟, 吳泰泳, 黃龍洙, 鄭寅喆, 吳龍天, 咸泰鴻, 玄昌燕, 李亨垣, 金鍾夏, 李翼鍾, 劉完榮, **吉瑛羲**, 尹佐珍, 許龍, 李鶴, 崔溶武, 金宗鉉, 李奎宋, 黃義東, 金鐵煥, 朴寅玉,

俞極老, 南廷彩, 俞華鎭, 尹允用, 尹滋瑛, 李公厚, 朴潤夏, 朴勝英, 李有根, 鄭求喆, 韓昌達, 李南圭, 韓秀龍, 朴快仁, 金相枰, 朴老英, 朴秀燦, 全俊禧, 安圭瑢, 康龍田, 梁好甲, 成俊燮, 朴圭壎, 李能善, 洪淳福, 孫悳基, 盧援, 趙南天, 尹周榮, 趙庸郁, 金亨植, 李壽昌, 朴勝表, 沈大燮, 崔康潤, 鄭基淳, 朴仁錫, 黃昌禧, 李相駿, 吳義明, 張基郁, 金承濟, 李熙慶, 全鳳乾, 朴炅朝, 林東乾, 韓鍾達, 韓戶石, 李掬水, 金應寬, 李時雄, 李東濟, 曹武煥, 愼鏞俊, 任周燦, 沈元燮, 全東煥, 李龍在, 吳忠達, 金福成, 金裕昇, 朴喜鳳, 朴炳元, 朴興源, 朴俊榮, 鄭泰和, 姜日永, 金用熙, 辛鳳祚, 吳世昌, 金載中, 金敎昇, 鄭信熙, 金瓚斗, 朴疇豊, 金鳳烈, 徐永琓, 金基澤, 黃金鳳, 申特實 (女), 崔貞淑 (女), 盧禮達 (女), 高在玩, 李春均, 車榮鎬, 魚大善, 柳熙完等ハ前顯目的ノ下ニパコタ公園, 又ハ同公園ヨリ出動シタル該群集ニ參加シ共ニ大韓獨立萬歲, 朝鮮獨立萬歲, 又ハ獨立萬歲ト絶叫シテ群集ニ唱和シ, 就中被告朴勝英ハ佛國領事舘ニ至ルヤ群集ニ率先シ, 同舘內ニ於テ同舘員ニ對シ朝鮮ハ今日獨立ヲ宣言シ, 斯クノ如クシテ人皆獨立國タランコトヲ熱望セリ. 其ノ旨本國政府ニ通告セラレ度旨ヲ申出テ, 示威運動ノ氣勢ヲ添ヘ, 被告李翼鍾ハ市中ヲ狂奔シタル末, 昌德宮前ニ於テ同群集ト別レ鍾路通ニ向フ途次, 氏名不詳者學生2・3名ヲ誘ヒ同所ヲ通行中ノ朝鮮人ニ對シ, 朝鮮ハ今ヤ獨立セントス, 共ニ萬歲ヲ唱ヘサルヘカラスト煽動シ, 行ク行ク多衆ヲ糾合シ之ヲ指揮シ自ラ獨立萬歲ヲ唱ヘ, 又ハ唱ヘシメツヽ鍾路通ヲ東走シ, 鍾路4丁目警察官派出所前ニ殺到シ獨立ヲ鼓吹スル演說ヲ爲シテ人心ヲ激成セシメ以テ治安ヲ妨害シタルモノナリ.

第2

右獨立示威運動ニ參劃シタル學生幹部ノ主ナル者ハ豫謀セル第2
回ノ獨立示威運動ヲ3月5日ト決定シ， 所期ノ目的ヲ遂ケントシ，
韓偉鍵等ノ主謀者ハ各專門學校生徒及各中等學校ノ代表者タル
被告張彩極，被告全玉玦，康禹烈，培材高等普通學校其他各學校
ノ代表者ヲ3月4日午前中， 京城府貞洞培材高等普通學校寄宿舍
ニ招致シ，明3月5日午前9時ヲ期シ南大門驛前廣場ヲ集合地トシ
學生主催ノ獨立示威運動ヲ爲スヘク，其方法トシテ康基德及金元
璧ヲ撰定シ指揮ノ任ニ當ラシムルニヨリ，各目ハ便宣目校學生又
ハ知己ヲ糾合シテ參加セシムル樣努力スヘキ旨ラ告知シタルヲ
以テ，各參集者ハ夫々同志ニ通告シ，又ハ一般ニ周知セシメ， 同
夜更ニ韓偉鍵，康基德，被告韓昌桓，被告張基郁，被告全玉玦等
ハセブランス聯合醫學專門學校構內ニ參集シ，右運動ニ引續キ更
ニ結束ヲ固フシ種々ノ手ニヨリ目的ノ貫徹ニカムヘキコトヲ協
議シタリ.

右第2回ノ示威運動ノ擧ヲ知リタル私立中東學校生徒被告金宗鉉，
京城高等普通學校生徒被告崔康潤，私立國語普及學舘生徒被告蔡
順秉ハ3月4日夜當時同宿セル京城府安國洞39番地朴台秉方ニ於
テ， 明5日多數ノ群衆ヲ南大門驛前ニ招致シ以テ， 右運動ヲ盛況
ナラシメンコトヲ共謀シタル上，被告金宗鉉所有ノ炭酸紙及骨筆
3本ヲ使用シ， 明5日午前8時30分南大門驛前ニ集合シ， 第2回ノ
獨立運動開催セラルヽニヨリ，太極旗ヲ携ヘ來ルヘキ旨ヲ認メタ
ル通告文約400枚ヲ作製シ， 之ヲ3分シ同夜直ニ被告崔康潤ハ松
峴洞方面，被告蔡順秉ハ昭格洞方面，被告金宗鉉ハ中學洞方面ヲ
各中心トシテ各戶ニ配布シタリ.

斯クテ3月5日ノ午前8時前後南大門驛前ニ殺到スル群衆ハ無慮數
萬ヲ數ヘ，康基德，金元璧ハ何レモ腕車ニ搭乘シ朝鮮獨立ト大書

セル旗ヲ翻シテ馳付ケ, 第2回ノ示威運動ヲ爲スヘキ旨ヲ宣スル
ヤ, 群衆ハ一齊ニ獨立萬歳ヲ高唱シ, 先頭ニ立チタル康基德, 金
元璧ノ指揮ニ從ヒ獨立萬歳ヲ絶叫シツヽ南大門ニ向ヒ, 其間或者
ハ當日獨立運動者ノ標示ヲ明確ナラシムル爲メ多數ノ赤布ヲ撒
布シテ, 之ヲ打振ラシメ南大門ニ至ルヤ, 群衆ハ警備ノ爲出勤セ
ル警察官憲ノ制止ニ遭遇シ康基德, 金元璧等檢束セラレタルモノ
多シ. 此制止ヲ免レタル一隊ハ南大門市場ヨリ朝鮮銀行前ヲ經テ
鍾路永興館ニ向ヒ, 一隊ハ南大門ヨリ大漢門前, 武橋町ヲ經テ鍾
路永興館前ニ於テ, 右一隊ト合同シ道々獨立萬歳ヲ高唱シ喧鬧ヲ
極メタルモ, 遂ニ同所ニ於テ警察官ノ爲メ解散スルノ止ムナキニ
至リタリ.

此間被告崔平楫, 劉萬鍾, 安尙哲, 李亮植, 吉元鳳, 尹貴龍, 都相
鳳, 閔瓚鎬, 張明植, 李橝, 金昌湜, 張世九, 金鎭玉, 李亨垣, 宋
榮璨, 李鶴, 朴寅玉, 朴世均, 韓昌達, 金宗鉉, 崔康潤, 蔡順秉,
梁好甲, 成俊燮, 洪淳福, 柳近永, 方在矩, 韓興履, 盧梭, 趙南天,
尹周榮, 金亨植, 金龍觀, 李壽昌, 趙鏞錫, 朴仁錫, 李相駿, 金允
玉, 金承濟, 李熙慶, 韓鍾建, 朴炅朝, 李炳寬, 金甲洙, 韓戶石,
李掬水, 鄭石道, 金應寬, 曺武煥, 吳忠達, 金裕昇, 趙鳳龍, 吳世
昌, 成周復, 金鳳烈, 徐永琓, 李娥珠 (女), 申特實 (女), 劉點善
(女), 盧禮達 (女), 卓明淑 (女), 金篤實 (女), 安明欽, 黃金鳳,
金昇萬, 朴潤夏, 朴老英, 張基郁, 李龍在, 高在玩, 崔士烈, 李仁
植, 尹佐珍, 李寅永, 崔興琮等ハ南大門驛, 又ハ中途ヨリ右群衆
ニ參加シ, 獨立萬歳ヲ唱和シ, 又ハ赤布ヲ打振リ狂奔シ, 就中被
告崔興琮ハ南大門驛前ニ於テ人力車上ヨリ新朝鮮新聞ト題シ, 朝
鮮獨立ヲ鼓吹スル如キ不穩印刷物數十枚ヲ撒布シ, 自己ノ身邊ニ
集合セル多衆ニ對シ民族自決主義ヲ說キ獨立思想ヲ鼓吹スヘキ
演說ヲ爲サントシ, 其冒頭ヲ述ヘ始ムルヤ, 群衆ハ獨立萬歳ヲ高

唱シタルヨリ之ニ唱和シ共ニ大漢門前ニ至リ, 同所ニ於テ人力車上ヨリ朝鮮獨立ト大書セル旗ヲ擴ケ群衆ニ率先シテ示威運動ノ勢ヲ扶ケ以テ, 各被告ハ政治ノ變革ヲ目的トシ不穩ノ言動ニ出テ治安ヲ妨害シタルモノナリ.

第3

被告柳濬根ハ儒生ナルカ大正8年3月1日以來京城ニ於テ獨立運動開始セラレ, 漸次朝鮮全土ニ波及スルヤ, 儒生モ亦默視傍觀スルコト能ハストナシ, 被告宋柱憲, 被告白觀亨外11名ノ同志ヲ勸誘シ, 3月2日京城府壽昌洞某旅舘ニ於テ會合シ, 右被告3名外11名ト共謀ノ上, 李土殿ト二復位ヲ乞ヒ朝鮮ノ獨立ヲ圖ランコトヲ企テ, 今ヤ獨立ノ宣言一朝ニシテ震盪シ己ニ沛然トシテ之ヲ禦ク莫シ, 河山故ノ如ク宮室故ノ如ク人民故ノ如シ. 因フテ大位ニ復シ一國ニ號令シ, 各國ニ飛照スヘキ旨ノ上書ヲ認メ, 3月5日被告3名ハ同志ト共ニ京畿道漢芝面清凉里ニ至リ, 李王殿下ノ返虞式ノ途次ヲ邀ヘ被告宋柱憲ハ該上書ヲ捧ケ, 同路上ヲ警戒スル爲メ路側ニ堵列セル警官ヲ排シ將ニ殿下ノ昇輿ニ近キ, 同殿下ニ差出サントシ, 以テ治安ヲ妨害シタリ.

第4

被告魚大善ハ同日同處ニ於テ儒生等多數參集ノ豫定ナリシヲ以テ其機會ヲ利用シ朝鮮獨立ノ思想ヲ皷吹シ, 益々該運動ヲ熾烈ナラシメンコトヲ企テ, 今ヤ巴里講和會議ニ於テ民族自決主義提唱セラレ, 吾朝鮮モ亦之ニ則リ獨立セントス. 凡ソ事ハ始アレハ終ナカルヘカラス. 此獨立ノ目的ヲ遂ケント欲セハ奮發努力シ, 不屈不撓ノ精神ヲ以テ運動ニ從事シ有終ノ美ヲ濟ササルヘカラサル旨煽動的演說ヲ爲サントシ, 同處ニ於テ群衆ニ向ヒ右演說ノ冒

頭數語ヲ語ルヤ, 李王殿下ノ昇輿通過シ, 群衆ハ一齊ニ獨立萬歳ヲ高唱シ始メタル爲メ演說ヲ中止シ, 群衆ト共ニ獨立萬歳ヲ唱和シ以テ治安ヲ妨害シタルモノナリ.

第5

被告金百源, 被告文一平, 被告車相晋, 被告文成鎬, 被告趙衡均, 被告金極善, 被告白觀亨ハ前示ノ如ク3月1日孫秉熙外32名カ獨立宣言ヲ發表シ逮捕セラルヽヤ, 同人等ノ意思ヲ繼承シ朝鮮獨立ノ目的ヲ遂ケンコトヲ共謀シ, 大正8年3月12日各被告ハ京城府瑞麟洞支那料里店永興館ニ會合シ朝鮮13道ノ代表者名義ヲ以テ, 一面朝鮮總督ニ對シ朝鮮獨立ハ同胞2,000萬ノ要求ナリ. 吾等ハ孫秉熙等ノ後繼者トシテ朝鮮獨立ヲ要求スル旨ヲ縷述セル哀願書ト題シ, 朝憲ヲ紊亂スヘキ一書ヲ提出シ, 一面該書ヲ京城府鍾路永興館前ニ於テ朗讀シ, 被告等カ朝鮮13道ノ代表者トシテ右1編ヲ朝鮮總督ニ提出シタル旨ヲ發表スルト同時ニ, 當時漸次靜謐ニ歸セントスル獨立運動ヲ激勵シ以テ其目的ヲ遂ケンコトヲ議定シ, 被告車相晋, 被告文成鎬ハ同日直ニ朝鮮總督府ニ出頭シテ之ヲ提出シ, 被告金百源, 被告文一平, 被告金極善, 被告趙衡均, 被告白觀亨ハ同時ニ右永興館前ニ至リ參集セル群衆ニ對シ, 被告文一平ハ右哀願書ヲ朗讀シ以テ政治ニ關シ不穩ノ言動ヲ爲シ治安ヲ妨害シタルモノナリ.

第6

孫秉熙外32名ノ首謀者ハ前記ノ如ク2月下旬頃朝鮮人ノ自由民タルコト, 朝鮮ノ獨立國タルコトヲ反覆詳論シ, 以テ朝憲ヲ紊亂スヘキ文辭ヲ揭載シタル宣言書約1萬枚ヲ印刷シ, 汎ク朝鮮內ニ配布シ又人ヲ派シテ朝鮮主要ノ地ニ其趣旨ヲ敷衍鼓吹セシメ, 所在

ニ朝鮮獨立ノ一大示威運動ヲ勃發セシメタル所，被告安商憙ハ大
正8年2月28日午前10時頃京城府慶雲洞78番地李鍾一方ニ於テ，
同人ヨリ右孫秉熙外32名名義ノ朝鮮獨立宣言書約2,000枚ヲ受
取リ，咸鏡南道及江原道方面ヘ送付方依賴ヲ受ケ，同日江原道平
康驛ニ至リ同所天道敎區長李某ニ右ノ中700枚許ヲ交付シテ一般
ニ配布セシメ，翌日更ニ咸鏡南道永興邑內ニ到リ同所天道敎敎區
室ニ於テ敎區長某ニ殘部ヲ交付シテ一般ニ配布セシメ，以テ政治
ニ關シ不穩ノ行動ヲ爲シ治安ヲ妨害シタルモノナリ．

第7

3月1日孫秉熙等ノ前示獨立宣言書ヲ發布シ，　次テ其ノ宣言發表
ノ顚末ヲ記述シ且ツ朝鮮獨立ノ思想ヲ皷吹シ，以テ國憲ヲ紊亂ス
ヘキ趣旨ノ記載アル朝鮮獨立新聞ヲ一般ニ頒布スルヤ，京城府內
ニ於テハ到ル處之ニ倣ヒ朝鮮獨立ニ關シ荒唐無稽ノ事實ヲ捏造
シ，又ハ全鮮ニ亘リ蜂起シタル獨立運動ノ風聞ヲ誇張スル等不穩
ノ文辭ヲ以テ獨立思想ヲ皷吹宣傳スル如キ文書ヲ擅ニ刊行頒布
シ，該連動ノ勢威ヲ揚ケシメントスル者頻々トシテ生シタリ．下
記各被告モ亦之ニ倣ヒ政治ノ變革ヲ目的トシテ各自左記犯行ヲ
敢テシ，依テ以テ治安ヲ妨害シタルモノナリ．
一，被告梁在順，被告金鎬俊ハ共謀ノ上所轄官署ノ許可ヲ得スシ
テ，大正8年3月8日ヨリ同月11日迄4日間ニ亘リ京城府光熙町2丁
目340番地被告金鎬俊方ニ於テ，覺醒號回報ト題シ朝鮮獨立ノ思
想ヲ皷吹シ奮起，該運動ニ參加スヘキ煽動的文辭ノ原稿第1號ヨ
リ第4號迄ヲ各夜各號一部ヲ其順序ニ從ヒテ作製シ，各同夜被告
金鎬俊ノ購入シタル謄寫版ヲ使用シ，各號約80枚宛ヲ印刷シ，被
告梁在順ハ尙其發行ヲ擔當シ印刷成就スルニ從ヒ各同夜何レモ
京城府光熙町方面各戶ニ配布シ，

二，

甲，被告朴老英，被告朴秀燦，被告金世龍ハ共謀シ不穩文書ヲ刊
行スルコトヲ企テ，韓偉鍵ノ作製シタル「同胞立テヨ」ト題シ朝鮮
獨立ノ思想ヲ鼓吹シ奮起運動ニ參加スヘキ煽動的文辭ノ原稿ニ
基キ，被告廈錫祐カ貸與シタル謄寫版ヲ使用シ，大正8年3月7日
夜半ヨリ翌8日午前1時迄，　間ニ京城府寬勳洞51番地被告金世龍
方ニ於テ方在龍，　金漢偉ト共ニ約800枚ヲ印刷シ，　被告金世龍，
被告朴秀燦ハ其發行ヲ擔當シ，被告朴秀燦ハ該印刷物約250枚ヲ
3月8日夜京城府堅志洞，仁寺洞方面ニ頒布シ，尙同日當時居住セ
ル京城府昭格洞申備植方ニ於テ，該印刷物約250枚ヲ方在龍ノ周
旋ニヨリ，京城府內ニ頒布セシムル爲メ氏名不詳者ニ父付シ，被
告金世龍ハ同日京城府嘉會洞77番地趙弘植方ニ於テ，　右印刷物
約200枚ヲ被告崔士烈ニ交付シテ配布セシメ，

乙，被告姜善弼ハ被告朴老英，被告朴秀燦カ前示不穩文書ノ印刷
發行ヲ企テタルモ其資金ナキニ窮シ居ルヲ知リ其費用ヲ提供セ
ント欲シ，　大正8年3月7日頃當時ノ宿所タル京城府諫洞122番地
閔孚勳方ニ於テ被告朴秀燦ニ對シ，　其資トシテ金10圓ヲ交付シ，
以テ被告朴老英等ヲシテ右印刷物ニ必要ナル白紙，其他ヲ購入セ
シメ以テ右犯行ノ遂行ヲ容易ナラシメ，

丙，被告廈錫祐ハ被告金世龍カ被告朴老英ト共ニ前示ノ如キ政治
ニ關シ不穩ナル文書ヲ印刷發行センコトヲ企テ居ル情ヲ知リ乍
ラ，大正8年3月5日頃被告金世龍ノ儒ニ應シ漢陽敎會ニ於テ使用
スル謄寫版1臺ヲ貸與スヘキコトヲ承諾シ，　京城府竹添町2丁目
41番地ノ自宅ニ於テ同日頃家人ヲシテ被告金世龍ニ交付セシメ，
以テ被告金世龍等ノ前示犯行ヲ容易ナラシメ，

丁，被告金俊禧ハ3月7日頃當時ノ宿所タル京城府齋洞106番地金
元培方ニ於テ被告朴老英ヨリ前示ノ如キ檄文ノ作製方ヲ同宿人

タル韓偉鍵ニ依頼シ吳レタキ旨ノ囑託ヲ受ケテ承諾シ，卽日韓偉
鍵ニ被告朴老英ノ趣旨ヲ申告ケタル所同人カ「同胞立テヨ」ト題
スル前示不穩文詞ノ原稿ヲ作製シテ交付シタルヨリ，直ニ其情ヲ
知リ乍ラ之ヲ前示金世龍方ニ携行シ被告朴老英等ニ交付シ，同人
等ノ右犯行ヲ容易ナラシメ，

戊，　被告崔士烈ハ3月8日前示ノ宿所ニ於テ被告金世龍ヨリ右「同
胞立テヨ」ト題スル不穩文詞ノ謄寫版刷約200枚ノ配布方ヲ依賴
セラレタルニヨリ之ヲ配布シ，朝鮮獨立ノ思想ヲ鼓吹シ其ノ目的
ヲ遂ケント欲シ之ヲ承諾シ同日之ヲ嘉會洞方面ニ配布シタルモ
ノナリ．

三，　被告梁好中ハ人正8年3月1日夜京城府寬勳洞ニ於テ李枝翼ナ
ル者ヨリ3月1日ノ獨立宣言發表ノ顚末ヲ記述シ，　朝鮮獨立ノ思
想ヲ鼓吹セル朝鮮獨立新聞約30枚ノ配布ヲ依賴セラレ之ヲ承諾
シ同夜之ヲ寬勳洞，嘉會洞方面ノ各戶ニ配布シタルモノナリ．

四，被告全玉玦，被告李鐵ハ共謀ノ上

甲，3月1日他ヨリ右朝鮮獨立新聞約200枚ヲ受取リ同日被告李仁
植外十數名ヲシテ松峴洞，諫洞，安國洞，仁寺洞方面ニ配布セシ
メ，

乙，3月2日他ヨリ朝鮮獨立ノ思想ヲ鼓吹セル獨立新聞第2號及獨
立歌計數百枚ノ配布ヲ依賴セラレ，京城府諫洞107番地某方ニ止
宿セル普成高等普通學校生徒氏名不詳者數名ニ交付シ京城市中
ニ配布セシメ，

丙，　3月4日頃李忠模ナル者ヨリ「警告二千萬同胞」ト題シ朝鮮獨
立ノ思想ヲ鼓吹セル不穩印刷物數百枚ヲ受取リ同日右學生等ニ
依賴シ京城市中ニ配布セシメ，

丁，　3月5日頃被告全玉玦カ韓偉鍵ヨリ受取リ來リタル前趣旨ノ
獨立新聞第3號約80枚ヲ同日被告姜昌俊等ニ交付シ京城市中ニ配

布セシメタリ.

五, 被告姜日永, 被告金用熙, 被告金英植ハ共謀ノ上3月27・8日頃京城府社稷洞190番地被告金用熙方ニ於テ警告文ト題シ吾等ハ此期ニ乘シ在上海ノ同胞ト策應シ示威運動ヲ爲ササルヘカラサル旨ノ原稿ヲ作製シ, 被告姜日永實兄所有ニ係ル毛筆用謄寫版ヲ使用シ約100枚位ヲ印刷シ, 之ヲ3分シ其翌日頃被告金用熙ハ内資洞方面, 被告姜日永ハ黃金洞方面, 被告金英植ハ京城府内ニ各頒布ヲ爲シタルモノナリ.

六, 被告張彩極, 被告李鐵, 被告韓昌桓, 金鴻植, 李容高等ハ共謀ノ上, 當時京城府内ニ於テ到ル處何等ノ統一ナクシテ刊行セラレタル獨立新聞, 其他ヲ統一シ刊行センコトヲ企テ, 李容高, 金裕寅, 被告韓昌桓ハ其幹部トナリ原稿ノ作製其他ヲ, 金鴻植ハ其印刷配布ヲ, 被告張彩極, 被告李鐵ハ右原稿係ト金鴻植トノ間ニ在リテ其原稿ノ授受ヲ各擔任シ, 4月初旬頃ヨリ朝鮮獨立ノ思想ヲ鼓吹スル獨立新聞第17號ヲ始メトシ每日又ハ隔日, 又ハ4・5日每ニ京城府内ニ於テ印刷發行ヲ爲シ, 第23號ニ及ヒタリシカ更ニ同日頃幹部ニ於テ右新聞原稿ハ趙敏彦ナル者ヨリ提供スルコトトシ, 尙京城府内各所ニ於テ大規模ニ多數印刷發發行スルノ議ヲ決シタリシカ, 此頃迄歸郷シ居リタル被告全玉玦ハ再ヒ京城ニ來リ, 被告張彩極, 被告李鐵ト共ニ京城府昭格洞102番地申傭植方ニ同宿スルニ至リ, 右新聞刊行ニ贊意ヲ表シ之ニ加擔シ, 被告張彩極, 被告李鐵, 被告全玉玦ハ右印刷發行ノ擔當者トシテ金鴻植ノ外各中等學校ノ代表者タル儆新學校康禹烈, 中央學校崔錫仁, 培材高等普通學校金炳鎬ヲ物色シ印刷配布ノ任ニ當ラシメ, 同月26日迄ノ間ニ前記第23號ニ引續キ, 第27號迄ノ原稿ヲ趙敏彦ヨリ受取リテ右印刷擔當者ニ交付シタルニヨリ同人等ハ何レモ同日頃京城府内ニ於テ右原稿ニ基キ印刷シ之ヲ京城府内各所

ニ配布シタリ.

第8

一, 被告韓南洙, 被告金思國ハ辯護士洪晃禧, 李奎甲等ト共ニ3月1日以後朝鮮全道ニ蜂起シタル獨立運動ハ其間何等ノ聯絡關係ナク所期ノ效果ヲ擧クルコト能ハスト爲シ, 玆ニ國民大會ヲ組織シ各個ノ獨立運動團ヲ網羅シ朝鮮假政府ヲ樹立シ以テ系統的獨立運動ヲ爲サンコトヲ企テ, 3月中旬頃ヨリ寄々協議ヲ進メ次テ洪晃禧, 李奎甲, 金奎等ノ勸請ニ從ヒ各方面ノ代表者タルコトヲ承諾シタル者ハ4月2日仁川府各國公園ニ參集シ假政府ヲ樹立シ, 一般ニ其宣布ヲ爲スヘキコトヲ議定シ參會セル被告安商悳ハ天道敎代表者, 朴用熙, 張鵬, 李奎甲ハ耶蘇敎代表者, 金奎ハ儒生代表者, 李鍾郁ハ佛敎代表者トナリ, 被告韓南洙, 洪晃禧ハ專ラ其斡旋ノ勞ニ任スルコトヲ車定メタリ. 其後數日ヲ經テ被告韓南洙, 被告金思國, 金奎, 被告李憲敎, 被告李敏台ハ京城府內資洞64番地韓聖5方ニ會合シ協議ノ結果, 金奎, 被告韓南洙, 被告金思國等ニ於テ國民大會ヲ開催スルニ要スル趣旨書作製ノ斡旋ヲ爲スコトトセリ. 然ルニ被告韓南洙ハ上海ニ於ケル獨立運動本部ト連絡ヲ執ル爲メ4月8日京城ヲ發シ上海ニ向ヒ後事ヲ被告李奎甲等其他ニ一任シタルヨリ同人等ハ益々實行ノ企劃ヲ進捗シ, 被告李憲敎, 被告李敏台ハ此擧ニ贊同シ右會合ニ參加シ, 被告李憲敎ハ又被告尹履炳, 尹龍周, 崔銓九等ヲ勸誘シ國民大會員タランコトヲ求メ, 被告尹履炳ハ之ニ應シ同志タルコトヲ承認シタリ. 被告李容珪ハ曩ニ義兵ヲ起シ終身役刑ニ處セラレ其後屢々政治ニ關シ不穩ノ行動ニ出テ檢束又ハ處刑ヲ受ケタル等ノ履歷アル者ナルカ, 金奎ハ斯カル人物ヲ一員ト爲シ置クノ利ナルヲ思ヒ其情ヲ告ケ國民大會ノ擧ニ贊同ヲ求メタル處, 被告李容珪ハ直ニ其

同志タルコトノ承諾ヲ爲シタリ. 4月中旬ニ至リ愈々朝鮮假政府
ヲ組織シ夫々閣員ヲ撰定シ之カ宣布ヲ爲シ同時ニ國民大會ノ趣
旨ヲ發表スル爲朝鮮13道ノ代表者ヲ京城府瑞麟洞奉春舘ニ會同
シ, 同時ニ學生ヲシテ示威運動ヲ擔當セシメ, 尚當日數千名ノ勞
動者ヲ鍾路ニ集メ, 又自動車ヲ傲ヒテ京城府内ヲ馳驅セシメ印刷
物ヲ配布スル等ノ實行計劃ヲ取極メ, 被告金思國ハ此實行ノ爲學
生側ノ幹旋者金裕寅等ト連絡ヲ取リタリシカ, 之ニ要スル費用ヲ
醵出スル必要アルヲ以テ, 同月19日頃被告金思國カ當時宿泊セ
ル京城府通義洞金晦秀方ニ於テ同被告, 被告安商悳, 被告閔橿,
金裕寅, 玄錫七ノ各同志會合シタル上, 天道教代表者被告安商悳,
耶蘇教代表者玄錫七ハ各600圓ヲ提供シテ其費用ニ充ツルコトヽ
シ, 其授受ハ秘密漏洩ヲ慮リ被告閔橿カ藥種商ヲ營ミ金錢ノ出納
及取引者ノ往來頻繁ナルヲ利用シ, 玄錫七及被告安商悳ハ被告閔
橿ノ手ヲ經テ被告金思國又ハ金裕寅ニ父付スヘキコトヽシ, 被告
閔橿ハ其情ヲ知リ乍ラ右金錢授受ノ仲介ヲ爲スヘキコトヲ承諾
シタリ. 被告安商悳ハ其翌20日金500圓ヲ京城府泉町5番地ナル
被告閔橿方ニ持參シ同人ニ交付シタルヲ以テ, 同被告ハ之ヲ保管
シ同夜直ニ同處ニ於テ被告金思國ノ需ニ應シ同人ニ交付シ, 以テ
同被告等ノ犯行ノ實行ヲ容易ナラシメタリ先之國民大會ノ幹部
タル被告韓南洙, 李奎甲, 李東旭, 玄錫七等ハ協議ノ上李東旭ノ
執筆ニヨリ國民大會趣旨書ト題シ朝鮮13道代表者ノ氏名ヲ列記
シ孫秉熙等33名ノ獨立宣言書ノ意思ヲ繼承シ, 朝鮮民族一致シ
大小團結シ各地方代表者ヲ綜合シ本會ヲ開キ, 臨時政府ヲ組織
シ, 帝國政府ノ納税ヲ拒絶シ, 訴訟行爲ヲ爲サヽル等ノ方法ニ依
リ益々獨立運動ニ努力スヘキヲ記載シ, 又宣布文ト題シ國民大會
ハ民意ニ基キ臨時政府ヲ組織シ, 國民代表者ヲ巴里講和會議ニ出
席セシムル爲委員ヲ撰定シ, 約法ヲ制定シタル旨及臨時政府閣

員，評政官，講和會議出席委員等ノ氏名ヲ列記シ何レモ朝鮮獨立ノ思想ヲ鼓吹シ朝憲ヲ紊亂スヘキ原稿ヲ作製シ，玄錫七ハ場所不明ニ於テ之ヲ木版ニ飜刻シ約6,000枚以上ヲ印刷シ，被告金思國ハ之ヲ國民大會ノ幹部タル李東旭等外數名ニ交付シ，以上各被告ハ國民大會ノ幹部又ハ會員ト爲リ朝鮮假政府ヲ樹立スルト稱シ，左記ノ各被告等ヲシテ其發表及示威運動ヲ爲サシメ，

二，被告張彩極，被告全玉玦，被告李鐵ハ4月中旬頃ヨリ被告金思國，金裕寅等ヨリ依賴ヲ受ケ國民大會ノ朝鮮獨立運動ニ付其實行方面ヲ擔當シ，

甲，4月17・8日頃被告李春均ヨリ交付ヲ受ケタルモノニシテ朝鮮獨立ノ思想ヲ鼓吹シ以テ朝憲ヲ紊亂スヘキ臨時政府宣布文ト題スル印刷物及臨時政府令第1號，第2號ト題セル印刷物2種合計約100枚ヲ保管中金裕寅ノ命ニヨリ更ニ多數ヲ飜刻シ，前示國民大會趣旨書ト共ニ一括シテ配布センコトヲ企テ，被告尹佐珍ニ對シ其印刷方ヲ依賴シタルヨリ同被告ハ更ニ金鍾射及羅鍾河ノ兩名ト共謀シ京城府諫洞7番地金泰鼎方ニ於テ同月20日ヨリ同月22日迄ノ間ニ被告全玉玦，被告尹佐珍，金鍾射，羅鍾河4名ニテ被告尹佐珍所有ノ謄寫版ヲ使用シ，右2種ノ印刷物ヲ1枚ニ纏メ約1,500枚ヲ印刷シ，

乙，金裕寅ハ4月26日被告張彩極ニ對シ明23日ヲ期シ國民大會ヲ開催シ，

(イ)，當日自動車3臺ヲ傭ヒ1臺ニ1人宛ヲ搭乘セシメ之ニ國民大會，共和萬歲ト墨書セル旗各2本宛ヲ揭揚セシメ，東大門，西大門，南大門ヨリ發シ道々印刷物ヲ配布シ正午ヲ期シ鍾路永興館前ニ集合セシムルコト．

(ロ)，幹部ニ於テ勞動者3,000人ヲ鍾路永興館前ニ配置シ指揮者3名ニ國民大會等ノ旗ヲ揭揚セシメ正午ヲ期シ獨立萬歲ヲ高唱セ

シメ，以テ示威運動ヲ爲スコト．

(ハ)，鍾路ニ於テ該運動ヲ開始スルト同時ニ奉春舘ニ於テ國民大會ヲ開キ朝鮮13道ノ代表者參會シ朝鮮假政府ノ宣布ヲ爲スニヨリ同舘前ニ國民大會ノ標札ヲ掲クヘキコトノ計劃アルヲ告ケ，右自動車搭乘者，群衆指揮者，看板掲揚者ノ選任ヲ依賴シ其費用トシテ金200圓ヲ交付シタルニヨリ，被告張彩極ハ被告全玉玦，被告李鐵ト協議ノ上被告崔上德ニ其情ヲ告ケ周旋ヲ依賴シタル爲メ，同被告ハ其費用トシテ金50圓ヲ請求シテ受取リタル上，豫テ知合ナル朴壽奉，李萬奉ナル者ヲ周旋シ，次ニ被告劉泰應ニ其情ヲ告ケ勞動者指揮者タランコトヲ依賴シテ其承諾ヲ得，又全撤伯，朱炳鳳ナル者ニ對シ其情ヲ告ケ右看板掲揚ノ任ニ當ラシメ，又金鴻植等ノ斡旋ニヨリ其他ノ自動車搭乘者及指揮者ノ承諾ヲ得タリ．而シテ被告張彩極ハ同夜京城府西大門町永成門附近方德煥方ニ於テ金裕寅，被告金思國ト會合シ前記玄錫七ノ印刷セル木版刷ノ宣布文及國民大會趣旨書ノ配布ヲ引受ケ，被告金思國ト共ニ腕車ニ乘シ通義洞81番地李景文方ニ至リ被告金思國カ同家ニ藏置シタル右2種ノ木版刷約6,000枚及右看板1枚ヲ取出シ，被告張彩極ハ直ニ當時ノ宿所タル京城府昭格洞申備植方ニ持チ歸リ，被告全玉玦，被告李鐵ト共ニ前記尹佐珍等ノ謄寫セシ臨時政府宣布文ト右2種ノ木版刷トヲ一括シテ3枚綴トナシ，又白布ヲ買求メ自動車搭乘者及指揮者ノ使用スル旗9旒ヲ作製シ，被告全玉玦ハ之ニ國民大會又ハ共和萬歳ト，又右看板ニハ國民大會ト墨書シ準備ヲ完成シタリ．

丙，　其翌23日トナルヤ被告張彩極ハ金裕寅ト共ニ普成高等普通學校ニ於テ自動車搭乘者タル李萬奉外2名ニ對シ費用トシテ，被告李萬奉ニ金35圓，外2名ニ金30圓宛ヲ交付シ，尚右印刷物綴約10部宛及右旗2旒宛ヲ交付シ，又右被告張彩極ノ宿所ニ於テ被告

劉泰應及朴壽奉外1名ニ對シ金5圓宛及共和萬歳又ハ朝鮮獨立ト
大書セル旗1旒宛ヲ交付シ，次ニ豫メ印刷物配布擔當ヲ依賴シタ
ル康禹烈ニハ東大門方面，金炳鎬ニハ西大門方面，柳基元ニハ昌
德宮方面，金鴻植ニハ方面不詳京城府內ニ正午ヲ期シ配布セシム
ルコトトナシ，各人ニ各350部宛ヲ交付シタリ．依テ同日正午ヲ
期シ被告劉泰應，朴壽奉外1名ハ鍾路永興館前ニ於テ所携ノ旗ヲ
翻シ獨立万歳ヲ高唱シ，李萬奉ハ西大門ヨリ，外2名ハ東大門及
南大門ヨリ各自所揭ノ旗ヲ飜シ道々右印刷物ヲ配布シ，又金炳鎬
等ハ前記所定ノ方面ニ右印刷物ヲ配布シ，被告張彩極，被告全玉
玦ハ腕車ニ乘シ京城府瑞麟洞奉春舘ニ右看板ヲ携行シ，被告李鐵
カ率ヒ來レル全撤伯，朱炳鳳兩名ニ交付シ其揭揚ヲ命シタルモノ
ニシテ，

以上各被告ハ右各犯行ヲ敢行シ次テ治安ヲ妨害シタルモノナリ．

第9

被告車榮鎬ハ豫テ朝鮮獨立ノ爲上海ヨリ歸鮮シ奔走シ居リタル
高漢コト高義鳳ト往復シ3月1日ノ獨立運動ニ參加シ3月中旬頃被
告張彩極ニ紹介ヲ依賴シ金裕寅ト相識ルニ至リタリシカ同人及
被告張彩極等カ前ニ前示獨立新聞第17號以下ヲ發刊セントスル
ヤ，其用紙ノ調達ニ苦シミ被告車榮鎬ニ其調達ヲ依囑シタルニヨ
リ同被告ハ東洋用達會社ニ依賴シ白紙2萬枚ヲ周旋セシメテ準備
シ，大正8年3月下旬頃京城府寬勳洞120番地ナル被告ノ營業所ニ
於テ金裕寅等カ朝鮮獨立ヲ鼓吹シ以テ朝憲ヲ紊亂スルカ如キ不
穩文書ヲ發刊スル情ヲ知リ乍ラ金裕寅ニ對シ右白紙1萬6,000枚
ヲ交付シ，以テ同人カ被告張彩極等ト共ニ前示獨立新聞第17號
以下第27號及臨時政府宣布文等ノ刊行ヲ容易ナラシメタルモノ
ナリ．

第10

被告李春均ハ東京私立明治大學生ナル所京城府桂洞130番地李思容方ニ宿泊中4月中旬頃同所ニ於テ氏名不詳者ヨリ朝鮮ノ獨立思想ヲ鼓吹スル趣旨ヲ認メタル臨時政府宣布文ト題スル印刷物及臨時政府令第1號，第2號ト題スル印刷物2種約100枚ヲ受取リ其配布ヲ引受ケ所持中同日頃京城府安國洞路上ニ於テ被告張彩極ニ交付シ以テ配布ヲ依賴シタリシカ金裕寅，被告張彩極ハ更ニ之ヲ多數印刷シテ配布セントシ，前記ノ如ク被告尹佐珍ヲシテ印刷セシメ國民大會當日京城府內ニ配布シタルモノニシテ朝鮮獨立ニ關シ不穩ノ行動ニ出テ治安ヲ妨害シタルモノナリ．

第11

被告梁周洽ハ東京私立明治大學生ナルカ大正8年1月初旬頃ヨリ在東京學生等ト共ニ會同シ朝鮮獨立ヲ言議シ，此目的ヲ遂クルニハ朝鮮ニ歸還シ朝鮮ニ於ケル獨立運動ノ幹部等ト事ヲ共ニスルノ效果アルヘキ衆議ニ從ヒ，1月31日東京ヲ發シ一度故鄕咸鏡南道北靑郡泥谷面ノ自宅ニ到リ，3月1日京城ニ來リ諫洞88番地全命禹方ニ金裕寅等外6名ノ內地留學生ト同宿シタリシカ，3月25日京城府景福宮前ニ於テ多數ノ群衆集合シ朝鮮獨立ノ希望アル意思ヲ發表シ，以テ其目的ヲ遂ケントシ獨立萬歲ヲ高唱シ喧噪シタル際，被告モ亦之ニ同シ獨立萬歲ヲ唱和シ當時漸ク緩慢ナラントセル朝鮮ノ獨立運動ノ氣勢ヲ添ヘ以テ治安ヲ妨害シタルモノナリ．

第12

被告朴容泰ハ大正8年3月1日京畿道安城郡安城邑內ニ於テ數萬ノ群衆參集シ右同樣ノ意思ヲ以テ群衆ノ威力ヲ籍リ朝鮮獨立ノ目

的ヲ遂ケントシ, 獨立萬歲ヲ高唱シ同邑內ヲ狂奔セル際之ニ同シ
群衆ト共ニ獨立萬歲ヲ高唱シ以テ治安ヲ妨害シタルモノナリ.
第13, 被告李寅永ハ大正8年4月2日京畿道安城郡二竹面竹山市場
ニ於テ市日ニ當リ多衆參集セルヲ好機トシ告文ト題シ朝鮮獨立
ノ目的ヲ遂ケントセハ永久ニ內地人ト同化スヘカラサル旨ヲ記
シ朝鮮獨立ノ思想ヲ鼓吹セル不穩文書ヲ配布シテ煽動シ, 前後8
回ニ亘リ群衆ニ對シ演說ヲ爲シタル爲メ群衆ハ何レモ獨立萬歲
ヲ高唱シ多衆ノ威力ニ依リ朝鮮獨立ノ目的ヲ遂ケントシ竹山市
場ヲ中心トシテ狂奔スルニ至リ, 被告モ亦群衆ト共ニ獨立萬歲ヲ
唱和シ以テ治安ヲ妨害シタルモノナリ.

以上被告等ノ數次ノ朝憲ヲ紊亂スヘキ文書ノ著作, 印刷頒布及治
安妨害ノ行爲ハ各犯意繼續シタルモノナリ.
以上ノ事實ハ之ヲ認ムヘキ證憑十分ニシテ右所爲中擅ニ朝憲ヲ
紊亂スヘキ文書ヲ著作印刷頒布シタル點ハ出版法第11條第1項第
1號第2項ヲ適用シ, 之ヲ幇助シタル所爲ニ對シテハ刑法第62條
第63條ヲモ適用スヘク, 朝鮮獨立ニ關シ不穩ノ言動ヲ爲シタル
點ハ保安法第7條ヲ適用シ, 尙刑法第47條第55條第54條及大正8
年制令第7號第1條, 刑法第6條第10條ヲ適用處斷スヘキ犯罪ト思
料スルニ依リ刑事訴訟法第167條第1項ニ則リ決定スヘキモノト
ス.

3장
예심종결결정서
(豫審終結決定書)

예심종결결정서

피고

김형기(金炯璣)	윤진영(尹溍瑛)	이공후(李公厚)	한창식(韓昌植)
김대우(金大羽)	주종선(朱鍾宣)	김탁원(金鐸遠)	최경하(崔景河)
나창헌(羅昌憲)	박윤하(朴潤夏)	김백평(金栢枰)	박노영(朴老英)
박쾌인(朴快仁)	장기욱(張基郁)	장채극(張彩極)	전옥영(全玉瑛)
이철(李鐵)	전동환(全東煥)	이용재(李龍在)	이규송(李奎宋)
김철환(金鐵煥)	박인옥(朴寅玉)	이형영(李亨永)	김한영(金漢泳)
최평집(崔平楫)	하태흥(河泰興)	김상덕(金相德)	윤기성(尹基誠)
박창배(朴昌培)	진연근(陳演根)	박동진(朴東鎭)	안상철(安尙哲)
손홍길(孫洪吉)	유만종(劉萬鍾)	이양직(李亮稙)	남위(南偉)
길원봉(吉元鳳)	이시영(李時英)	이인식(李仁植)	김기세(金基世)
도상봉(都相鳳)	민찬호(閔瓚鎬)	진용규(秦龍奎)	강용철(姜龍喆)
장명식(張明植)	윤귀룡(尹貴龍)	황주원(黃柱元)	김양갑(金陽甲)
채정흠(蔡禎欽)	김영진(金永珍)	김양수(金瀁秀)	김병조(金炳祚)
한병만(韓秉萬)	허익원(許益元)	이규선(李奎璿)	허영조(許永祚)
이강(李橿)	김창식(金昌湜)	김중익(金重益)	장세구(張世九)
함병승(咸秉昇)	강학룡(姜學龍)	백인제(白麟濟)	오태영(吳泰泳)
황용주(黃龍珠)	정인철(鄭寅喆)	오용천(吳龍天)	함태홍(咸泰鴻)
현창연(玄昌燕)	김진극(金鎭極)	이형원(李亨垣)	김종하(金鍾夏)
이익종(李翼鍾)	유완영(劉完榮)	**길영희(吉瑛羲)**	송영찬(宋瑛璨)
김경하(金景河)	허룡(許龍)	이학(李鶴)	최용무(崔容武)
황의동(黃義東)	유극로(兪極老)	남정태(南廷彩)	유화진(兪華鎭)
윤윤용(尹允用)	박승영(朴勝英)	이유근(李有根)	정구철(鄭求喆)
박세균(朴世均)	한창달(韓昌達)	이남규(李南圭)	한수룡(韓秀龍)

안규용(安圭瑢)　강용전(康龍田)　양호갑(梁好甲)　성준섭(成俊燮)
박규훈(朴圭熏)　이능선(李能善)　홍순복(洪淳福)　유근영(柳近永)
방재구(方在矩)　힌흥리(韓興履)　손덕기(孫悳基)　노원(盧楥)
조남천(趙南天)　윤주영(尹周榮)　조용옥(趙庸郁)　김형식(金亨植)
김용관(金龍觀)　이수창(李壽昌)　박승표(朴勝表)　심대섭(沈大燮)
최강윤(崔康潤)　김종현(金宗鉉)　채순병(蔡順秉)　정기순(鄭基淳)
이용석(李鏞錫)　박인석(朴仁錫)　황창희(黃昌禧)　이상준(李相駿)
오의명(吳義明)　김윤옥(金允玉)　김승제(金承濟)　이희경(李熙慶)
전봉건(全鳳乾)　한종건(韓鍾健)　박경조(朴炅朝)　임동건(林東乾)
이병관(李炳寬)　김갑수(金甲洙)　한호석(韓戶石)　이국수(李掬水)
징석도(鄭石道)　김응관(金應寬)　이시웅(李時雄)　이동제(李東濟)
조무환(曺武煥)　신용준(愼鏞俊)　임주환(任周煥)　심원섭(沈元燮)
오충달(吳忠達)　김복성(金福成)　김유승(金裕昇)　박희봉(朴喜鳳)
박형원(朴炯元)　박흥원(朴興源)　박준영(朴俊榮)　정태화(鄭泰和)
신봉조(辛鳳祚)　조봉룡(趙鳳龍)　오세창(吳世昌)　성주복(成周復)
김재중(金載中)　김교승(金敎昇)　정인희(鄭仁熙)　김찬두(金瓚斗)
박주풍(朴疇豊)　김봉렬(金鳳烈)　서영완(徐永琬)　이아주(李娥珠)
신특실(申特實)　유점선(劉點善)　노예달(盧禮達)　최정숙(崔貞淑)
탁명숙(卓明淑)　김독실(金篤實)　안명흠(安明欽)　김기택(金基澤)
황금봉(黃金鳳)　김승만(金昇萬)　고재완(高在玩)　양주흡(梁周洽)
양재순(梁在順)　김호준(金鎬俊)　김세룡(金世龍)　박수찬(朴秀燦)
전준희(全俊禧)　강선필(姜善弼)　유석우(庾錫祐)　최사열(崔士烈)
최상덕(崔上德)　윤좌진(尹佐珍)　김사국(金思國)　차영호(車榮鎬)
안상덕(安商悳)　민강(閔橿)　한남수(韓南洙)　윤이병(尹履炳)
이민태(李敏台)　이헌교(李憲敎)　이용규(李容珪)　유태응(劉泰應)
이춘균(李春均)　강일영(姜日永)　김용희(金用熙)　김영식(金英植)
어대선(魚大善)　최흥종(崔興宗)　김백원(金百源)　문일평(文一平)

문성호(文成鎬) 김극선(金極善) 차상진(車相晉) 백관형(白觀亨)
조형균(趙衡均) 유준근(柳濬根) 송주헌(宋柱憲) 유희완(柳熙完)
박용태(朴容泰) 이인영(李寅永)

주문(主文)

위의 피고(被告) 등에 대한 본안피고사건(本案被告事件)을 경
성지방법원공판(京城地方法院公判)에 부(付)함.

이유(理由)

△ 미국 중국 북경 상해에 머무는 불령(不逞)의 조선인들은
구주전쟁(歐洲戰亂)의 종식(終熄)에 즈음하여 북미합중국(北美
合衆國) 대통령이 대적강화(對敵講和)의 한 항목으로 각 민족
의 자결주의(自決主義)를 주창함을 듣고 조선민족도 또한 이
주의에 따라 제국(帝國)의 굴레를 벗어나 한 독립국을 형성할
이유가 있다 생각하고, 그 실현을 기약하려면 먼저 조선민족을
규합하여 내외 호응하여 독립 희망의 의사를 표시하고, 그 다
음에는 각종의 수단에 의하여 운동에 종사할 필요가 있다 하
고 상해로부터 사람을 동경 및 조선에 파견하여 주로 학생 및
조선서부에 있는 기독교인의 일부에 향하여 위와 같은 사조
(思潮)를 선전하여 홀연히 인심 동요(人心動搖)의 세력을 드러
내기에 이르렀다.

동경에서는 금년 1월 초순을 기하여 최팔용(崔八鏞) 등 불령
(不逞)의 무리가 재경유학생(在京留學生)을 규합하여 도쿄시
(東京市) 간다구(神田區) 조선기독교청년회(朝鮮基督敎靑年會)
에서 조선독립에 관하여 격렬한 의논을 행하고 경시청(警視廳)

에 출두하여 독립의 의견을 진변(陳辯)하는 등 불온(不穩)의 행동을 행하였다. 이 소식을 들은 재경성학생(在京城學生)의 사상이 점차 험악하게 되어 재동경학생(在東京學生)과 향응(響應)하여 그 잘못을 흉내내려는[效響] 자들이 차츰 많아져 있는 곳에서 몰래 독립운동을 의논하였다.

이를 전후하여 천도교주(天道教主) 손병희(孫秉熙)와 그 무리인 최린(崔麟), 권동진(權東鎭), 오세창(吳世昌) 등은 일반 인심의 기미(機微)를 간취하고 최남선(崔南善), 송진우(宋鎭禹) 등과 상담하여 평소에 품었던 조선독립의 비망(非望)을 이룰 기회가 바로 이때이니 좋은 기회를 이용하리라 하고, 다시 기독교 선노사(傳道者) 이승훈(李昇薰), 함태영(咸台永), 박희도(朴熙道), 세브란스병원 사무원 이갑성(李甲成), 기타 두세 명의 불교(佛教) 승려와 서로 연락하기에 이르렀다.

위의 주모자 가운데 박희도(朴熙道) 및 이갑성(李甲成)은 독립을 계획하고 그 운동을 행하려면 경성에 있는 학생들을 규합하여 실행 방면을 맡기는 것이 좋겠다고 생각하고, 긴밀히 학생간의 사상 동정을 살펴서 거사하는 날에 대비하라 하고, 박희도(朴熙道)는 금년 1월 하순경 각 전문학교 유력자라 볼 만한 자, 즉 연희전문학교 생도 김원벽(金元璧), 보성법률상업전문학교 생도 강기덕(康基德), 경성의학전문학교 생도 한위건(韓偉鍵) 및 피고 김형기(金炯璣), 경성공업전문학교 생도 피고 주종선(朱鍾宣), 경성전수학교 생도 피고 김공후(金公厚)를 경성부 관수동 대관원(大觀園)에 초대하고 주익(朱翼)과 윤화정(尹和鼎)도 이 자리에 와서 조선독립의 좋은 시기 이르렀으니 이로 인하여 집회 의론을 거듭하여 상호 결속의 필요가 있음을 설명하여 독립운동에 힘을 다하여야 한다는 취지를 권하였다. 한편 이갑성(李甲成)도 역시 각 학생간의 결속을 공고케 하기 위하여 2월 12일과 14일의 두 차례 음악회 등에 가탁(假託)하고 경성 남대문동 세브란스연합의학선문학교 구내의 사택으로 김원벽(金元璧), 피고 김형기(金炯璣), 피고 윤자영(尹滋英), 김문진(金文珍), 배상(裵爽), 한위건(韓偉鍵) 등 각 전문학교 생도 가운데 유력자를 초청하여 해외에 있는 독립운동의 정세를 논의하여 독립의 사상을 고취하기에 노력하고, 이밖에 내지(內地)에 청년학생의 사상을 선동하고 그 뒤 박희도(朴熙道)는 손병희(孫秉熙) 일파와 조선독립의 모의를 진행하는 외에 강기덕(康基德), 김원벽(金元璧) 등과 회합하여 그 모의의 내용을 누설하고 서로 격려하여 학생간의 결속을 종용하였다. 강기덕(康基德)은 이에 대한 대책으로 각 전문학교로부터 대표적 인물을 물색하여 간부를 조직하는 것이 초미(焦眉)의 급선무라 생각하고 각기 자기 자신, 또는 다른 사람을 권유한 결과

경성전수학교 전성득(全性得) 및 피고 윤자영(尹滋英)

경성의학전문학교 피고 김형기(金炯璣) 및 한위건(韓偉鍵)

세브란스연합의학전문학교 김문진(金文珍), 이용설(李容卨)

경성공업전문학교 피고 김대우(金大羽)

보성법률상업전문학교 강기덕(康基德) 및 피고 한창환(韓昌桓)

연희전문학교 김원벽(金元璧)은 모두 각자 위에 쓴 학교를 대표할 것을 내락하였으므로, 2월 20일쯤 경성부 승동예배당(勝洞禮拜堂)에서 제1회의 학생간부회를 개최하고, 그 자리에서 전성득(全性得), 피고 김형기(金炯璣), 김문진(金文珍), 피고 김대우(金大羽), 강기덕(康基德), 김원벽(金元璧)은 각자 학교를 대표하여 책임을 지고 이용설(李容卨), 한위건(韓偉鍵), 피고 윤자영(尹滋英), 피고 한창식(韓昌植)은 위의 대표자가 관헌에게 체포되면 뒷일을 처리하고, 또 다른 방면의 임무에도 종사

하는 등의 이유가 있어 대표자라 칭하기를 피하고 각 동창학생을 규합하여 일할 것을 논의하여 결정하고, 그 목적을 진척시키기 위해 노력하였다. 먼저 강기덕(康基德), 한위건(韓偉鍵), 김원벽(金元璧)은 위의 모의를 계속하는 한편, 각자 중등 정도의 학생대표자를 뽑아 같은 학생의 결속을 준비케 하고, 김원벽(金元璧)은 경신학교 강우열(康禹烈), 안창준(安昌俊)은 경성고등보통학교 박회인(朴恢仁) 등을 회유하여 강기덕(康基德)은 평안도 함경도 출신 학생으로 조직된 서북친목회(西北親睦會)의 회원임을 이용하고, 또 기타의 방법에 의하여 2월 초순경부터 경성고등보통학교 피고 김백평(金栢枰) 및 박노영(朴老英), 중앙학교 피고 장기욱(張基郁), 선린상업학교 피고 이규송(李奎宋), 보성고등보통학교 장채극(張彩極) 및 피고 전옥영(全玉瑛) 등 외에 각 학교 생도를 당시에 거주하던 경성 안국동 34번지 박희용(朴熙容) 방에 초청하여 우리 조선도 국제연맹(國際聯盟)에서 주창한 민족자결주의에 따라 독립을 얻으려고 지식계급자 간에서 그 기획을 진행중이며 이 운동의 성패는 학생의 결속에 힘입음이 크니, 하여간 그 기회가 오는 날에 통보할 터이니 그 뜻을 터득하여 대표자가 되어 이제부터 각자 학생에 대하여 독립사상을 고취하여 이에 대비하는 것이 중요하다고 설명하며 선동하였다.

이로 인하여 위의 피고 등은 그 뜻을 받들어 모두 동창학생에 대하여 개인적으로, 또는 집회의 방법에 의하여 기회가 생기는대로 위에 기록한 취지에 따라 한번 조선독립운동을 일으키는 날에 궐기하여 참가할 것을 설득하였음으로 중등정도의 각 학생도 모두 이 근거 없는 말을 믿고 그 기회가 오기를 요망하기에 이르렀다.

그 뒤 2월 하순경에 손병희(孫秉熙) 일파가 3월 1일 오후 2

시를 기하여 경성부 종로통 파고다공원에서 독립선언을 발표하기로 결정하고, 위에 쓴 취지의 독립선언서의 인쇄가 이루어지니 이갑성(李甲成)은 손병희(孫秉熙) 일파의 뜻에 따라 이 선언서를 경성부 내에 반포할 때에 각 중등학생을 회유하던 강기덕(康基德)의 힘을 얻지 않으면 불가능하므로 같은 날에 그 배포를 같은 사람에게 일임하였으므로 그 사람은 즉시 각 중등학생의 대표자에 대하여 2월 28일 밤에 위의 이필주(李弼柱) 방에 모이라는 뜻을 통고하여 모이게 하였다.

한편으로 각 전문학교의 대표자는 같은 날 밤 위의 승동예배당에 모여 김성국(金成國)은 독립선언서 약 1,500매를 가지고 이튿날인 3월 1일 오후 2시를 기하여 파고다공원에서 독립선언을 행하며, 다시 이어서 학생측의 제2회 독립운동을 일으키기로 다짐하고, 이 선언서는 중등학생에 배포케 하기로 같은 사람들에게 교부할 뜻을 보고하였다. 강기덕(康基德) 및 피고 한창식(韓昌植) 등은 즉시 위의 이필주(李弼柱) 방에 이르러 같은 곳에 모인 피고 김백평(金栢枰), 동 장채극(張彩極), 동 전옥영(全玉瑛), 동 이규송(李奎宋), 동 장기욱(張基郁), 사립 약학교 대표자 피고 전동환(全東煥) 및 동 이용재(李龍在) 외 십수명에 대하여 손병희(孫秉熙) 일파가 이튿날인 3월 1일을 기하여 조선독립의 선언을 행하고 동시에 선언서를 배부하여 시위운동을 일으킬 터이니 자기는 학생들을 결속하여 이 운동에 참가하는 동시에 독립선언서를 각자 학교를 중심으로 배포할 것을 통고하고 각 배포장소를 지정하고 각교에 대하여 선언서 100매 내지 300매를 각 대표자에게 교부하였다.

손병희(孫秉熙) 일파 사이에는 이와 전후하여 의논하되, 조선인의 자유민 됨과 조선의 독립국 되는 것을 반복 논의하여 조헌(朝憲)을 문란케 하는 문사(文辭)를 이어 쓴 선언서를 다수 인쇄하여 널리 조선 주요 도시에 배포하고, 또 사람을 파견하여 그 취지를 부연 고취케 하여서 소재지에 조선독립의 시위운동 내지 폭동을 발발케 할 것을 기획하여, 그 수모자(首謀者) 중 1인인 박희도(朴熙道)는 2월 23일경 김원벽(金元璧)을 통하여 각 학교 대표자에 대하여 손병희(孫秉熙) 일파와 합동하여 경성에서 시위운동에 참여할 것을 종용하여 학생측의 승락을 받았다.

그 다음 손병희(孫秉熙) 일파는 3월 초순을 기하여 독립선언을 하고 시위운동을 개시하기로 결정하고 학생 등에게 통고하였으므로 학생측 간부는 2월 25일 경성부 정동 소재 정동예배당 구내 목사 이필주(李弼柱) 방에 전기 각 대표 및 한위건(韓偉鍵), 피고 한창식(韓昌植), 피고 윤자영(尹滋英) 등이 회합하여 3월 1일 당일 각 전문학교 및 각 중등정도 학생은 한꺼번에 일어나 정각에 파고다공원에 모여 시위운동에 참가하도록 힘을 다하고, 다시 그 모양에 따라 계속하여 각 전문학교 생도를 중심으로 하고 일대 시위운동을 하기로 결의하고 이튿날인 26일 김문진(金文珍), 이용설(李容卨), 피고 윤자영(尹滋英), 피고 김탁원(金鐸遠), 피고 최경하(崔景河), 피고 나창헌(羅昌憲), 피고 박윤하(朴潤夏), 김영조(金榮洮) 등 각 전문학교의 유력자들은 다시 위의 이필주(李弼柱) 방에 회합하여 위의 제2회의 독립운동에는 각자 분연히 학생을 규합하여 참가케 하고, 제1회 및 제2회의 독립운동에 즈음하여 관헌(官憲)으로부터 체포를 면한 자는 그 뜻 굽히지 않고 더욱 독립운동을 계속함으로써 최후의 목적을 이루게 하자고 결의하였다.

경성고등보통학교 대표자 김백평(金栢枰)은 위의 선언서 2,200매를 수취하고 같은 날 밤에 즉시 동창생 박창수(朴昌洙)가 거주하는 경성 적선동 128번지 아무개의 방에 이르러 미리 선언서 배포에 대하여 상의하기로 통지하고 그곳에 모이게 한 같은 학교 간부인 피고 박노영(朴老英), 동 박쾌인(朴快仁), 기타 여러 명에게 대하여 강기덕(康基德)의 말을 전하고 선언서를 보여주고 3월 1일 자기네 학교 학생을 규합하여 파고다공원에 모일 방법을 토의하였다. 이튿날인 3월 1일에 등교하여, 위의 피고 3명은 정오 휴게시간에 전교 학생을 각 교실에 모이게 하고 비밀 누설을 막기 위하여 낭하(廊下) 교실 입구 등에 수직(守直)을 두고 각 교실로 순회하여 오후 2시를 기히여 파고다공원에서 손병희(孫秉熙) 일파가 조선독립을 선언할 터이니 오후 1시경에 박수(拍手) 또는 기타의 군호(軍號)로 통지하면 자기 등을 추종하여 오라고 고지하였다. 그 시각쯤에 동 교정에서 국장(國葬) 참렬의 예행연습이 종료되자 위의 피고 3명은 교문에서 학생 일동을 결속하여 선두에 서서 이를 인솔하고 파고다공원에 모여서 피고 박노영(朴老英)은 위에 쓴 박창수(朴昌洙) 방에서 피고 김백평(金栢枰)의 부탁을 받아 선언서 200매를 수취하고, 같은 날 오후 2시경까지 파고다공원에 이르는 도중 인사동 낙원동 관훈동 방면 또는 통행인에게 배포하였다.

사립 선린상업학교 대표자 피고 이규송(李奎宋)은 위의 선언서 300매를 가지고 즉시 경성부 청엽정 2정목 35번지에서 숙박하는 동교 생도 피고 남정채(南廷彩)를 방문하고 위의 선언서 20매를 교부하고, 또 같은 정(町) 332번지에 숙박하는 동교 대표자의 한 사람인 피고 김철환(金鐵煥)을 방문하여 선언서 약 7-80매를 교부하고 모두 명일 오후 2시를 기하여 배포할 것을 부탁한 뒤에 그 나머지 약 200매를 가지고 다시 경성부 금정 157번지 장주환(張柱煥) 방에 동 대표자의 1인인 피고 박선옥(朴宣玉)을 방문하고 동인에 대하여 위의 선언서의 배포를 부탁하고 피고 김철환(金鐵煥) 및 박인옥(朴寅玉)과 이튿날인 3월 1일에 학생들을 파고다공원으로 모이게 할 방법을 의논한 후에 같은 날 밤 피고 박선옥(朴宣玉) 방에서 숙박하였다.

이튿날인 3월 1일이 되자 피고 김철환(金鐵煥), 피고 박선옥(朴宣玉)은 학교에서 수시로 학생들에게 독립운동의 계획을 알리고 오후 2시 파고다공원에 모일 것을 통고하여 일반이 모두 알게 하였으므로 동교 학생들은 그에 따라 같은 시각에 파고다공원에 도착하였다. 피고 김철환(金鐵煥)은 선언서 가운데 약 10여매를 피고 유극로(兪極老)에게 교부하고, 그 나머지는 경성부 마포 광화문 방면에, 피고 유극로(兪極老)는 이를 남대문 방면에, 피고 이규송(李奎宋)은 약 100매를 황금정 방면에, 피고 박인옥(朴寅玉)은 약 100매를 마포 방면에 같은 날 오후 2시까지 배포하고 파고다공원으로 향하였다.

사립 중앙학교 대표자 장기욱(張基郁)은 선언서 약 200매를 이튿날인 3월 1일 동교에서 1년생 이춘학(李春鶴)에게 교부하여 경성부 내에 배포케 하고, 또 학교에서 동교생에게 독립운동에 참가키 위하여 파고다공원에 모일 것을 통고하고 공원으로 향하였다.

사립 조선약학교(朝鮮藥學校) 대표자 피고 이용재(李龍在)는 선언서 약 100매를 이튿날인 3월 1일 학교에서 동교생 배한빈(裵漢斌), 황도범(黃道範) 및 피고 박준영(朴俊榮) 등 약 20여명에게 전과 같은 취지를 알리고 선언서 약 6매 내지 8매를 교부하여 동대문 방면에 배포하기를 명하고, 동교 생도와 함께 파고다공원에 이르렀다.

사립 보성고등보통학교 대표자 피고 장채극(張彩極) 및 피고 전옥영(全玉瑛)은 선언서 200매를 가지고 같은 날밤 즉시 경성부 송현동 11번지 장기룡(張基龍) 방인 피고 장채극(張彩極)의 숙소에 이르러 피고 이철(李鐵)과 같이 3명이 협의한 뒤에 선언서 8매 내지 10매씩을 작성하고, 또 같은 날밤 피고 장채극(張彩極) 및 피고 이철(李鐵)은 송현동 간동 안국동 수송동 방면에 산포한 동교생 이태영(李泰榮), 김장렬(金長烈), 박한건(朴漢健), 김홍기(金弘基) 외 6명 등에게 실정을 알리고 그 배포를 의뢰하였다. 이튿날인 3월 1일 피고 장채극(張彩極)은 선언서 전부를 가지고 등교하여 동교 구내 운동사무실에 이를 간직하고 지켜보는 책임을 맡았다. 피고 전옥영(全玉瑛) 및 피고 이철(李鐵)은 학생 일반에 대하여 그 실정을 알리고 오후 2시에 파고다공원에 모일 것을 고지한 후에 선언서를 셋으로 나누어 피고 장채극(張彩極)은 파고다공원 앞 종로통 남측, 피고 이철(李鐵)은 그 북측, 피고 전옥영(全玉瑛)은 인사동, 청진동 방면에 산포구역을 정하였다. 전기 배포를 의뢰한 자의 보조를 받아 동일 오후 2시를 기하고 전혀 선언서를 배포하였다. 피고 이인식(李仁植)은 파고다공원 안에서 피고 장채극(張彩極)에게서 독립선언서 약 10매를 수취하여 같은 시각에 같은 곳 부근에 배포하였다. 각 피고들도 동일 오후 2시경에 파고다공원에 모였다.

기타 경성의학전문학교 피고 한위건(韓偉鍵), 김형기(金炯璣) 등, 경성공업전문학교에서는 피고 김대우(金大羽), 경성공업전문학교 부속공업전습소에서는 피고 이형영(李亨永), 경성전수학교에서는 전성득(全性得) 및 피고 윤자영(尹滋英) 등이 모두 주장이 되어 2월 하순경부터 기타 경성 소재 각 학교에서도 각각 주모자가 있어 학생 일반에 대하여 개인적, 혹은 집회의 방법에 의하여 그 실정을 알리고 3월 1일 파고다공원에 모일 것을 발표하였다.

이와 같이 하여 조선독립시위운동이 성립되자 3월 1일 정오를 기하여 앞에 소개한 각 학교 생도를 위시하여 수만의 군중은 파고다공원에 쇄도하여 고슴도치같이 모여들었으며 손병희(孫秉熙) 외 32명의 수모자(首謀者)는 밀의(密議) 후에 장소를 변경하여 수모자의 회합할 처소를 파고다공원 후편 인사동 요리점 명월관지점(明月舘支店, 舊 太華舘)으로 변경하고 파고다공원에서는 성명 미상인이 선언서를 낭독하여 시위운동을 개시하기로 하였다.

오후 2시 30분경에 위의 공원 내 육각당(六角堂)에서 성명 미상자가 일어나 손병희(孫秉熙) 이하 33명이 서명한 전게 독립선언서를 낭독하여 조선의 독립국될 것을 선언하자, 군중은 열광하여 조선독립만세 대한독립만세 등, 또는 독립만세를 높이 외치고 다중(多衆)의 위력을 믿어 제국정부(帝國政府)와 세계각국에 대하여 '조선인은 모두 독립자유의 민(民)인즉 조선은 하나의 독립국 되기를 바란다'는 의사를 표백하고, 따라서 정치변혁의 목적을 이루고자 하여 이 목적에 따라 집합한 다중(多衆)은 같은 공원 문앞에서 수모자의 지휘에 따라 동서(東西) 2파로 나뉘었다.

서(西)로 향한 1대는 종로 1정목 전차(電車) 교차점에 이르러 다시 같은 곳에서 무리를 나누었다. 그 1대는 남대문역 앞, 의주로, 정동 미국영사관(美國領事舘), 이화학당 내, 대한문 앞, 광화문 앞, 조선보병대(朝鮮步兵隊) 앞, 서대문정, 프랑스영사관, 서소문정, 장곡천정을 거쳐 본정 2정목 부근에 이른 때에 경찰관의 제지에 부딪쳐 대부분 해산하였다.

그 밖의 1대는 무교정, 대한문에 이르러 문 안에 돌입하여 독립만세를 높이 외친 뒤에 물러나와 정동 미국영사관을 거쳐 다시 대한문 앞에 이른 뒤, 같은 곳에서 다시 갑을(甲乙) 2대로 나누었다.

갑대(甲隊)는 광화문 앞, 조선보병대(朝鮮步兵隊) 앞, 서대문정, 프랑스영사관, 서소문정, 장곡천정을 거쳐 본정에 들어왔으며, 을대(乙隊)는 무교정, 종로통을 거쳐 창덕궁 앞에 이른 뒤같은 곳에서 안국동, 광화문 앞, 프랑스영사관, 서소문정, 서대문정, 영성문 등을 거쳐 대한문 앞, 장곡천정으로부터 본정에들어와 해산하였다. 일부분은 다시 전진하여 혹은 영락정 명치정으로 향하고, 혹은 남대문통을 거쳐 동대문 방면으로 향하였다.

동(東)으로 향한 1대는 창덕궁 앞, 안국동, 광화문 앞, 서대문정, 프랑스영사관에 이르고 일부는 서소문정, 일부는 정동미국영사관, 또는 영성문을 거쳐 대한문 앞에 이르러 장곡천정으로부터 본정에 들어오고 일부는 경찰관의 제지로 해산하였다. 일부는 종로통을 나와 동아연초회사(東亞煙草會社) 앞에이른 뒤에 다시 동대문 부근으로 향하여 일몰(日沒) 경에 해산하였다. 기타 경성부내 도처에서 군중의 소란이 극에 달하여, 조선독립만세 대한독립만세 또는 독립만세를 절규하였다.

피고 김한영(金漢永) 최평집(崔平楫) 하태흥(河泰興) 김상덕(金相德) 윤기성(尹基誠) 김대우(金大羽) 주종선(朱鍾宣) 박창배(朴昌培) 진연근(陳演根) 박동진(朴東鎭) 양재순(梁在順) 이형영(李亨永) 유만종(劉萬鍾) 손홍길(孫洪吉) 남위(南偉) 장채극(張彩極) 전옥영(全玉瑛) 이철(李鐵) 최상덕(崔上德) 길원봉(吉元鳳) 이시영(李時英) 윤귀룡(尹貴龍) 김기세(金基世) 도상봉(都相鳳) 진용규(秦龍奎) 강용철(姜龍喆) 동주원(董柱元) 김양갑(金陽甲) 이인식(李仁植) 김형기(金炯璣) 김탁원(金鐸遠) 최경하(崔景河) 채정흠(蔡禎欽) 김영진(金永珍) 김양수(金瀁秀) 김병조(金炳祚) 한병만(韓秉萬) 허익원(許益元) 이규선(李圭璿)

허영조(許永祚) 이강(李橿) 김중익(金重益) 장세구(張世九) 함
병승(咸秉昇) 강학룡(姜學龍) 백인제(白麟濟) 오태영(吳泰泳)
황용수(黃龍洙) 정인철(鄭寅喆) 오용천(吳龍天) 함태홍(咸泰鴻)
현창연(玄昌燕) 이형원(李亨垣) 김종하(金鍾夏) 이익종(李翼鍾)
유완영(劉完榮) **길영희(吉瑛羲)** 윤좌진(尹佐珍) 허룡(許龍) 이학
(李鶴) 최용무(崔溶武) 김종현(金宗鉉) 이규송(李奎宋) 황의동
(黃義東) 김철환(金鐵煥) 박인옥(朴寅玉) 유극로(兪極老) 남정
채(南廷彩) 유화진(兪華鎭) 윤윤용(尹允用) 윤자영(尹滋英) 이
공후(李公厚) 박윤하(朴潤夏) 박승영(朴勝英) 이유근(李有根)
정구철(鄭求喆) 한창달(韓昌達) 이남규(李南圭) 한수룡(韓秀龍)
박쾌인(朴快仁) 김백평(金栢枰) 박노영(朴老英) 박수찬(朴秀燦)
전준희(全俊禧) 안규용(安圭瑢) 강용전(康龍田) 양호갑(梁好甲)
성준섭(成俊燮) 박규훈(朴圭熏) 이능선(李能善) 홍순복(洪淳福)
손덕기(孫悳基) 노원(盧援) 조남천(趙南天) 윤주영(尹周榮) 조
용욱(趙庸郁) 김형식(金亨植) 이수창(李壽昌) 박승표(朴勝表)
심대섭(沈大燮) 최강윤(崔康潤) 정기순(鄭基淳) 박인석(朴仁錫)
황창희(黃昌禧) 이근준(李根駿) 오의명(吳義明) 장기욱(張基郁)
김승제(金承濟) 이희경(李熙慶) 전봉건(全鳳乾) 한종건(韓鍾健)
박경조(朴炅朝) 임동건(林東乾) 한호석(韓戶石) 이국수(李掬水)
김응관(金應寬) 이시웅(李時雄) 이동제(李東濟) 조무환(曹武煥)
신용준(愼鏞俊) 임주찬(任周燦) 심원섭(沈元燮) 전동환(全東煥)
이용재(李龍在) 오충달(吳忠達) 김복성(金福成) 김유승(金裕昇)
박희봉(朴喜鳳) 박병원(朴炳元) 박흥원(朴興源) 박준영(朴俊榮)
정태화(鄭泰和) 강일영(姜日永) 김용희(金用熙) 신봉조(辛鳳朝)
오세창(吳世昌) 김재중(金載中) 김교승(金敎昇) 정신희(鄭信熙)
김찬두(金瓚斗) 박주풍(朴疇豊) 김봉렬(金鳳烈) 서영완(徐永琬)
김기택(金基澤) 황금봉(黃金鳳) 신특실(申特實, 女) 노예달(盧

禮達, 女) 최정숙(崔貞淑, 女) 고재완(高在玩) 이춘균(李春均) 차영호(車榮鎬) 어대선(魚大善) 유희완(柳熙完) 등은 위에 밝힌 목적에 따라 파고다공원 또는 그 공원으로부터 출동한 군중에 참가하여 함께 대한독립만세 조선독립만세, 또는 독립만세를 절규하여 군중에 창화(唱和)하였다.

이 가운데 피고 박승영(朴勝英)은 프랑스영사관에 이르자 솔선하여 그 관내에서 그 관원(舘員)에게 대하여 '조선은 금일 독립을 선언하고 이와 같이 사람들이 모두 독립국 됨을 열망하는 터이니, 그 뜻을 본국정부에 통고하여 달라'고 하여 시위운동의 기세를 더하였다. 피고 이익종(李翼鍾)은 시중을 광분한 끝에 창덕궁 앞에서 같은 무리와 헤어져 종로통으로 향하던 도중에 성명 미상의 학생 23인을 만나서 그곳을 지나가던 조선인에게 대하여 '조선은 지금 독립코자 하니 함께 독립만세를 부르자'고 선동하여 왕래하는 많은 무리를 규합한 후 무리를 지휘하여 스스로 독립만세를 부르고, 또 타인으로 하여금 외치게 하며 종로통을 동쪽으로 달려 종로4정목 경찰관파출소 앞에 쇄도하여 독립을 고취하는 연설을 하여 인심을 격동하여 치안을 방해하였다.

위의 독립시위운동에 참가한 학생간부 가운데 주요한 자는 미리 모의한 제2회 독립시위운동을 3월 5일로 결정하고 소기의 목적을 달성하려고 한위건(韓偉健) 등의 주모자는 각 전문학교 생도 및 각 중학교 대표자인 피고 장채극(張彩極), 피고 전옥영(全玉瑛), 강우열(康禹烈), 배재고등보통학교 기타 각 대표자를 3월 4일 오전중에 경성부 정동 배재고등보통학교에 초청하여 '명일인 3월 5일 오전 9시를 기하여 남대문역 앞 광장을 집합지로 하고 학생 주최의 독립시위운동을 하려고 그 방법으로 강기덕(姜基德) 및 김원벽(金元璧)을 선정하여 그 지휘를 맡게 함으로 각자 편의에 따라 각자 학교 생도 및 지기(知己)를 규합하여 참가하도록 노력하라'는 뜻을 고지하였다. 각 참집자는 각각 동지에게 통고하며, 또는 일반에게 널리 알게 하고 같은 날 밤에 다시 한위건(韓偉鍵), 강기덕(姜基德), 피고 한창식(韓昌植), 피고 장기욱(張基郁), 피고 전옥영(全玉瑛) 등은 세브란스연합의학전문학교 구내에 모여 위의 운동을 계속하여 공고케 하라고 각종 수단으로써 목적을 관철하기에 노력하기를 협의하였다.

제2회 시위운동의 거사를 알게 된 사립 중동학교 생도 피고 김종현(金宗鉉), 경성고등보통학교 피고 최강윤(崔康潤), 사립 국어보급학관(國語普及學館) 생도 피고 채순병(蔡順秉)은 3월 4일 밤에 당시 함께 숙박하던 경성부 안국동 39번지 박태병(朴台秉) 방에서 '명일인 5일 다수의 군중을 서대문역 앞에 불러 모아서 이 운동을 성대케 하자'는 공모를 한 후 피고 김종현(金宗鉉)의 소유인 탄산지(炭酸紙) 및 골필(骨筆) 3본을 사용하여 명일인 '5일 오전 8시 30분 남대문역 앞에 회합하여 제2회 시위운동을 개최할 터이니 태극기(太極旗)를 준비하여 가지고 오라'는 뜻을 쓴 통고문 약 400매를 제작하여 이를 셋으로 나누어, 같은 날 밤에 피고 최강윤(崔康潤)은 송현동 방면, 피고 채순병(蔡順秉)은 소격동 방면, 피고 김종현(金宗鉉)은 중학동 방면을 각각 중심으로 하고 각호(各戶)에 배포하였다.

이같이 하여 3월 5일 오전 8시 전후에 남대문역 앞에 쇄도한 군중은 무려 수만을 헤아렸고, 강기덕(姜基德), 김원벽(金元璧)이 각각 인력거를 타고 「조선독립(朝鮮獨立)」이라고 크게 쓴 깃발을 펄럭이며 달려서 제2회 시위운동을 한다는 뜻을 선언하니, 군중은 일제히 독립만세를 높이 외치고 선두에 선 강기덕(康基德), 김원벽(金元璧)의 지휘에 따라 독립만세를 절규하며 남대문에 향하니, 그 가운데 간혹 당일의 독립운동의 표시를 명료케 하기 위하여 다수의 붉은 천을 산포하여 이를 높이 휘두르며 남대문에 이르자 군중은 경비하기 위하여 출동한 경찰관헌의 제지를 받아 강기덕(康基德), 김원벽(金元璧) 등 검속을 당한 자가 많았다, 이 검속을 면한 일대는 남대문시장으로 조선은행 앞을 거쳐 종로 보신각에 향하고, 일대는 남대문으로 대한문 앞 무교정을 거쳐 종로 보신각 앞에서 앞의 일대와 합동하여 조선독립만세를 높이 외치고 소란이 극에 달하였으나 훤뇨(喧鬧)하다 마침내 그 곳에서 경찰관헌에게 해산을 당하였다.

이 사이에 피고 최평집(崔平楫) 유만종(劉萬鍾) 안상철(安尙哲) 이양직(李亮稙) 길원봉(吉元鳳) 윤귀룡(尹貴龍) 도상봉(都相鳳) 민찬호(閔瓚鎬) 장명식(張明植) 이강(李橿) 김창식(金昌湜) 장세구(張世九) 김진옥(金鎭玉) 이형원(李亨垣) 안영찬(宋榮璨) 이학(李鶴) 박인옥(朴寅玉) 박세균(朴世均) 한창달(韓昌達) 김종현(金宗鉉) 최강윤(崔康潤) 채순병(蔡順秉) 양호갑(梁好甲) 성준섭(成俊燮) 홍순복(洪淳福) 유근영(柳近永) 방재구(方在矩) 한흥리(韓興履) 노원(盧楥) 조남천(趙南天) 윤주영(尹周榮) 김형식(金亨植) 김용관(金龍觀) 이수창(李壽昌) 조용석(趙鏞錫) 박인석(朴仁錫) 김상준(金相駿) 김윤옥(金允玉) 김승제(金承濟) 이희경(李熙慶) 한종건(韓鍾建) 박영조(朴靈朝) 이병관(李炳寬) 김갑수(金甲洙) 한인석(韓仁石) 이국수(李掬水) 정석도(鄭石道) 김응관(金應寬) 조무환(曹武煥) 오충달(吳忠達) 김유승(金裕昇) 조봉룡(趙鳳龍) 오세창(吳世昌) 성주복(成周復) 김봉렬(金鳳烈) 서영완(徐永琬) 이아주(李娥珠, 女) 신특실(申特實, 女) 유점선(劉點善, 女) 최흥종(崔興琮) 노예달(盧禮達, 女) 탁명숙(卓明淑, 女) 김독실(金篤實, 女) 송명흠(宋明欽) 황

금봉(黃金鳳) 김승만(金昇萬) 박윤하(朴潤夏) 박노영(朴老英) 장기욱(張基郁) 이용재(李龍在) 고재완(高在玩) 최사열(崔士烈) 이인식(李仁植) 황좌진(黃佐珍) 이인영(李寅永) 등은 남대문역 또는 도중에서 군중에 참가하여 독립만세를 외치거나, 또는 붉은 천을 흔들며 광분하였다.

이 가운데 피고 최흥종(崔興琮)은 남대문역 앞에서 인력거 위에 '신조선신문(新朝鮮新聞)'이라 쓰고 조선독립사상을 고취함과 같은 불온인쇄물(不穩印刷物) 수십 매를 살포하고 자기의 신변에 집합한 다수의 군중에게 대하여 민족자결주의를 설명하고 독립사상을 고취하는 연설을 하려고 하여 그 모두(冒頭)를 말하기 시작하사, 군중들이 독립만세를 높이 외지므로 이에 창화(唱和)하여 다같이 대한문 앞에 이르러 그곳에서 인력거 위에 '조선독립(朝鮮獨立)'이라고 크게 쓴 깃발을 펼치고 군중에게 솔선하여 시위운동의 세력을 부조함으로써 각 피고는 정치의 변혁을 목적하고 불온한 망동을 저질러 치안을 방해한 사실이 있다.

피고 유준근柳濬根)은 유생(儒生)으로, 금년 3월 1일 이래 경성에서 독립운동이 개시되어 점차 조선 전역에 파급되자 '유생도 역시 묵묵히 보며 방관하기 어렵다'고 피고 송주헌(宋柱憲), 피고 백관형(白觀亨) 외 11명의 동지를 권유하여 3월 2일 경성부 수창동 어느 여관에서 회합하여 우 피고 3명 외 11명이 공모한 후에 이왕전하(李王殿下)에게 복위(復位)를 빌고 조선의 독립을 도모하였다. '지금의 독립선언이 하루아침에 뒤흔들어 이미 패연(沛然)히 이를 막을 자가 없다. 산천이 의구하고 궁실(宮室)이 의구하며 인민이 의구한지라. 이로 인하여 대위(大位)에 복위하시고 일국을 호령하여 각국에 비조(飛詔)하시라'는 뜻의 상서를 써서 3월 5일 피고 3명은 동지와 함께 경기도 한지면 청량리에 이르러 이왕전하(李王殿下)의 반우식(返虞式)의 행차를 맞이하여 피고 송주헌(宋柱憲)은 그 상서를 받들어 가지고 길가에서 그 길을 경계하기 위하여 길 옆에 늘어선 경관을 제치고 장차 전하(殿下)의 여여(舁輿)가 가까이 오면 전하께 올리려고 치안을 방해하였다.

피고 어대선(魚大善)은 같은 날 같은 곳에서 유생(儒生) 등이 다수 모일 줄을 미리 알고, 그 기회를 이용하여 조선독립의 사상을 고취하여 더욱 이 운동을 치열케 하려고 계획하고 '지금 파리강화회의(巴里講和會議)에서 민족자결주의가 제창되어 우리 조선도 또한 이에 의하여 독립하려 하노라. 대개의 사업은 시작이 있으면 끝이 없을 수 없으니, 이 독립의 목적에 도달코자 하려면 분발노력하여 불굴불요(不屈不撓)하는 정신으로써 유종(有終)의 미(美)를 보지 않으면 안된다'는 뜻으로 선동적 연설을 하려고 하여, 같은 곳에서 군중에게 향하여 연설의 모두(冒頭)에 교리를 말하였다. 이왕전하의 장여(葬輿)가 통과하고 군중은 일제히 독립만세를 높이 외치기 시작하므로 연설을 중지하고 군중과 더불어 독립만세를 외침으로써 치안을 방해케 한 사실이 있다.

피고 김백원(金百源), 피고 문일평(文一平), 피고 차상진(車相晋), 피고 문성호(文成鎬), 피고 조형균(趙衡均), 피고 전극선(全極善), 피고 백관형(白觀亨)은 앞에 보인 바와 같이 3월 1일 손병희(孫秉熙) 외 32명이 독립선언을 발표하고 체포되자 그 사람들의 의사를 계승하여 조선독립의 목적을 달성할 것을 공모하고 금년 3월 12일 각 피고는 경성부 서린동 요리점 영흥관에 회합하여 조선 13도의 대표자 명의로써 한편으로는 조선총독에게 대하여 '조선독립은 동포 2천만의 요구라. 우리들은 손병희(孫秉熙) 등의 후계자로서 조선독립을 요구한다'는 내용을 적은 글에 '애원서(哀願書)'라 제목을 쓰고 조헌(朝憲)을 문란케 하는 1편의 문서를 제출하고, 다른 한편으로는 그 문서를 경성부 종로 보신각 앞에서 낭독하고, 피고 등이 조선 13도의 대표자로 이 문서 1편을 조선총독에게 제출한 사실을 발표함과 동시에 당시 점차 조용해지려는 독립운동을 격려하여서 그 목적을 달성하자고 결정하였다.

피고 차상진(車相晋), 피고 문성호(文成鎬)는 같은 날에 즉시 조선총독부에 출두하여 이 문서를 제출하고, 피고 김백원(金百源), 피고 백관형(白觀亭)은 동시에 보신각 앞에 이르렀으며, 모여든 군중에게 피고 문일평(文一平)이 위의 애원서를 낭독하이서 정치에 관한 불온한 언동을 하였으며, 치안을 방해게 하였다.

손병희(孫秉熙) 이하 32명의 수모자(首謀者)는 앞에 쓴 바와 같이 2월 하순경에 '조선인이 자유민이고 조선이 독립국이다'라는 내용을 반복 상론(詳論)하여서 조헌(朝憲)을 문란케 하는 문사(文辭)를 게재한 선언서 약 10,000매를 인쇄하여 널리 조선 전역에 배포하고, 또 사람을 보내어 조선 주요 각지에 그 취지를 부연 고취케 하고 조선독립의 일대 시위운동을 발발케 하였다.

피고 안상덕(安商悳)은 금년 2월 28일 오전 10시경 경성부 경운동 78번지 이종일(李鍾一) 방에서 같은 사람에게서 손병희(孫秉熙) 외 32명 명의의 조선독립선언서 약 2,000매를 받아 가지고 함경남도 및 강원도 방면에 보내 달라는 의뢰를 받았다. 같은 날 강원도 평강역에 이르러 같은 곳 천도교구장(天道敎區長) 이모(李某)에게 그 가운데 약 700매를 교부하여 일반에게 배포케 하고, 이튿날에 다시 함경남도 영흥 읍내에 이르러 같은 곳 천도교구실(天道敎區室)에서 교구장 아무개에게 나머지를 교부하여 일반에게 배포케 하여서 정치에 관하여 불온한 행동을 하고 치안을 방해하였나.

3월 1일 손병희(孫秉熙) 등이 앞에 보인 독립선언서를 발표하고 인하여 그 선언서 발표의 전말을 기술하고 또 조선독립사상을 고취하여서 국헌을 문란케 하는 취지를 기재한 조선독립신문을 일반에게 반포하니, 경성 내에서는 각처에서 이에 의하여 조선독립에 관한 황탄무계한 사실을 날조하고 또는 전조선에 달하여 봉기하는 독립운동의 풍문을 과장하는 등 불온한 문사(文辭)로써 독립사상을 고취 선전함과 같은 문서를 간행 반포하여 찬양하려는 자들이 속출하였다.

아래에 쓰는 각 피고도 역시 이에 의하여 정치의 변혁을 목적하고 각자 아래의 범행을 감행하여서 치안을 방해하였다.

피고 양재순(梁在順), 피고 김호준(金鎬俊)은 공모한 후 관할 관서(官署)의 허가를 받지 않고 금년 3월 8일부터 같은 달 11일까지 4일간 경성부 광희정 2정목 340번지 김호준(金鎬俊) 방에서 각성호회보(覺醒號回報)라는 제목으로 조선독립의 사상을 고취하며 분기하여 이 운동에 참가하라는 선동적 문장의 원고 제1호부터 제4호까지를 밤마다 각 1부를 그 순서에 따라 제작하여 각각 같은 날밤 피고 김호준(金鎬俊)이 구입한 등사판(謄寫版)을 사용하여 각호 약 80매씩을 인쇄하고, 또 피고 양재순(梁在順)은 그 발행을 담당하였으며, 인쇄를 마치면 각각 같은 날밤에 경성 광희정 방면 각호에 배포하였다.

1.

갑(甲). 피고 박노영(朴老英), 피고 박수찬(朴秀燦), 피고 김세룡(金世龍)은 공모하여 불온문서를 간행하려고 계획하고 한위건(韓偉鍵)이 제작한 글에 「동포들아 이러나거라」라는 제목을 붙이고 조선독립사상을 고취하고 분기 운동에 참가하라는 선동적 문장의 원고에 의하여 피고 유석우(庾錫祐)가 대여한 등사판을 사용하여 금년 3월 7일 밤부터 이튿날인 8일 오전 1시까지 동안에 경성부 관훈동 51번지 피고 김세룡(金世龍) 방에서 방재룡(方在龍), 김한위(金漢偉)와 같이 약 800매를 인쇄하여 피고 김세룡(金世龍), 피고 박수찬(朴秀燦)은 그 발행을 담당하고, 피고 박수찬(朴秀燦)은 그 인쇄물 약 250매를 3월 8일 밤 경성부 견지동 인사동 방면에 반포하고, 또 같은 날 당시 거주하던 경성부 소격동 신용식(申庸植) 방에서 그 인쇄물 약 250매를 방재룡(方在龍)의 주선으로 경성부 내에 반포하기 위하여 성명 미상자에게 교부하였다. 피고 김세룡(金世龍)은 같은 날 경성부 가회동 77번지 조홍식(趙弘植) 방에서 위의 인쇄물 약 200매를 피고 최사열(崔士烈)에게 교부하여 배포케 하였다.

을(乙). 피고 강선필(姜善弼)은 피고 박노영(朴老英), 피고 박수찬(朴秀燦)이 앞에 보인 불온문서의 발행은 계획하였으나 그 자금이 궁핍함을 알고 그 비용을 제공하려고 금년 3월 7일경 당시의 숙소인 경성부 간동 122번지 민부훈(閔孚勳) 방에서 피고 박수찬(朴秀燦)에게 그 자금으로 10원을 교부하여서 피고 박노영(朴老英) 등으로 하여금 그 인쇄물에 필요한 백지(白紙) 기타를 구입케 하여서 이 범행을 수행하기 쉽게 하였다.

병(丙). 피고 유석우(庾錫祐)는 피고 김세룡(金世龍)이 피고 박노영(朴老英) 등과 더불어 앞에 보인 것과 같이 정치상 불온한 문서를 인쇄 발행하려는 내용을 알고도 금년 3월 5일경 김세룡(金世龍)의 청구에 응하여 한양교회(漢陽教會)에서 사용하는 등사판 1대를 대여하기로 승낙하고, 경성부 죽첨정 41번지 자택에서 같은 날 집사람을 시켜서 피고 김세룡(金世龍)에게 교부케 하여서, 앞에 보인 피고 김세룡(金世龍) 등의 범행을 용이케 하였다.

정(丁). 피고 김준희(金俊禧)는 3월 7일경 당시의 숙소인 경성부 재동 106번지 김원배(金元培) 방에서 피고 박노영(朴老英)으로부터 앞에 보인 것과 같은 격문(檄文)을 제작할 것을 동숙인(同宿人)인 한위건(韓偉鍵)에게 부탁하여 달라는 부탁을 받고 승낙한 다음, 그날로 한위건(韓偉鍵)에게 피고 박노영(朴老英)이 부탁한 취지를 알렸다. 그 사람이 「동포들아 일어나거라」라고 제목을 붙인 불온문사의 원고를 제작하여 교부하였으므로, 즉시 기 실정을 알면서도 이를 앞에 쓴 김세룡(金世龍) 방에 가지고 가서 피고 박노영(朴老英) 등에게 교부하여 이 사람들의 범행을 용이케 하였다.

무(戊). 피고 최사열(崔士烈)은 3월 8일 앞에 쓴 숙소에서 피고 김세룡(金世龍)에게서 '「동포들아 이러나거라」라고 제목을 붙인 불온문사의 등사판 인쇄물 약 200매를 배포하여 달라'는 의뢰를 받았으므로 차를 배포하여 조선독립의 사상을 고취하여 그 목적을 이루려고 차를 승낙하고, 같은 날 이를 가회동 방면에 배포하였다.

2.

피고 양호갑(梁好甲)은 금년 3월 1일 경성부 관훈동에서 이지익(李枝翼)이라는 자로부터 '3월 1일 독립선언 발표의 전말을 기술하여 조선독립의 사상을 고취하는 조선독립신문 약 30매를 배포하여 달라'는 의뢰를 받고, 이를 승락하여 같은 날 밤 이를 관훈동 가회동 방면 각호에 배포하였다..

3.

피고 장채극(張彩極), 피고 전옥영(全玉瑛), 피고 이철(李鐵)은 공모하여

갑(甲). 3월 1일 타인에게서 위의 조선독립신문 200매를 수령하여 같은 날 피고 이인식(李仁植) 외 수십 명을 시켜서 송현동 간동 안국동 인사동 방면에 배포케 하였다.

을(乙). 3월 2일 타인에게서 '조선독립신문 제2호 및 「독립가(獨立歌)」 합계 수백 매의 인쇄물을 배포하여 달라'는 의뢰를 수락하고 경성부 간동 107번지 어느 방면에 유숙하는 보성고등보통학교 생도 성명미상자 여러 명에게 교부하여 경성 시중에 배쏘케 하였다.

병(丙). 3월 4일경 이충모(李忠模)라는 자에게서 「경고 2천만 동포」라 제목이 붙은 조선독립사상을 고취하는 불온인쇄물 수백 매를 수령하여 같은 날에 위의 학생 등에게 의뢰하여 경성 시중에 배포케 하였다.

정(丁). 3월 5일경 피고 전옥영(全玉瑛)은 한위건(韓偉鍵)에게서 받아온 앞의 취지의 독립신문 제3호 약 80매를 같은 날 피고 강창준(姜昌俊) 등에게 교부하여 경성 시중에 배포케 하였다.

4.

피고 강일영(姜日永), 피고 김용희(金用熙), 피고 김영식(金英植)은 공모한 후 3월 27, 8일경에 경성부 사직동 190번지 피고 김용희(金用熙) 방에서 「경고문(警告文)」이라 제목을 붙이고 '우리들은 이 기회를 타서 상해에 있는 동포와 호응하여 시위운동을 하지 않을 수 없다'는 뜻의 원고를 제작하였다.

피고 강일영(姜日永)은 실형(實兄) 소유인 모필용(毛筆用) 등 사판을 사용하여 약 100매를 인쇄하여 이를 셋으로 나누어 그 이튿날에 피고 김용희(金用熙)는 내자동 방면, 피고 강일영(姜日永)은 황금정 방면, 피고 김영식(金英植)은 경성부 내에 반포하였다.

5.

피고 장채극(張彩極), 피고 이철(李鐵), 피고 한창환(韓昌桓), 김홍식(金鴻植), 이용설(李容卨) 등은 공모한 후 당시 경성부 내 도처에 통일되지 않고 간행되던 독립신문 기타를 통일하여 간행하기를 기도하였다. 이용설(李容卨), 김유인(金裕寅)이 각자 이 일을 맡아 4월 초순 경으로부터 조선독립의 사상을 고취하는 독립신문 제17호를 시작으로 하여 매일, 또는 격일, 또는 4, 5일마다 경성부 내에서 인쇄 발행을 하여 제23호에 이르고, 다시 같은 날쯤 간부 가운데 위의 신문 원고는 조민언(趙敏彦)이라는 자로부터 제공하기로 하고 경성부 내 각정(各町)에서 대규모로 다수 인쇄 발행하기를 결의하였다. 그러나 지금까지 귀향하여 있던 피고 전옥영(全玉瑛)이 다시 경성에 와서 피고 장채극(張彩極), 피고 이철(李鐵)과 함께 경성부 소격동 102번지 신용식(申庸植) 방에 동숙하기에 이르러 위의 신문 간행에 찬동하는 뜻을 보이자 이에 가담하였다.

피고 장채극(張彩極), 피고 이철(李鐵), 피고 전옥영(全玉瑛)은 위의 인쇄 발행의 담당자가 되고, 김홍식(金鴻植) 외에 각 중등학교의 대표자인 경신학교 강우열(康禹烈), 중앙학교 최석인(崔錫仁), 배재고등보통학교 김병호(金炳鎬)를 찾아서 인쇄 배포의 임무를 맡게 하고, 같은 달 26일까지 앞에 쓴 제23호를 이어서 제27호까지의 원고를 조민언(趙敏彦)에게 받아 위의 인쇄담당자에게 교부하였으므로, 이 사람 등은 모두 같은 날쯤 경성부 내에서 위의 원고를 인쇄하여 이를 경성부 내 각 곳에 배포하였다.

6.

피고 한남수(韓南洙), 피고 김사국(金思國)은 변호사 홍면희(洪冕熹), 이규갑(李奎甲) 등과 함께 '3월 1일 이후 조선 전역에 봉기한 독립운동은 그 중간에 하등의 연락관계가 없이는 기대하는 효과를 이룰 수 없다'고 생각하여 이에 국민대회를 조직하고 각개의 독립운동단을 망라하여 조선가정부(朝鮮假政府)를 수립하여서 계통적 독립운동을 하려고 기획하고 3월 중순경부터 종종 협의를 진행하였다.

홍면희(洪冕熹), 이규갑(李奎甲), 김규(金奎) 등의 권유에 따라 각방면의 대표자 되기를 승락한 자는 4월 2일 인천부 각국공원(各國公園)에 모여 이에 가정부(假政府)를 수립하고, 일반에게 선포할 것을 결정하였다. 이 모임에 참석한 피고 안상덕(安商悳)은 천도교 대표자가 되고, 박용희(朴用熙), 장붕(張鵬), 이규갑(李奎甲)은 예수교 대표자, 김규(金奎)는 유교 대표자, 이종욱(李鍾郁)은 불교 대표자가 되고, 피고 한남수(韓南洙), 홍면희(洪冕熹)는 전적으로 알선 책임을 맡기로 결정하였다.

그 뒤에 몇일이 지나 피고 한남수(韓南洙), 피고 김사국(金思國), 피고 김규(金奎), 피고 이헌교(李憲敎), 피고 이민태(李敏台)는 경성부 내자동 64번지 한성오(韓聖五) 방에 모여서 협의한 결과 김규(金奎), 피고 한남수(韓南洙), 피고 김사국(金思國) 등이 국민대회를 개최하는 취지서 제작의 알선을 맡기로 하였다. 그러나 피고 한남수(韓南洙)는 상해의 독립운동본부와 연락을 하기 위해 4월 8일 경성을 떠나 상해로 향하고, 후사를 피고 이규갑(李奎甲) 등 기타에게 일임하였으므로 이들은 더욱 실행의 기획을 진척시켰다. 피고 이헌교(李憲敎), 피고 이민태(李敏台)는 이 일에 찬동하여 또 회합에 참가하고, 피고 이헌교(李憲敎)는 또 피고 윤이병(尹履炳), 윤용주(尹龍周), 최전구(崔銓九) 등을 권유하여 국민대회원(國民大會員) 되기를 청하였으며, 피고 윤이병(尹履炳)은 이에 응하여 동지가 되기를 승낙하였다.

피고 이용규(李容珪)는 지난번에 의병을 일으켜 종신역형(終身役刑)에 처하였으며, 그 뒤에도 누차 정치에 관하여 불온한 행동을 하다가 검속 또는 처형을 받는 등의 이력을 지닌 자이니, 김규(金奎)는 이같은 인물을 일원(一員)으로 두는 것이 유리한 줄로 생각하고 그런 의사를 밝혀 국민대회 조직에 찬동하기를 청구하니, 피고 이용규(李容珪)는 즉석에서 동지 되기를 승낙하였다.

4월 중순에 이르러 더욱 조선가정부(朝鮮假政府)를 조직하고 각각 각원(閣員)을 찬정하여 이를 선포하고, 동시에 국민대회의 취지를 발표하기 위하여 조선 13도의 대표자를 경성부 서린동 봉춘관에 회동하고, 동시에 학생을 시켜서 시위운동을 담당케 하고, 당일 수천 명의 노동자를 종로에 모이게 하고 또 자동차를 몰아 경성부 내에 달리게 하고, 인쇄물을 배포하는 등의 실행계획을 정하였다.

피고 김사국(金思國)은 이를 실행키 위하여 학생측의 알선자 김유인(金裕寅) 등과 연락을 하였으나, 이에 필요한 비용을 갹출할 필요가 있으므로, 같은 달 19일경 피고 김사국(金思國)이 당시 숙박중인 경성부 통의동 김회수(金晦秀) 방에서 피고 안상덕(安商悳), 피고 민강(閔橿), 김유인(金裕寅), 현석칠(玄錫七)의 각 동지가 회합한 후 천도교 대표자 안상덕(安商悳), 예수교 대표자 현석칠(玄錫七)은 각 600원을 제공하여 그 비용에 충당케 하였다. 그 돈을 주고받는 것이 비밀을 누설할 염려가 있으므로 피고 민강(閔橿)이 약종상(藥種商)을 영위하여 금전의 출납과 거래하는 자의 왕래 빈번함을 이용하여 현석칠(玄錫七) 및 피고 안상덕(安商悳)이 피고 민강(閔橿)의 손을 거쳐 피고 김사국(金思國) 또는 김유인(金裕寅)에게 주기로 하였다. 피고 민강(閔橿)은 그 내용을 알면서 이 금전 수수를 중개하기로 승낙하였다.

피고 안상덕(安商悳)은 이튿날인 20일 500원을 경성부 화천정 5번지인 민강(閔橿) 방에 가지고 가서 그 사람에게 교부하였고, 피고는 이를 보관하였다가 같은 날 밤에 즉시 같은 곳에서 피고 김사국(金思國)의 수요에 응하여 같은 사람에게 교부하여서 피고 등의 범행의 실행을 용이케 하였다.

먼저 국민대회의 간부인 피고 한남수(韓南洙), 이규갑(李奎甲), 이동욱(李東旭), 현석칠(玄錫七) 등은 협의한 후에 이동욱(李東旭)의 집필로 국민대회취지서(國民大會趣旨書)라 제목을 쓰고 조선 13도 대표자의 성명을 차례로 쓰고, 손병희(孫秉熙) 등 33명의 독립선언의 의사를 계승하여 조선민족은 일치하여 대소가 단결하고 각지방 대표자를 종합하여 본회를 개최하고 임시정부를 조직하고 제국정부(帝國政府)의 납세를 거절하며 소송행위(訴訟行爲)를 하지 않는 등의 방법에 의해 더욱 독립운동에 노력할 것을 기재하고, 선포문(宣布文)이라고 제목을 붙였다.

국민대회는 민의에 기본하여 임시정부를 조직하고 국민대표자를 파리강화회(巴里講和會)에 출석시키기 위하여 위원을 선정하고 약법(約法)을 제정하는 취지와 임시정부 각원(閣員), 평정관(評政官), 강화회의 출석위원(講和會議出席委員) 등의 성명을 차례로 써서, 모두 조선독립의 사상을 고취하고 조헌(朝憲)을 문란케 할만한 원고를 제작하였다. 현석칠(玄錫七)은 장소가 분명치 않은 처소에서 이를 목판에 번각(飜刻)하여 약 6,000매 이상을 인쇄하고, 피고 김사국(金思國)은 이를 국민대회의 간부인 이동욱(李東旭) 외 열 명에게 교부하였다. 이상 각 피고는 국민대회의 간부 또는 회원이 되어 조선가정부(朝鮮假政府)를 수립한다 칭하고, 아래와 같은 각 피고들을 시켜서 그 발표 및 시위운동을 하게 하였다.

7.

피고 장채극(張彩極), 피고 전옥영(全玉瑛), 피고 이철(李鐵)은 4월 중순경부터 피고 김사국(金思國), 김유인(金裕寅) 등의 의뢰를 받고 국민대회의 조선독립운동에 대하여 그 실행방법을 담당하고

갑(甲). 4월 17, 8일경 피고 이춘균(李春均)에게서 수령한 조선독립사상을 고취하여서 조헌(朝憲)을 문란케 하는 임시정부선포문이라 제목을 붙인 인쇄물 및 임시정부령 제1호, 제2호라 제목을 붙인 인쇄물 2종, 합계 약 100매를 보관중 김유인(金裕寅)의 명령에 따라 다시 다수를 번각(飜刻)하여 앞에 보인 국민대회취지서와 같이 일괄하여 배포할 것을 기획하고 피고 윤좌진(尹佐珍)에게 그 인쇄를 의뢰하였으므로, 이 피고는 다시 김종사(金鍾射) 및 나종하(羅鍾河) 두 사람과 공모하고 경성부 간동 7번지 김태정(金泰鼎) 방에서 같은 달 20일부터 같은 달 22일까지 피고 전옥영(全玉瑛), 윤좌진(尹佐珍), 김종사(金鍾射), 나종하(羅鍾河) 4명은 피고 윤좌진(尹佐珍) 소유 등사판을 사용하여 위 2종의 인쇄물을 1매에 합쇄(合刷)하여 약 1,500매를 인쇄하였다.

을(乙). 김유인(金裕寅)은 4월 22일 피고 장채극(張彩極)에게 다음 달 23일을 기하여 국민대회를 개최하고

(1) 당일 자동차 3대를 몰고 1대에 1명씩 탑승하고 이에 국민대회에서 공화만세(共和萬歲)라고 먹으로 쓴 깃발을 각각 2본씩 게양케 하고, 동대문 서대문 남대문에서 각각 출발하여 길가에 인쇄물을 배포하고 정오를 기하여 종로 보신각 앞에 집합케 할 것

(2) 간부 가운데 노동자 3,000인을 종로 보신각 앞에 배치하고 지휘자 3명에게 국민대회 등의 깃발을 게양케 하고 정오를 기하여 독립만세를 높이 외치게 하여서 시위운동을 할 것

(3) 종로에서 이 운동을 개시함과 동시에 봉춘관에서 국민대회를 열고 조선 13도의 대표자가 집회하여 조선가정부(朝鮮假政府)의 선포를 하겠으므로 봉춘관에 국민대회의 표찰을 게양할 것

등의 계획이 있음을 알리고 위의 자동차 탑승자 군중지휘자 간판게양자의 선임을 의뢰하고, 그 비용으로 200원을 교부하였으므로, 피고 장채극(張彩極)은 피고 전옥영(全玉瑛) 이철(李鐵)과 협의한 후 피고 최상덕(崔上德)에게 그 정상을 알려 주선을 의뢰하였으므로 이 피고는 그 비용으로 50원을 청구하여 수취한 후 이미 친히 알던 박수봉(朴壽奉), 이만봉(李萬奉)이란 자를 주선하고, 피고 유태응(劉泰應)에게 그 상황을 알려 노동자 지휘자가 될 것을 의뢰하여 그의 승락을 받았다.

또 전철백(全撤伯), 주병봉(朱炳鳳)이란 자에게 그 정황을 알리고 위의 간판게양의 임무를 맡기고, 또 김종식(金鴻植) 등의 알선에 의하여 기타의 자동차탑승자 및 지휘자의 승락을 얻었다.

그리고 피고 장채극(張彩極)은 같은 날 밤 경성부 서대문정

영성문 부근 방덕환(方德煥) 방에서 김유인(金裕寅), 피고 김사국(金思國)과 회합하여 앞에 쓴 현석칠(玄錫七)이 인쇄한 목판쇄(木版刷)의 선포문 및 국민대회취지서의 배포를 인수하고, 피고 김사국(金思國)과 같이 완거(腕車)를 타고 통의동 81번지 이경문(李景文) 방에 이르러 피고 김사국(金思國)이 같은 집에 보관한 2종의 목판쇄(木版刷) 약 6,000매 및 간판 1매를 가지고, 피고 장채극(張彩極)은 곧바로 당시의 숙소인 경성부 소격동 신용식(申傭植) 방에 가지고 돌아가 피고 전옥영(全玉瑛), 이철(李鐵)과 함께 앞에 쓴 윤좌진(尹佐珍) 등이 등사한 임시정부선포문과 2종의 목판쇄를 일괄하여 삼판철(三板綴)로 하고, 또 백포(白布)를 구매하여 자동차탑승자 및 지휘자가 사용할 깃발 구류(九流)를 제작하였다. 피고 전옥영(全玉瑛)은 여기에 국민대회, 또는 공화만세(共和萬歲)라, 또 간판에는 국민대회(國民大會)라고 먹으로 써서 준비를 완료하였다.

병(丙). 이튿날인 23일이 되니 피고 장채극(張彩極)은 김유인(金裕寅)과 같이 보성고등보통학교에서 자동차에 탑승할 자 이만봉(李萬奉) 외 3명에게 비용으로 피고 이만봉(李萬奉)에게 35원, 그 밖에 2명에게 30원씩을 교부하고, 위의 인쇄물철 약 10부 및 깃발 2류(流) 씩을 교부하였다.

또 피고 장채극(張彩極)의 숙소에서 피고 유태응(劉泰應) 및 박수봉(朴壽奉) 외 1명에게 5원씩 주고, 공화만세(共和萬歲) 또는 조선독립(朝鮮獨立)이라 크게 쓴 깃발 1류(流)씩을 교부하였다. 그리고는 미리 인쇄물 배포 담당을 의뢰했던 강우열(康禹烈)에게는 동대문 방면, 김병호(金炳鎬)에게는 서대문 방면, 유기원(柳基元)에게는 창덕궁 방면, 김홍식(金鴻植)에게는 방면 미상, 경성부 내에는 정오를 기하여 배부할 것을 부탁하고, 각 사람에게 각 350부씩을 교부하였다.

따라서 같은 날 정오를 기하여 피고 유태응(劉泰應) 박수봉(朴壽奉) 외 1명은 종로 보신각 앞에서 소지하고 있던 깃발을 펄럭이며 독립만세를 높이 외치고, 이만봉(李萬奉)은 서대문에서, 다른 2명은 동대문 및 남대문에서 각자 가지고 있던 깃발을 펄럭이며 도로마다 위의 인쇄물을 배포하였다. 또 김병호(金炳鎬) 등은 앞에 기록한 소정의 방면에 그 인쇄물을 배부하였다. 피고 장채극(張彩極), 피고 전옥영(全玉瑛)은 완거(腕車)에 타고 경성부 서린동 奉春舘에 그 간판을 가지고 가서 피고 이철(李鐵)이 데리고 온 전철백(全撤伯), 송병봉(宋炳鳳) 두 사람에게 교부하고 그것을 게양하라고 지시하였다. 이상 피고는 위의 각 범행을 감행하여 치안을 방해하였다.

8.

피고 차영호(車榮鎬)는 미리 조선독립을 위하여 상해로부터 조선으로 돌아와 분주(奔走)하는 고한(高漢)이라 하는 고희봉(高羲鳳)과 왕래하여 3월 1일의 독립운동에도 참가하고 3월 중순경 피고 장채극(張彩極)에게 소개를 의뢰하여 김유인(金裕寅)과 상의하기에 이르렀다. 같은 사람 및 피고 장채극(張彩極) 등이 전에 보였던 독립신문 제17호 이하를 발간하려다가 그 용지를 조달하기 곤란하여 피고 차영호(車榮鎬)에게 그 조달을 의촉하였으므로 이 피고는 동양용달회사에 의뢰하여 백지 20,000매를 주선케 하여 준비하였다. 1919년 3월 하순경 경성부 관훈동 20번지인 피고의 영업소에서 김유인(金裕寅) 등이 조선독립을 고취하여서 조헌(朝憲)을 문란케 하는 불온문서를 발간하는 정황을 알면서도 김유인(金裕寅)에게 위의 백지 16,000매를 교부하여서 이 사람이 피고 장채극(張彩極) 등과 같이 앞에 보인 독립신문 제17호 이하 제27호 및 임시정부선포문 등의 간행을 용이케 하였다.

9.

피고 이춘균(李春均)은 동경 사립 명치대학생인 바 경성부 계동 130번지 이사용(李思容) 방에 숙박하던 중 4월 중순경 같은 곳에서 성명미상자로부터 조선의 독립사상을 고취할 취지를 적은 임시정부선포문이라 제목을 쓴 인쇄물 및 임시정부령 제1호, 제2호라 제목을 쓴 인쇄물 2종 약 100매를 수취하여 그 배포를 인수하고 소지하던 중 같은 날쯤 경성부 안국동 노상에서 피고 장채극(張彩極)에게 교부하고 배부를 의뢰하였으나, 김유인(金裕寅)과 피고 장채극(張彩極)은 다시 이를 다수 인쇄하여 배포하려고 앞에 쓴 바와 같이 피고 윤좌진(尹佐珍)으로 하여금 인쇄케 하여 국민대회 당일 경성부 내에 배부하였다. 조선독립에 관하여 불온의 행동을 하여 치안을 방해하였다.

10.

피고 양주흡(梁周洽)은 동경 사립 명치대학생인데 금년 1월 초순경부터 동경에 있는 학생과 같이 회동하여 조선독립을 의논하고 이 목적을 이루기 위해 조선에 돌아와 조선에 있는 독립운동의 간부 등과 이 일을 같이 하는 것이 효과가 있다는 중의(衆議)에 따라 1월 31일 동경을 떠나 1차 고향 함경남도 북청군 이곡면의 자택에 이르고, 3월 1일 경성에 와서 간동 88번지 김명우(金命禹) 방에서 김유인(金裕寅) 외 6명의 내지 (內地) 유학생과 동숙하였다.

3월 25일 경성부 경복궁 앞에서 다수의 군중이 집합하여 조선독립을 희망하는 의사를 발표하여 그 목적을 이루려고 독립만세를 높이 외치고 소란스럽단 중, 피고도 또한 이와 같이 독립만세를 높이 외쳐 당시 점차 느슨해져 가던 조선의 독립운동의 기세를 더하게 하여 치안을 방해하였다.

11.

피고 박용태(朴容泰)는 금년 3월 1일 경기도 안성군 안성읍 내에서 수만의 군중이 모여서 같은 모양의 의사로써 군중의 위력을 빙자하여 조선독립의 목적을 이루려고 독립만세를 높이 외쳐 동 읍내를 광분할 때, 이와 같이 군중과 함께 독립만세를 높이 외쳐 치안을 방해하였다.

12.

피고 이인영(李寅永)은 금년 4월 2일 경기도 안성군 이죽면 죽산시장에서 장날이 되어 다수 군중이 모여드는 것을 호기로 삼아 고문(告文)이라 제목을 붙이고 '조선독립의 목적을 이루려고 하면 영구히 일본인과 동화(同化)치 못할 것'을 기재하여 조선독립의 사상을 고취한 불온문서를 배포하여 선동하고, 전후 8회에 이르도록 군중에게 연설을 행하였으므로 군중은 거개 독립만세를 높이 외치고 다중의 위력에 의해 조선독립의 목적을 이루려고 죽산시장을 중심으로 하고 광분함에 이르렀다. 만세를 외침으로써 치안을 방해하였다.
이상 피고 등이 수차에 조헌(朝憲)을 문란하려는 문서의 저작, 인쇄, 반포 및 치안방해의 행위의 각종 범의(犯意)가 계속되었다.
이상의 사실은 이를 인정할 만한 증빙이 충분하고 위의 소위(所爲) 중 멋대로 조헌(朝憲)을 문란케 할 문서를 저작, 인쇄, 반포한 점은 출판법 제11조 제1항 제1호 제1항을 적용하고, 이를 방조한 소위에 대하여는 형법 제62조 제63조도 적용하겠고, 조선독립에 관하여 불온한 언동을 행한 점은 보안법 제7조를 적용하고, 또 형법 제47조, 제55조, 제54조 및 1919년제령 제7호 제1조, 형법 제6조, 제10조를 적용하여 처단할 범죄라 사료되어, 형사소송법 제167조 제1항에 따라 주문(主文)과 같이 결정한다.

1919년 8월 30일

경성지방법원 예심괘(豫審掛) 직무대리 조선총독부 판사 호리 나오요시(堀直喜)

이계창(李桂昌) 이하 30인에 대한 출판 보안법위반범의 예심종결결정서(豫審終結決定書)

피고

이계창(李桂昌)

김성국(金成國)

김병수(金炳洙)

이안상(李安祥)

임학찬(任學讚)

이상소(李相召)

김용환(金容煥)

배동석(裵東奭)

인종익(印宗益)

오택언(吳澤彦)

강조원(姜助遠)

신공량(申公良)

김진호(金鎭浩)

오흥순(吳興順)

고희준(高熙俊)

김동혁(金東赫)

이병주(李秉周)

이관(李瓘)

이세춘(李世春)

박조전(朴祚銓)

이용흡(李龍洽)

농석〇(董錫〇)

최동(崔棟)

김상근(金相根)

최준모(崔俊模)

윤화정(尹和鼎)

정태영(鄭泰榮)

박성철(朴性哲)

오정엽(吳貞燁)

우(右) 출판법 및 보안법위반피고사건에 대하여 예심을 마치고
종결결정(終結決定)을 함이 여좌(如左)하더라.

주문(主文)

　우(右) 피고 등에 대한 본안(本案) 피고사건을 경성지방법원
공판에 부(付)함.

이유(理由)

1919년 1월 초순경에 미국 및 중국 북경 상해 등에 재류(在留)한 불령조선인(不逞朝鮮人) 등은 마침 구주전란(歐洲戰亂)의 종식에 즈음하여 북미합중국(北美合衆國) 대통령이 대적강화(對敵講和)의 일항목으로 각민족의 자결주의를 주창하였음을 듣고 조선민족도 역시 이 주의에 의하여 제국의 굴레를 벗어나 한 독립국을 형성할 이유가 있다 칭하고 그 실현을 기약하려면 우선 조선 전민족을 규합하여 내외가 호응하여 독립희망의 의사를 표현하고 각종의 수단에 의하여 운동에 종사할 필요가 있다고 하여 상해로부터 사람을 동경 및 조선에 보내어 주로 학생 및 조선 서북부에 있는 예수교도의 일부에 향하여 위와 같은 사조를 선전하여 홀연히 인심동요의 세를 보임에 이르렀더라. 천도교주 손병희(孫秉熙)와 그의 무리인 최린(崔麟), 권동진(權東鎭), 오세창(吳世昌) 등이 이러한 형세를 간취하고 최남선(崔南善), 송진우(宋鎭禹), 현상윤(玄相允) 등과 상의하여 저들이 항상 지녔던 조선독립의 희망을 이루는 것이 바로 이때에 달려 있으니 이 좋은 기회를 타는 것이 좋겠다고 생각하였다. 그래서 동지(同志)인 예수교 전도자 이승훈(李昇薰), 함태영(咸台永), 박희도(朴熙道), 길선주(吉善宙), 양전백(梁甸伯) 등과 두세 명 불교 승려와 결탁하여 같은 해 2월 하순경에 의논하기를 결정하고, 조선인의 자유민 됨과 조선의 독립국 되는 뜻을 거듭 자세히 논의하여 조헌(朝憲)을 문란할 문사(文辭)를 게재한 선언서를 다수 인쇄하여 널리 조선 내에 배포하고, 또 사람을 조선 주요 지역에 보내러 그 취지를 부연고취케 하여 각지에 조선독립의 시위운동 내지 폭동을 발발할 것을 기획하고 동년 3월 1일 오후 2시를 기하여 전기 선언서의 발표와 동시에 미리 결속한 경성 및 평양의 재학생들을 중심으로 하여 각 소재지에서 우선 일대 시위운동을 개시케 하고, 차례로 전조선에 파급케 하였으니, 피고 등은 이에 찬동하여 정치의 변혁을 목적하여 각자 아래와 같은 범행을 감히 저질러 치안을 방해한 것이라.

제1

피고 이계창(李桂昌)은 금년 2월 28일 오전 9시반경에 경성부 인사동 중앙예배당에서 박희도(朴熙道) 김창준(金昌俊)에게서 전기 손병희(孫秉熙) 외 32인 명의의 조선독립선언서 인쇄물 약 100매를 수취하여 이를 평안북도 선천군 선천읍 예수교회 목사 백시찬(白時瓚)에게 보낼 것을 받고 그 인쇄물의 내용을 다 알면서 동일 오전 10시반경에 경성 남대문정거장을 출발하여 동일 선천역에 하차하여 같은 곳 백시찬(白時瓚) 방에 이르러 그 인쇄물 전부를 그 사람에게 교부하였다.

제2

피고 김성국(金成國)은 동년 2월 25, 6일경에 경성 남대문통 5정목 15번지 세브란스연합의학전문학교 내에 거주하는 이갑성(李甲成) 방에서 동인에게서 조선독립운동의 계획을 들은 후 정부 및 총독부에 제출할 조선독립청원서에 동지자의 성명 조인을 얻기 위하여 함경남도 원산부에 내려갈 것을 부탁받고 차를 승락한 후 익일에 경성 남대문정거장을 출발하여 원산부에 이르러 같은 곳 북감리교파 예수교 목사 정춘수(鄭春洙) 방에 이르러 그 사람에게 전게 독립청원서를 첨부하기 위하여 원산부에 있는 동지자 수인이 기명 날인한 백지를 받아 곧바로 이를 가지고 경성에 돌아와 이갑성(李甲成)에게 교부하고 동월 27일 이갑성(李甲成)과 함께 경운동 천도교월보사 과장 이종일(李鍾一) 방에 이르러 이 사람으로부터 손병희(孫秉熙) 외 32인이 연명한 조선독립선언서 인쇄물 약 천 매를 수취하여 이를 승동예배당에 가지고 가서 일반에게 배포하라고 학생 강기덕(康基德)에게 교부하고 학생중의 동지자로 이를 경성 시중에 배포케 하였다.

제3

피고 김병수(金炳洙)는 동년 2월 25일 오후 5시경에 동상(同上) 이갑성(李甲成) 가(家)에 이르러 동인으로부터 조선독립을 정부 및 총독부에 청원할 터이니 전북 군산지방에 가서 동지를 권유하여 찬성자로 하여금 청원서에 첨부할 용지에 날인케 하라는 뜻의 위탁을 받고 동일 남대문정거장을 출발하여 익(翌) 26일 군산부 구암리 박연세(朴淵世) 방에 이르러 동인을 만나 위의 뜻을 권유하고 또 동지를 다수 모집하라고 의뢰하고, 동월 28일 정오경 동상 이갑성(李甲成) 방에서 동인으로부터 손병희(孫秉熙) 외 32인 명의의 조선독립선언서 약 백 매를 수취하고, 또 군산부에 이르러 타인에게 교부하여 배부케 하라는 명을 받고 동일 경성을 출발하여 3월 1일 아침 군산부에 도착하여 동상 박연세(朴淵世) 방에 이르러 동인에게 이 인쇄물 전부를 교부하고, 또 기타 수인에 대하여 "경성에서는 3월 1일 오후 2시를 기하여 이 선언서를 배포하고 군중은 조선독립을 선동하는 시위운동으로 조선독립만세를 고창하여 시중을 훤조(喧噪)할 계획이니 군산에서도 동양(同樣)의 시위운동을 하라"는 뜻으로 권고하고 박연세(朴淵世) 등으로 하여금 그 말에 바탕하여 위의 시위운동을 야기케 하고

제4

　피고 이굉상(李宏祥)은 3월 1일 아침에 동상 이갑성(李甲成) 방에서 손병희(孫秉熙) 외 32인 명의의 독립선언서 수십 매를 수취하고, 또 이갑성(李甲成)으로부터 경북 대구부 및 경남 마산부에 이르러 이 선언서의 교부 및 시위운동을 야기케 할 뜻을 승낙하고, 동일 경성을 출발하여 그날 밤 마산부에 이르러 마산부 만정 거주 피고 임학찬(任學讚) 방에 이르러 동인 및 피고 이상소(李相召)에게 이 인쇄물을 교부하고, 또 경성에서는 3월 1일 오후 2시 선언서를 발표 배포하고 또 조선독립시위운동을 하기 위하여 다중을 집합하여 독립만세를 고창하면서 시내를 광분할 계획인 즉 마산에서도 동양(同樣)의 운동을 일으키라고 권유하고, 피고 임학찬(任學讚), 이상소(李相召)는 이 인쇄물을 수령하여 자택 벽장 내에 간직하였는데, 익(翌) 2일 피고 김용환(金容煥)이 이 인쇄물 배포의 충당할 것을 신출(申出)하여 이형재(李瀅宰)라는 자를 피고 방에 보냈으므로 피고 임학찬(任學讚) 이상소(李相召)는 전기 선언서를 일반에 배포키 위하여 이형재(李瀅宰)에게 교부하고, 피고 김용환(金容煥)은 이를 이형재(李瀅宰)에게 수취하여 3월 3일 오전 11시경 마산부 구마산(舊馬山) 무학산에서 개최한 이태왕국장요배식(李太王國葬遙拜式)에 참집한 군중에 대하여 조선독립의 사상을 고취할 연설을 하고 이 선언서를 산포하여 조선독립만세를 고창하고

제5

　피고 배동석(裵東奭)은 동년 2월 중순경부터 전게 이갑성(李甲成) 방에서 동인 및 학생 이용설(李容卨), 김형기(金炯璣), 한위건(韓偉鍵), 김원벽(金元璧), 윤자영(尹滋英) 등과 누차 회

합하여 조선독립운동에 관하여 협의를 하고, 동월 24일 이갑성(李甲成) 방에서 동인으로부터 조선독립에 대하여 정부 및 총독부에 청원할 터이니 경남 마산지방에 출장하여 동지자를 모집하라는 의뢰를 받고, 동일 경성을 출발하여 익(翌) 25일 마산부에 도착하여 경남 마산 거주 이상소(李相召), 손덕우(孫德宇), 이승규(李承奎) 등에 대하여 조선독립운동에 참가하여 청원서에 연서(連署)로 날인할 것을 권유하고

제6

피고 인종익(印宗益)은 동년 3월 1일 전게 이종일(李鍾一) 방에서 동인으로부터 '손병희(孫秉熙) 외 32인 명의의 조선독립선언서 인쇄물을 충북 청주 및 전북 전주에 가지고 가서 배포할 곳을 처치하라'는 의뢰를 받아 그 인쇄물 약 천7백 매를 수취하고, 동일 경성을 출발 전주에 이르러 동지(同地) 천도교 구실에서 김진옥(金振玉)에게 그 인쇄물 전부를 교부하여 일반에 배포케 하고

제7

피고 오택언(吳澤彦)은 동년 2월 28일 오후 8시경 불교중앙학교 생도 수 명과 공히 경성부 계동 43번지 한용운(韓龍雲) 방에서 동인으로부터 조선독립선언서의 취지를 듣고, 또 손병희(孫秉熙) 외 32인 명의의 선언서라 쓴 불온인쇄물 배포의 의뢰를 받고, 약 3천 매를 가지고 동야(同夜) 경성부 숭일동 2번지 중앙학교 기숙사에 와서 기숙생 40여명에게 1매씩을 배부하고, 또 기숙생에게 대하여 3월 1일 오후 2시 파고다공원에 참집하여 군중과 공히 조선독립만세를 고창하면서 경성부내를 행진할 것을 전하고, 3월 1일 밤 수 명의 학생과 공히

전기 인쇄물을 부내 선인(鮮人) 민가에 배포하고

제8

피고 강조원(姜助遠) 백공량(白公良)은 예수교 전도사로 전기 손병희(孫秉熙) 등 수모자와 공범인 김지환(金智煥)으로부터 조선독립선언의 취지를 듣고, 피고 강조원(姜助遠)은 동년 2월 28일 동상 공범자의 1인인 오화영(吳華英)으로부터 송부한 전기 조선독립선언서 인쇄물 약 백 매를 수취하고, 익(翌) 3월 1일 아침 신공량(申公良)과 협의한 후 그 배포를 담임할 희망자가 있으면 그 사람으로 하여금 일반에게 배포케 하기로 하고, 개성군 송도면 북부예배당 지하실 석탄고의 일우(一隅)에 장치하고, 피고 신공량(申公良)은 동일 정오경에 그 예배당에서 동지(同地) 사립호수돈여자고등보통학교 유치원 교사 권애라(權愛羅)에게 일반에게 배포키 위하여 그 선언서 인쇄물 전부를 교부하였는데, 동인은 이를 그 예배당 예수교 전도인 어윤희(魚允姬)에게 교부하여 동인으로 하여금 개성 읍내에 배포케 하였으며

제9

피고 김진호(金鎭浩)는 동년 2월 28일 경성부 정동 이필주(李弼柱) 방에서 동인으로부터 동인 등의 공모에 관계된 조선독립선언의 취지를 문지하고, 그 운동의 원조를 구하매 이를 승낙하고, 전기 손병희(孫秉熙) 외 32인 명의의 독립선언서 인쇄물을 경성 러시아영사관, 미국영사관, 프랑스영사관 봉통(封筒)에 들여보내며, 정동 자택에서 이를 피고 오흥순(吳興順) 외 수 명의 학생에게 교부하여 동 영사관에 송부케 하였으며

제10

피고 오흥순(吳興順)은 우 김진호(金鎭浩)의 의뢰를 받아 경성 러시아영사관에 가는 봉서(封書)를 수취하였는데, 그 내용은 조선독립선언의 인쇄물인 줄 알면서 이를 인수하고, 익(翌) 3월 1일 오후 2시경에 러시아영사관에 지참하여 동 관원에게 교부하고, 동월 3일 조조(早朝)에 정동 배재학당 기숙사 이측(裏側)에서 동 기숙사생의 1인이 투여한 국민신보(國民申報)라 쓴 조선독립의 사상을 고취하여 국헌을 문란케 하는 불온한 기사를 게재한 등사판으로 인쇄한 것 20매를 수취하고, 종로통 「파고다」공원 북동의 가로에서 통행인에게 배포하였으며

제11

피고 김동혁(金東赫)은 동년 3월 1일 오후 1시경에 정동 34번지 김진호(金鎭浩) 방에서 학생 임창준(林昌俊)에게서 전기 손병희(孫秉熙) 외 32인 명의의 조선독립선언서 6매를 수취하고, 동일 오후 2시경에 경성 남대문 내의 선인(鮮人) 민가에 배포하고, 차(次)에 동월 2일 오후 학생 허신(許信)이라는 자로부터 장종건(張淙鍵) 외 2명이 인쇄한 조선독립의 사상을 고취하여 시위운동을 선동하는 불온문사를 기재한 조선독립신문 제2호 10매를 수취하여 낙원동 부근의 민중에게 배포하고, 동월 5일 오후 허신(許信)에게서 우동상(右同上) 독립신문 제3호 78매를 수취하여 경성 낙원동 부근의 민가에 배포하였으며

제12

피고 고희준(高熙俊)은 동년 3월 8일 밤 임창준(林昌俊)에게서 전기 손병희(孫秉熙) 외 32인 명의의 독립선언서 인쇄물 10매 및 시민대회(市民大會)라 쓴 조선독립의 목적을 달키 위

하여 일반 조선인은 시위운동을 하며 또 상인은 매호(每戶) 개점(閉店)할 것을 선동적 문사를 게재한 인쇄물 10매를 수취하여, 익(翌) 9일 봉익동으로부터 종로통까지의 사이에 통행하는 인사에게 배포하였으며

제13

피고 이강주(李康周)는 동년 3월 2일부터 4일경까지 경성부 정동예배당에서 동소(同所)에 출입하는 다소인에게 손병희(孫秉熙) 외 32인 명의의 조선독립선언의 취지를 전하여, 차제에 조선인 된 자는 모두 독립운동을 위하여 진력할 것을 역설하고, 인심을 선동하며 동월 5일 동동(同洞) 목사 이필주(李弼柱)가(家) 사랑에서 남대문 밖 학생의 활동 비법행동 등의 표현으로써 조선독립의 사상을 고취하여서 인심을 선동하는 문사를 기재한 원고 2매를 관청의 허가를 받지 않고 동소(同所)에서 연희전문학교 생도 이인묵(李印黙)과 공히 동가(同家)에 있던 등사판 기계를 사용하여 우 원고에 의하여 수백 매를 인쇄하여 동일 이를 경성부 내에 배포하였으며

제14

피고 이관(李瓘)은 동년 2월 28일 오후 3시경 경성부 가회동 자택에서 이종일(李鍾一)로부터 조선독립의 취지를 듣고, 전기 손병희(孫秉熙) 등 33인 명의의 조선독립선언서 인쇄물 배포의 의뢰를 승낙하고, 동년 3월 1일 아침에 경운동 이종일(李鍾一) 방에서 동인에게서 이 선언서 52매를 수취하고, 동일로부터 동월 10일경까지 사이에 자택에서 지방으로부터 내경한 자 십수인에게 이 인쇄물을 배포하였으며

제15

피고 배동석(裵東奭), 오택언(吳澤彦), 오흥순(吳興順), 김동혁(金東赫), 이세춘(李世春), 박상전(朴祥銓), 이용흡(李龍洽), 고희준(高熙俊), 동석○(董錫○), 최동(崔棟), 김상근(金相根), 최준모(崔俊模), 윤화필(尹和弼), 정태영(鄭泰榮)은 금년 3월 1일 오후 2시 다수인이 「파고다」공원에 집합하여 조선독립을 목적으로 하는 시위운동으로 전기 손병희(孫秉熙) 등의 독립선언서를 낭독 배포하고, 차에 조선독립만세를 고창하면서 동소(同所)를 기점으로 하고 경성부내 남대문통, 의주로통, 정동 미국영사관 앞, 대한문 앞, 광화문 앞, 서대문통, 프랑스영사관 앞, 장곡천정, 본정 등의 사이를 광분하는 대집단에 참가하여 조선독립만세를 고창하고, 또 피고 고희준(高熙俊)은 4월 2일 오전 10시경에 종로 전차교차점 종각 부근에서 수십 인과 공히 전동양(前同樣)의 목적으로써 조선독립만세를 고창하고, 피고 김병수(金炳洙), 배동석(裵東奭), 이병주(李秉周)는 동월 5일 오전 9시에 남대문정거장 앞의 다중과 공히 집합하여 동양(同樣)의 목적으로써 조선독립만세를 고창하면서 남대문 내에 행진하고, 피고 고희준(高熙俊)은 동월 3일 오후 9시경 경성부 수은동 단성사 앞에서 집합한 수백 인의 군중을 대하여 전동양(前同樣)의 목적으로써 조선독립만세를 고창할 것을 선동하고, 피고 정태영(鄭泰榮)은 동월 2일 오후 11시경에 조선독립의 시위운동에 대하여 인심을 선동키 위하여 종로 보신각 내에 들어가 동목(橦木)으로써 조종(吊鍾)을 난타하였으며

제16

피고 정호석(鄭浩錫)은 동년 3월 5일 오전 9시반경 고양군 용강면 동막상리 34번지 자택에서 자기의 좌 무명지를 잘라

그 출혈을 기명(器皿)에 적하(滴下)하여 그 혈액을 필(筆)에 찍어 백목면(白木綿)에 태극장(太極章)을 그려서 이를 죽봉(竹棒)에 붙여 자택에 세우고, 나가서 대성(大聲)으로 조선독립시위운동의 기세를 드날려 인심을 선동하려 하고, 고양군 용강면 동막사립흥영학교에 이르러 그 태극기를 내어두르며 조선독립만세를 고창하고, 동교 직원인 피고 박성철(朴性哲), 오정엽(吳貞燁)에게 대하여 시위운동에 참가하기를 청하고, 피고 박성철(朴性哲), 오정엽(吳貞燁)도 역시 이에 찬동하여 동일한 목적으로써 해교(該校) 생도 수십 명을 인솔하고 동교에서 고양군 용강면 공덕리에 이르는 동안에 조선독립만세를 고창하며 행진한 자이니, 이상의 행위중 피고 등의 수차의 치안방해의 행위는 모두 계속적 의사에서 나온 바이더라.

이상의 사실을 인정할 만한 증빙이 십분함으로 피고 등의 소위는 모두 보안법 제7조 형법 제55조 1919년제령 제7호 제1조 형법 제6조 제10조에 해당한 범죄임으로 형사소송법 제167조 제1항에 의하여 주문과 여히 결정함.

1919년 8월 30일 경성지방법원

예심괘(豫審掛) 조선총독부 판사 나가시마 유우조(永島雄藏)

출판 보안법 위반의 예심종결결정서(윤익선 이하 8명)

사립보성법률상업학교 교장 윤익선(尹益善)

천도교월보사 편집원 이종린(李鍾麟)

경성 임준식(林準植)

경성 장종건(張倧鍵)

전수학교 생도 최치환(崔致煥)

전수학교 생도 임승옥(林承玉)

경성 유병륜(劉秉倫)

전수학교 생도 김영조(金榮洮) 출판법 및 보안법 위반 피고사
건에 대하여 예심을 마치고 종결결정을 한 것이 아래와 같음.

주문(主文)

　피고 윤익선(尹益善), 이종린(李鍾麟), 임준식(林準植), 장종
건(張倧鍵), 최치환(崔致煥), 임승옥(林承玉), 유병륜(劉秉倫),
김영조(金榮洮)를 경성지방법원 공판에 부침.

이유(理由)

　1919년 1월 초순경 미국 및 중국 북경, 상해에 재류하는 불
령조선인(不逞朝鮮人) 등은 구주전란 종식에 즈음하여 북미합
중국 대통령이 대적강화(對敵講和)의 한 목적으로 각민족의 자
결주의를 제창함을 듣고 조선민족도 이 주의에 바탕하여 제국
의 기반(羈絆)을 벗어나 한 독립국을 형성할 이유가 있다 칭하
고, 이 실현을 기약하려면 먼저 전 조선인민족을 규합하여 내
외호응하여 독립희망의 의사를 표백하고, 각종수단에 의하여
운동에 종사할 필요가 있다 하고, 상해로부터 사람을 동경 및
조선에 파견하여 주로 학생 및 조선 서북부에 있는 예수교도
의 일부에 향하여 위와 같은 사조를 선전하여 홀연 인심을 동
요함에 이른지라. 천도교주 손병희(孫秉熙) 및 그 무리 최린
(崔麟), 권동진(權東鎭), 오세창(吳世昌) 등이 이 형세를 간취하
고 최남선(崔南善), 송석우(宋錫禹), 현상윤(玄相允) 등과 공모
하고, 다시 동지자 된 예수교 전도자 이승훈(李昇薰), 함태영
(咸台永), 박희도(朴熙道), 길선주(吉善宙), 양전백(梁甸伯) 기

타와 이삼의 불교 승려와 상결하여 동년 2월 하순경에 결의하여, 조선인의 자유민 됨과 조선의 독립국 된 것을 반복 상론하여 조헌(朝憲)을 문란할 문사를 게재한 선언서를 다수 인쇄하여 범히 조선 내에 배포하고, 또 사람을 조선 주요한 각 시읍에 파견하여 그 취지를 고취하여 소재에 독립시위운동을 발발케 할 것을 기도하여, 동년 3월 1일 오후 2시를 기하여 전기 선언서 발표와 동시에 미리 종합한 경성 및 평양 재학생을 중심으로 하여 각기 소재지에서 일대 시위운동을 개시케 하여 축차 조선 각지에 파급케 하기로 한 바, 피고 등은 이에 찬동하여 정치의 변혁을 목적으로 각자 아래에 기록된 범죄를 감행하여 지안을 방해한 자라.

제1

피고 이종린(李鍾麟)은 금년 2월 28일 경성부 경운동 78번지 천도교월보사 과장 이종일(李鍾一)로부터 조선독립선언의 기획을 듣고, 또 이종일(李鍾一)로부터 이 선언의 취지를 능히 조선 내에 보도하고, 인속 '조선인에 대하여 조선독립의 사상을 고취하고 그 시위운동을 선동키 위하여 조선독립신문을 비밀히 발간하라'는 의뢰를 받고, 천도교 대도주 박인호(朴寅浩) 및 천도교 경영 보성법률상업전문학교 교장인 피고 윤익선(尹益善)과 공모하고, 위 이종일(李鍾一)의 의뢰에 응하여 당해 소할 관청의 허가를 받지 않고 피고 이종린(李鍾麟)은 동일 송현동 천도교중앙총부 내에서 손병희(孫秉熙) 등의 독립선언 발표의 전말을 기술하고, 또 조선독립의 사상을 고취하여 국헌을 문란한 취지를 기재한 조선독립신문 원고를 작성하고, 피고 윤익선(尹益善)은 이 원고를 보고 자기가 사장으로 표시할 것을 승낙하고, 피고 이종린(李鍾麟)은 이 원고를 이종일(李鍾一)에게 교부하여 수송동 44번지 천도교 경영 인쇄소 보성사(普成社)에서 동사(同社) 공장감독 김홍규(金弘奎)로 하여금 이 원고에 의하여 1만 매를 인쇄케 하고, 피고 이종린(李鍾麟)은 그 반포를 담당하고, 이 인쇄물 전부를 피고 임준식(林準植)에게 교부하여 그 배포를 명하고, 피고 임준식(林準植)은 동일 오후 2시 이를 경성부 「파고다」공원에 가지고 가서 조선독립을 목적하는 다중에게 배포하고

제2

피고 이종린(李鍾麟)은 피고 장종건(張倧鍵)에게 '인속 발행할 조선독립신문을 인쇄하라' 의뢰하고, 금년 3월 3일부터 7일간 관훈동 177번지 자택에서 독립신문 제2호 및 제3, 4호의 원고를 작성하여 동동(同洞) 155번지 경성서적조합사무실에서 등사판을 사용하여 피고 장종건(張倧鍵), 임승옥(林承玉), 김영조(金榮洮)는 이 제2호 약 6백 매를 인쇄하고, 피고 장종건(張倧鍵)은 단독으로 이 제3, 4호 약 6백 매를 인쇄하여 모두 이를 피고 이종린(李鍾麟)에게 교부하고, 동인은 피고 임준식(林準植)에게 교부하여 그 배포를 명하고, 피고 임준식(林準植)은 당일 이를 종로통 북측의 민가에 배포하고

제3

피고 장종건(張倧鍵)은 그 후 피고 이종린(李鍾麟)이 체포된 후부터 홀로 독립신문의 발간을 계속코저 하여 피고 최치환(崔致煥), 임승옥(林承玉) 및 최기성(崔基星), 강태두(姜泰斗) 등과 협의한 후, 이 인쇄물을 발행코자 하여 3월 13일경 광화문통 85번지 피고 유병륜(劉秉倫) 방에서 피고 장종건(張倧鍵)은 조선독립의 사상을 고취하여 인심을 선혹할 취지를 기재한

독립신문 제5호의 원고를 만들어, 소유자불명의 등사판을 사용하여 약 7백 매를 인쇄하여, 이를 범히 경성부내에 반포하고, 동월 15일경 유병륜(劉秉倫) 방에서 피고 장종건(張倧鍵), 최치환(崔致煥), 임승옥(林承玉)은 최기성(崔基星), 강태두(姜泰斗)와 공히 타인 작성에 의한 독립신문 제6호 약 9백 매를 인쇄하여 이를 경성부내에 반포하고, 동월 16일 피고 장종건(張倧鍵)은 견지동 이종렬(李鍾烈) 방에서 앞과 같은 취지의 독립신문 제7호 원고를 작성하여 이를 피고 임승옥(林承玉), 최치환(崔致煥)에게 교부하고, 동인 등은 이를 전게 유병륜(劉秉倫) 및 최기성(崔基星) 방에 지참하여 동인으로 하여금 이 원고에 기반하여 수백 매를 인쇄 배포케 하고

제4

피고 장종건(張倧鍵) 최치환(崔致煥)은 고양군 용강면 공덕리 거주 남정훈(南政勳)과 공모하여, 동년 3월 22일 및 24일 남정훈(南政勳) 방에서 독립신문 제8호 제9호를 등사판으로 제8호는 약 6백 매, 제9호는 약 2천 매를 인쇄하여, 최기성(崔基星)으로 하여금 이를 경성부내에 배포하고

제5

피고 장종건(張倧鍵), 최치환(崔致煥), 임승옥(林承玉), 김영조(金榮洮)는 3월 1일 오후 2시 다중이 「파고다」 공원에 집합하여 손병희(孫秉熙) 외 32인 명의의 조선독립선언서를 낭독 배포하고, 일대 시위운동을 개시하여 남대문통을 거쳐 의주통 정동 미국영사관 앞, 서대문통 프랑스영사관 앞에 이르고, 다시 대한문 앞을 출발하여 장곡천정을 거쳐 조선은행 앞으로부터 본정통에 이르러 경관 제지에 의하여 분산하는 집단에 참

가하여, 다중과 공히 독립만세를 고창하면서 시내를 광분하고, 또 피고 최치환(崔致煥), 박승옥(朴承玉)은 동월 5일 오전 9시경 남대문역정거장으로부터 남대문 내에 들어온 군중에 참가하여, 다중과 공히 조선독립만세를 고창 행진한 자인데, 이상 피고 등이 수차 국헌을 문란할 문서의 저작 인쇄 반포 및 치안방해의 행위는 각범의 연속한 자라. 이상의 사실을 인정할 증빙이 확실하여 제1 내지 제4의 행위는 출판법 제7조, 제5의 소위는 보안법 제7조에 해당, 형법 제55조 제54조 및 1919년 제령 제7조 제1조, 형법 제6조 제10조에 해당하여, 피고 유병륜(劉秉倫)에 대하여는 동법 제62조를 적용할 자인 고로 형사소송법 제167조 제1항에 의하여 주문과 같이 결정함.

1919년 8월 30일 경성지방법원 예심괘 조선총독부 판사 나가시마 유우조(永島雄藏)

매일신보(每日申報) 1919년 9월 7·8·9·10·11·14·15·16일

4장
공판시말서(公判始末書)

1.
공판시말서(7-1) 번역문

신특실(申特實) 고재완(高在玩) 성주복(成周復) 최흥종(崔興琮)
탁명숙(卓明淑) 김윤옥(金允玉) 임동건(林東乾) 한호석(韓戶石)
이익종(李翼鍾) 김승제(金承濟) 김양수(金瀁秀) 김창식(金昌湜)
박승영(朴勝英) 정영철(鄭永喆) 한창달(韓昌達) 강용전(康龍田)
유근영(柳近永) 박희봉(朴喜鳳) 박병원(朴炳元) 박준영(朴俊榮)
이형영(李亨永) 윤기성(尹基誠) 이시영(李時英) 손홍길(孫洪吉)
길영희(吉榮羲) 남위(南偉) 최강윤(崔康潤) 채순병(蔡順秉)
김종현(金宗鉉) 최평집(崔平楫) 정태화(鄭泰和) 손덕기(孫悳基)

보안법 위반 등 피고사건에 대하여 8년 10월 18일 오전 9시 경성지
방법원의 공개된 법정에서
동원
조선총독부 판사 다나카 요시하루(田中芳春)
조선총독부 재판소 서기 소노베 고이치(園部弘一)
열석
조선총독부 검사 야마사와 사이치로(山澤佐一郎) 입회.
각 피고인은 신체의 구속을 받지 않고 출정하다.
변호인 기리야마 도쿠타로(切山篤太郎), 아사쿠라 도모테스(朝倉茂
鐵), 이중혁(李重赫), 고노오 도리노스케(木尾虎之助), 마츠모토 마
사히로(松本正寬), 가코 사다타로(加古貞太郎), 미우라 스에키(三浦

末喜) 출정하다.

판사는 피고인에게
　　문) 성명, 연령, 직업, 출생지, 본적, 주소를 말하라.
　　답)
　　본적, 출생지 평양부 위청리 37번지
　　주소 경성부 정동 이화학당 기숙사 내
　　이화학당 3학년
　　신특실(申特實), 일명 진심(眞心), 2월 17일생, 18세

　　본적, 출생지 함경남도 북청군 양가면 초리
　　주소 경성부 간동 88번지 전명우(全命禹)방
　　사립동경물리학교 1학년
　　고재완(高在玩), 2월 10일생, 27세

　　본적, 출생지 수원군 왕계면 청의리 361번지
　　주소　부천군 계남면 봉개리 김재달(金在達)방
　　배재고등보통학교 4학년
　　성주복(成周復), 8월 29일생, 26세

　　본적, 출생지 전라남도 광주군 광주면 수기옥정 153번지
　　주소 전라남도 광주군 광주면 수기옥정 153번지
　　예수교 전도사
　　최흥종(崔興琮), 5월 2일생, 39세

　　본적, 출생지 함경남도 함흥군 서호면 서도리 59번지
　　주소 원산부 산제리
　　구세병원 내 간호부
　　탁명숙(卓明淑), 일명 마리아, 12월 4일생, 25세

본적, 출생지 황해도 송화군 연정면 조령리 284번지
주소 경성부 연건동 325번지 장응규(張應奎)빙
중앙학교 1학년
김윤옥(金允玉), 1월 18일생, 18세

본적, 출생지 함경남도 홍원군 용천릉동 147번지
주소 경성부 재동 106번지 김원배(金元培)방
중앙학교 2학년
김동건(金東乾), 10월 15일생, 23세

본적, 출생지 함경북도 명천군 서면 우동동 252번지
주소 경성부 수송동 16번지 최광훈(崔光勳)방
중앙학교 1학년
한호석(韓戶石), 일명 호건(皓健), 8월 24일생, 17세

원적, 출생지 함경북도 명천군 서면 우동동 264번지
주소 경성부 수송동 16번지 최광훈(崔光勳)방
중앙학교 2년
김승제(金承濟), 2월 1일생, 17세

원적, 출생지 평안남도 순천군 순천면 관하리 3번지
주소 경성부 광화문통 85번지 유병륜(劉秉倫)방
경성의학전문학교 1학년
김창식(金昌湜), 12월 23일생, 24세

본적, 출생지 평안남도 평원군 청산면 운송리 165번지
주소 경성부 낙원동 254번지 이인식(李仁植)방
경성의학전문학교 2학년
김양수(金瀁秀), 11월 18일생, 30세

원적, 출생지 진위군 고덕면 율포리 35번지
주소 경성부 훈정동 78번지 이두종(李斗鍾)방
경성의학전문학교 2학년
이익종(李翼鍾), 4월 20일생, 23세

본적, 출생지 평안북도 박천군 덕안면 남오동 291번지
주소 경성부 중학동 28번지 함용정(咸龍靜)방
경성전수학교 1학년
박승영(朴勝英), 2월 23일생, 21세

본적, 출생지 충청북도 보은군 회북면 중앙리
주소 경성부 관훈동 66번지 강세근(姜世根)방
경성전수학교 1학년
정구철(鄭求喆), 4월 29일생, 22세

본적, 출생지 함경남도 신흥군 풍상리 307번지
주소 인천부 내리 148번지 유승석(柳承碩)방
경성전수학교 2학년
한창달(韓昌達), 7월 23일생, 23세

본적, 출생지 평안북도 영변군 소림면 각수동 353번지
주소 경성부 인사동 102번지
경성고등보통학교 2학년
강용전(康龍田), 1월 11일생, 22세

본적, 출생지 용인군 모현면 일산리 238번지
주소 경성부 삼청동 36번지 조용영(趙容瑩)방
유근영(柳近永), 1월 3일생, 23세

본적, 출생지 경상북도 상주군 모동면 수봉리 579번지

주소 경성부 연지동 202번지 최수련(崔守連)방
조선약학교 1학년
박희봉(朴喜鳳), 일명 희창(喜昌), 6월 22일생, 21세

본적, 출생지 평안북도 의주군 비현면 노남동 336번지
주소 경성부 예지동 562번지 장영조(張永祚)방
조선약학교 1학년
박병원(朴炳元), 12월 28일생, 23세

본적, 출생지 경성부 죽첨정 1정목 97번지
조선약학교 1학년
박준영(朴俊榮), 6월 27일생, 23세

본적, 주소, 출생지 전라남도 여수면 서정 681번지
경성공업전문학교 부속공업전수소 1학년
이형영(李亨永), 7월 4일생, 24세

출생지 평안남도 순흥군 면리 불상
본적 평양부 순영리 143번지
주소 평양부 남산정
연희전문학교 농과 1학년
윤기성(尹基誠), 7월 1일생, 18세

본적, 출생지 함경남도 단천군 수하면 용원리 178번지
주소 경성부 송현동 56번지 유광선(柳光善)방
보성고등보통학교 2학년
이시영(李時永), 3월 29일생, 22세

본적, 출생지 함경남도 북청군 양화면 호만포리 958번지
주소 경성부 인의동 85번지 장승룡(張昇龍)방

경성공업전문학교 토목과 2학년
손홍철(孫洪吉), 11월 6일생, 28세

본적, 출생지 평안북도 희천군 희천면 읍상리 92번지
주소 경성부 수은동 182번지 조병구(曺秉九)방
경성의학전문학교 1학년
길영희(吉瑛羲), 10월 9일생, 20세

본적, 출생지 함경남도 홍원군 용천면 동양리 497번지
주소 경성부 재동 106번지 김원배(金元培)방
보성법률상업전문학교 2학년
남위(南偉), 9월 25일생, 20세

본적, 출생지 전라남도 함평군 함평면 함평리 173번지
주소 경성부 안국동 130번지 박태병(朴台秉)방
경성고등보통학교 3학년
최강윤(崔康潤), 8월 9일생 19세

본적, 출생지 전라남도 제주군 제주면 일도리 1358번지
주소 경성부 안국동 130번지 박태병(朴台秉)방
사립 국어보급학관 고등과생
채순병(蔡順秉), 6월 26일생, 16세

본적, 출생지 전라북도 익산군 익산면 이리 627번지
주소 경성부 안국동 130번지 박태병(朴台秉)방
중앙학교 고등과생
김종현(金宗鉉), 1월 10일생, 19세

출생지 평안북도 의주군 수인면 화절동
본적 평안북도 선천군 선천면 선천동 490번지

주소 고양군 연희면 연희전문학교 내
연희전문학교 2학년
최평집(崔平楫), 2월 14일생, 20세

본적, 출생지 황해도 해주군 나덕면 통산리 507번지
주소 황해도 해주군 나덕면 통산리 507번지
조선약학교 1학년
정태화(鄭泰和), 1월 5일생, 24세

본적, 출생지 경성부 북미창정 5번지
주소 경성부 창신동 500번지 조진곤(趙鎭崑)방
경성고등보통학교 3학년
손덕기(孫悳基), 10월 13일생, 20세

판사는 윤익선(尹益善) 외 262명 보안법 위반 피고사건 중 이상 32
명에 대하여 분리심리할 것을 결정, 언도하다.
검사는 예심종결결정서 기재와 같이 공소사실을 진술하다.
판사는 본건은 안녕질서를 해칠 염려가 있다고 인정되므로 공개를
정지할 것을 결정, 언도하다.

판사는 피고 일동에게

문) 전과는 없는가.
답) (피고 일동) 없다.
문) 위기·훈장·연금 등을 가지고 있지 않은가.
답) (피고 일동) 없다.

판사는 피고 신특실(申特實)에게

문) 피고는 경성부 정동 이화학당 기숙사에 금년 3월 1일 그 앞을 수천의 군중이 독립만세를 부르면서 왔다고 했는데 어떤가.

답) 그렇다.

문) 그래서 피고는 너무 기뻐서 그 군중에 가담하여 독립만세를 불렀다는데 어떤가.

답) 틀림없다.

문) 피고는 3월 5일 장교동 박일경(朴一卿)의 집에 갔었다는데 어떤가.

답) 갔었디.

문) 거기로 갈 때 종로통에서 독립만세를 부르는 수천의 군중과 만났다는데 어떤가.

답) 그렇다.

문) 그래서 피고는 그 독립운동에 찬성하여 그 군중에 가담하고 독립만세를 불렀다는데 어떤가.

답) 틀림없다. 보신각 근처에서 군중에 끼어 만세를 부르면서 종로경찰서 부근에까지 갔다.

문) 그것은 오전 10시 경의 일로 거기에서 순사에게 체포되었는가.

답) 그렇다.

문) 피고는 미국인에게서 학자금의 보조를 받아서 공부한다고 했는데 그런가.

답) 그렇다.

문) 요컨대 조선의 독립을 바라고 일관된 생각으로 시위운동에 가담했던 것인가.

답) 그렇다. 독립을 하고 싶어서 만세를 불렀던 것이다.

문) 학교에서는 어떤 것을 배우는가.

답) 일본어, 영어, 산술, 기타 많은 과목을 배운다.

문) 일한병합 이래 10년간 일본의 은혜를 입고 있으면서 왜 불온한 행동을 했는가.

답) 은혜는 은혜이고 속박을 받고 자유가 구속되어 있는 것은 본뜻이 아니기 때문이다.

문) 피고가 말하는 자유란 무엇을 말하는가.

답) 속박을 받지 않고 자유롭게 할 수 있는 것을 말한다.

문) 어떠한 속박을 받고 있는가.

답) 속박을 받고 있으므로 만세를 부르는 것까지 간섭을 받고 있기 때문에 자기 입으로 자기가 마음대로 만세를 부르는 것은 자유로워야 한다.

문) 누구의 선동으로 시위운동에 가담했는가.

답) 다른 사람의 선동을 받지 않았다.

문) 피고는 독립만세를 부르고 소요하면 독립이 된다고 생각하는가.

답) 되든 안 되든 한번 해 보자고 생각했다.

문) 누구의 권유로 그런 사상을 가지게 되었는가.

답) 학식이 넓어짐에 따라 사상도 넓어져서 자연 알게된 것이다.

피고 고재완(高在玩)에게

문) 동경에는 언제 갔는가.

답) 작년 봄 사립 오성학교를 졸업하고 갔었다.

문) 오성학교에서 일본어를 배우고 사립 물리학교에 입학했는가.

답) 그렇다.

문) 그리고 작년 12월 하순에 집으로 돌아왔는가.

답) 겨울방학이므로 돈을 마련하기 위하여 고향인 북청으로 돌아왔다가 2월 21~2일 경에 서울로 나왔었다.

문) 그리고 서울 간동 전명우(全命禹)의 집에 하숙해 있었는가.

답) 그렇다.

문) 그 하숙집에는 동경유학생들이 투숙하고 있었는가.

답) 그렇다.

문) 김유인(金裕寅), 양주흡(梁周洽), 이춘균(李春均), 고병남(高炳南), 조정기(趙正基), 이응우(李應禹) 등이 하숙하고 있었는가.

답) 그렇다.

문) 동경에서 독립시위운동을 하다가 경시청에서 훈시를 받은 패들이 모두 2월 말 경 전명우(全命禹)의 집에 모여 있었던 것인가.

답) 22일 서울에 도착하여 안국동에서 하숙을 했었으나 전명우(全命禹)가 고향인 북청사람인데 간동에서 하숙을 시작했으므로 거기로 옮겼는데, 거기에는 동경유학생으로 함경도 사람이 여러 명 하숙하고 있있다.

문) 그 사람들은 다 동경에서 소요한 패들이므로 민족자결로 독립한다는 따위의 말만 하고 있었는가.

답) 묻는 바와 같은 말도 있었다.

문) 피고 등이 서울의 학생과 연락을 취하여 독립시위운동을 할 생각이었는가.

답) 나는 동경에서 학생들의 시위운동이 있기 전에 돌아왔으므로 모른다.

문) 하숙집에서 함께 있던 김유인(金裕寅)은 뒤에 임시정부를 조직할만한 사람이며 이춘균(李春均), 양주흡(梁周洽) 등도 본건의 피고가 되어 있는데 어떤가.

답) 그 점은 모른다.

문) 금년 3월 1일 정오경에 이춘균(李春均)과 함께 파고다공원으로 갔다는데 어떤가.

답) 그렇다.

문) 시간이 너무 일렀으므로 단성사로 들어갔는가.

답) 아니다. 단성사 부근으로 돌아서 왔다. 단순히 시간을 보내기 위해서였다.

문) 이춘균(李春均) 이외에 또 일행이 있었는가.

답) 아니다. 이춘균(李春均)과 두 사람뿐이었다.

문) 그리고 오후 2시를 기하여 파고다공원에 갔는가.

답) 그렇다.

문) 누구에게서 파고다공원에서 독립선언이 있다는 것을 들었는가.

답) 3월 1일 아침 하숙집 문전에 여러분 파고다공원으로 오라고 씌어 있기 때문에 알았다.

문) 그래서 파고다공원에 갔더니 다수가 운집하고 육각당에서 손병희(孫秉熙) 외 32명 명의의 독립선언서를 낭독하는 사람이 있었다는 것인가.

답) 그렇다.

문) 그리고 수천의 군중은 독립만세를 부르고 피고도 그것에 호응하여 만세를 불렀는가.

답) 틀림없다.

문) 그런데 그 공원의 군중은 수만 명이 되고 대열을 지어 공원을 나왔는데 피고는 그 군중의 일원이 되어 종로로 나와 대한문으로 갔다가 되돌아서 안국동으로 갔다가 거기에서 광화문, 프랑스영사관 방면을 거쳐 경성우체국 근처에까지 만세를 부르면서 갔다가 순사의 제지를 받고 돌아갔다는 것인가.

답) 틀림없다.

문) 독립선언서를 읽었는가.

답) 파고다공원에서 살포되어 있는 것을 주워보았다.

문) 그리고 그 취지에 찬동하고 그 독립시위운동에 가담하여 만세를 부르고 광분했던 것인가.

답) 틀림없다.

문) 피고는 그 뒤 3월 4일 어느 학생에게서 내일 학생단의 제2차 시위운동이 있다는 것을 들었다는데 어떤가.

답) 학생단의 제2차 시위운동이라고는 듣지 않았으나 내일 독립시위운동이 있다고 들었다.

문) 누구에게서 들었는가.

답) 김재익(金在益)에게서 들었다.

문) 어느 학교의 학생인가.

답) 그 점은 모른다.

문) 그리고 피고에게 내일은 표지를 부치고 시위운동을 하게 되었으므로 붉은 천을 주면서 가지고 가라고 했다는데 어떤가.

답) 틀림없다.

(증 제118호를 보이다.)

문) 그 붉은 천은 이것인가.

답) 그렇다.

문) 많이 나누어 주고 남은 것인가.

답) 아니다. 받은 그대로 한 장도 배부하지 않았으므로 처음부터 그것뿐이다.

문) 이 붉은 천을 받으면서 배부할 것을 승낙한 것은 틀림없는가.

답) 틀림없다.

문) 그리고 이 붉은 천을 가지고 3월 5일 오전 9시 지나 대한문 근처에서 독립시위운동의 군중과 만났는가.

답) 그렇다. 9시 반쯤 남대문 밖으로 가다가 도중에 순사의 검문을 받았는데 호주머니 속에 붉은 천을 가지고 있었기 때문에 체포되었다.

문) 요컨대 3월 5일의 군중은 붉은 천을 흔들면서 만세를 불렀다는데 그 배부한 나머지가 아닌가.

답) 아니다. 내가 갈 때는 왕래하는 사람이 검문을 받고 있었다.

문) 맡아놓은 붉은 천을 배부하기 위하여 가지고 가다가 체포된 것인가.

답) 틀림없다.

문) 그렇다면 아직 배부를 착수하기 전에, 아직 사용하기 이전에, 그 집단에 들어가기 이전임에 틀림이 없는가.

답) 그렇다.

문) 당시 피고는 570원의 돈을 가지고 있었는데 어떻게 그와 같은 큰돈을 가지고 있었는가.

답) 우리 집은 많은 자산도 없는데, 공부를 동경에서 하자면 10년 동안이라도 있어야 하므로 하숙집을 차려 학사금을 벌어서 공부하려고 그 자금을 조달해 가지고 있었다.

문) 12월 31일에 서울을 출발하여 시골에 도착한 것은 언제인가.

답) 고향에 도착한 것은 1월 6~7일 경이었고 2월 21일 경에 서울로 나왔다.

문) 그때 고향에서 돈을 가지고 왔는가.

답) 그렇다.

문) 그러면 왜 곧 동경으로 가지 않았는가.

답) 김유인(金裕寅)에게서 들으니 동경의 학생은 아직 공부를 하지 못하고 있다고 하므로, 동경에 가면 밥값도 비싸기에 서울에 체재하고 있었다.

문) 5~600원의 돈으로 동경에서 하숙집을 차릴 수 있는가.

답) 크게 차릴 생각은 없고 조선인 학생 6~7명을 두고 나도 공부할 생각이었다.

문) 2월 21일부터 3월 5일 경까지 체재한 것을 보면 학생과 연락을 취하여 한바탕 거사를 할 생각으로 체재한 것이 아닌가.

답) 그런 일은 없다.

피고 성주복(成周復)에게

문) 금년 2월경부터 동경유학생이 독립운동을 하고 또 파리강화회의에서도 민족자결주의가 창도되었으므로 독립이 될 것으로 생각했었는가.

답) 민족자결주의가 창도되어 조선에도 영향이 미칠 것이라는 말은 들었으나 일본의 유학생이 독립운동을 한다는 말은 듣지 못했다.

문) 피고는 오류역에서 배재학교에 통학하고 있는가.

답) 그렇다.

문) 금년 3월 5일 아침 오류역에서 기차를 타고 남대문역에 내렸

더니 수백의 군중이 독립만세를 부르고 있었으므로 그 중에 가담하여 만세를 불렀다는데 틀림없는가.

답) 틀림없다.

문) 그리고 만세를 부르면서 남대문통, 태평정, 종로에까지 왔다가 경찰관에게 체포당했다는데 어떤가.

답) 그렇다.

(증 제91호, 292호, 293호를 보이다.)

문) 이 독립신문 및 한국기를 본 일이 있는가.

답) 어느 것도 본 일이 없다.

문) 예심에서는 앞으로도 독립을 희망하고 또 운동을 하겠다고 했는데 그런가.

답) 예심에서는 그렇게 말했는데 장차 일본이 독립을 시켜줄 가망이 있으면 운동을 하겠으나 무익한 운동은 하지 않겠다.

피고 최흥종(崔興琮)에게

문) 피고는 전에 복심법원 판사였던 함태영(咸台永)과 친밀한 사이인가.

답) 동창인 관계로 친하다.

문) 언제 광주에서 서울로 왔는가.

답) 금년 3월 1일 서울에 도착했다.

문) 이태왕 전하의 국장 때문에 시골 사람이 다수 서울로 몰려오고 있으므로 그 사람들에게 독립사상을 고취하여 각성하게 하는 좋은 기회라고 생각하고 일부러 서울에 왔는가.

답) 그렇다. 평양의 신학교로 가는 도중 겸하여 독립사상을 발표하려고 생각하고, 국장때문에 모인 시골 사람을 선동하기 위하여 서울에 들린 것임에 틀림없다.

문) 요컨대 독립사상을 고취하는 설교를 하기 위하여 서울에 온 것은 틀림이 없는가.

답) 틀림없다.

문) 그리고 3월 5일 남대문역으로 가서 기차를 타고 내리는 사람들에게 독립을 고취하는 연설을 했다는데 어떤가.

답) 틀림없다. 그런데 그때 두 사람이 인력거를 타고 오자 군중은 일제히 독립만세를 고창하였으므로 연설을 중지하지 않을 수 없어 중지하고 그 군중에 가담하여 만세를 부르면서 대한문까지 행진했던 것이다.

(증 제115호를 보이다.)

문) 피고는 그때 어떤 사람에게서 독립기를 받아가지고 인력거를 타고 두 손으로 그 기를 흔들면서 수백의 군중을 지휘했다는데 어떤가.

답) 보여준 독립기는 처음에 강기덕(康基德), 김원벽(金元璧)이 남대문 역전에서 인력거를 타고 흔들면서 군중을 지휘했던 것인데, 태평로에서 떨어뜨렸으므로 피고가 그것을 주워가지고 인력거 위에서 펴 들었던 것으로 피고가 받은 것은 아니다.

(증 제114호를 보이다.)

문) 남대문 역전에서 피고가 30장 정도를 군중에게 살포한 「신조선신보」는 이것과 같은 것인가.

답) 그렇다.

문) 그 「신조선신보」는 누가 배포해 달라는 부탁을 했는가.

답) 처음 내가 역전에서 연설을 하려고 하는데 어떤 청년이 신문을 배부하고 있었으므로, 그 사람이 가지고 있던 30장쯤을 받아서 인력거 위에 서서 피고가 배포했었다.

문) 그 「신조선신보」는 조선이 독립한다는 국헌문란에 관한 문서로서 치안을 방해하는 문서인 줄 알면서 배포했는가.

답) 물론 그 점은 알고 배포했다.

(다시 증 제114호 중의 「신조선신보」라는 표제의 인쇄물을 보이다.)

문) 피고가 배포한 30장은 이것과 같은 것인가.

답) 그렇다.

(증 제115호를 보이다.)

문) 방금 보인 「신조선신보」및 이 독립기는 피고의 손으로 부터 압수된 것인가.

답) 아니다. 기는 압수되었으나 「신조선신보」는 전부 배포했었다.

문) 피고는 예수교 전도사인데 어느 파에 속하는가.

답) 장로파이다.

문) 누구의 선동으로 그러한 불온한 행동을 하게 되었는가.

답) 누구의 선동도 받지 않았다. 다만 신문 등에서 인도·정의, 민족자결주의 등에 대하여 알게 되었고 현대는 각성하지 않으면 안 된다고 생각했다. 그리고 각성해서는 계획을 세우지 않으면 안 된다고 생각했다.

문) 예심에서는 독립사상은 그만둘 수 없으므로 장래에도 한다고 했는데 지금도 같은 생각인가.

답) 정의·인도에 의하여 조선독립은 가능하다고 생각하여 했던 것이나, 장래에는 전도에만 전념하여 종사하고 정치에는 관계하지 않겠다.

문) 종교의 전도자는 정치에 관여할 수 없게 되어 있는 것이 아닌가.

답) 나는 전도에 종사하고 있지만, 국가의 일원으로서 독립운동에 관계하는 것은 상당한 이유가 있다고 생각하고 있었는데 장래는 전도에 전념하여 종사하고 정치에는 관계하지 않겠다.

문) 피고 등이 그릇된 사상을 고취할 때는 학생 등 일반에게 폐를 끼칠 뿐 아니라 국가를 위해서도 대단한 해악을 끼치는 것인데 장래에는 결단코 관계하지 않겠는가.

답) 장래는 결코 관여하지 않겠다.

피고 탁명숙(卓明淑)에게

문) 피고는 예수교 신자인데 어느 파에 속하는가.

답) 장로파이다.

문) 어느 학교를 졸업하고 언제부터 간호부를 하고 있는가.

답) 3년 전 세브란스학교를 졸업하고 곧 구세병원의 간호부가 되었다.

문) 피고는 금년 3월 5일 도염동 오화영(吳華英)의 집에 갔다는데 어떤가.

답) 그렇다. 그곳은 나의 숙소이다.

문) 거기로 가는 도중 명월관 앞에서 다수의 군중이 독립만세를 부르면서 오는 것과 만났다는데 어떤가.

답) 그렇다.

문) 그래서 피고는 그 취지에 찬동하고 그 군중에 참가하여 만세를 부르면서 종로네거리까지 갔다가 순사에게 체포되었다는데 어떤가.

답) 틀림없다.

문) 예심에서는 장래의 일은 모른다고 했는데, 보석으로 출옥 후의 감상은 어떤가.

답) 몸도 아프고 해서 감상도 모른다.

피고 김윤옥(金允玉)에게

문) 예수교 어느 파인가.

답) 장로파이다.

문) 금년 3월 5일 남대문역전에서 다수의 군중과 함께 독립만세를 불렀다는데 어떤가.

답) 그렇다. 역전에서 군중과 함께 만세를 부르면서 남대문까지 왔으나 제지되어 집으로 돌아갔다.

문) 예심에서는 장래 그런 행동은 하지 않겠다고 했는데 어떤가.

답) 장래는 하지 않겠다.

문) 조선독립을 희망하여 만세를 부른 것은 틀림이 없는가.

답) 틀림없다.

피고 임동건(林東乾)에게

문) 예수교 무슨 파인가.

답) 성공회이다.

문) 금년 3월 1일 오후 2시 경에 학교에서 쓸 물건을 사기 위하여 종로에 갔었다는데 어떤가.

답) 그렇다.

문) 그런데 다수의 군중이 독립선언서를 낭독하는 사람이 있다고 하므로 그 중에 끼어 만세를 불렀다는데 어떤가.

답) 틀림없다.

문) 그리고 함께 만세를 부르면서 남대문, 미국영사관, 대한문, 프랑스영사관을 거쳐 다시 대한문으로 와서 장곡천정, 명치정을 거쳐 동척(東拓)회사 부근에 갔다가 체포되었다는데 어떤가.

답) 틀림없다.

문) 예심에서는 장래는 하지 않겠다고 했는데 어떤가.

답) 장래의 일은 모른다.

문) 현재의 생각은 어떤가.

답) 지금 생각으로는 장래는 하지 않을 생각이다.

피고 한호석(韓戶石)에게

문) 피고는 종교가 없는가.

답) 그렇다.

문) 피고는 금년 3월 1일 학교에서 돌아오다가 수송동에서 독립만세를 부르면서 오는 군중과 만났다는데 어떤가.

답) 서소문통에서 만났다.

문) 수송동에서 시위운동에 대하여 듣고 서소문통까지 뒤쫓아 가서 군중과 만났는가.

답) 그렇다.

문) 그리고 그 군중에 가담하여 독립만세를 부르고, 프랑스영사관, 서대문정, 대한문 앞, 장곡천정, 본정, 황금정 방면을 거쳐 종로에 와서 집으로 돌아갔는가.

답) 그렇다.

문) 또 3월 4일 밤에 투서가 있어, 내일 오전 9시 남대문 밖에서 만세를 부르니 참가하라는 통지가 있었다는데 어떤가.

답) 그렇다.

문) 그래서 3월 5일 피고는 남대문역 전으로 갔더니 붉은 천을 배부하는 사람이 있고, 다수 군중은 붉은 천을 흔들면서 만세를 부르고, 김원벽(金元璧), 강기덕(康基德)은 인력거를 타고 독립기를 들고 만세를 불러 수백 의 군중이 소요했다는데 어떤가.

답) 틀림없다.

문) 피고는 거기에 참가하여 만세를 부르면서 남대문역에서 남대문까지 갔다가 순사에게 제지되어 집으로 돌아갔다는데 어떤가.

답) 그렇다.

문) 전날 밤 투서에 태극기를 만들어 가지고 오라고 씌어 있었으므로 친구와 함께 종이로 태극기를 만들었다는데 어떤가.

답) 통지는 없었지만 종이로 태극기를 만들었으나 가지고 가지는 않았었다.

문) 예심에서는 장래 그런 일은 하지 않겠다고 했는데 어떤가.

답) 장래는 하지 않겠다.

피고 김승제(金承濟)에게

문) 종교는 무엇인가.

답) 없다.

문) 금년 3월 1일 학교에서 돌아오는 길에 오후 3시 경 광화문 앞에서 독립만세를 고창하면서 오는 군중과 만났다는데 어떤가.

답) 틀림없다.

문) 그리고 군중과 함께 만세를 부르면서 프랑스영사관, 서소문정, 조선은행 앞을 지나 종로까지 와서 경찰관에게 제지되어 집으로 돌아왔다는데 그런가.

답) 그렇다.

문) 또 3월 5일 종로네거리에서 독립만세를 부르는 군중과 만나서 그것에 가담하여 만세를 부르다가 곧 체포되었다는데 어떤가.

답) 틀림없다. 남대문 밖에서 가담하여 만세를 부르면서 종로까지 왔었다.

문) 그 때 피고는 붉은 천을 흔들면서 만세를 불렀다는데 어떤가.

답) 그렇다. 그리고 그 붉은 천은 체포될 때에 압수당했다.
(증 제112호를 보이다.)

문) 이것을 흔들면서 소요했는가.

답) 그 중의 하나라고 생각한다.

문) 요컨대 조선독립을 희망하여 불온한 행동을 했던 것인가.

답) 그렇다.

문) 장래 근신을 하겠는가.

답) 지금 생각으로는 하지 않을 작정이다.

피고 김창식(金昌湜)에게

문) 종교는 무엇인가.

답) 종교는 없다.

문) 금년 3월 4일 밤에 내일 남대문역에서 독립만세를 부르고 시위운동을 한다는 말을 들었다는데 어떤가.

답) 틀림없다.

문) 그리고 3월 5일 오전 9시 경 남대문 밖으로 갔었는가.

답) 갔었다.

문) 그런데 다수의 군중이 독립기를 세우고, 붉은 천을 흔드는 두 사람이 인력거를 타고 군중을 지휘하여 독립만세를 부르고 있었다는데 어떤가.

답) 틀림없다.

문) 피고는 남대문역전에서 그 군중에 가담하여 만세를 부르면서 청목당(靑木堂) 부근까지 왔다가 체포되었다는데 어떤가.

답) 틀림없다.

문) 요컨대 독립을 희망하여 그 시위운동에 가담했는가.

답) 그렇다.

문) 장래도 할 생각인가.

답) 장래는 하지 않겠다.

피고 김양수(金瀁秀)에게

문) 금년 3월 1일 오후 2시 경에 파고다공원으로 가서 독립만세를 불렀는가.

답) 다수 군중과 함께 만세를 불렀다.

문) 그리고 군중과 같이 만세를 부르면서 종로로 나와서 대한문 앞까지 갔다가 돌아갔는가.

답) 그렇다.

문) 검사에게는 후회하고 있으므로 장래에는 결코 하지 않겠다고 하고, 예심에서는 거짓말을 했다고 하면서 장래에도 한다고 했는데 어떤가.

답) 사람의 생각은 일정 불변한 것이 아니다. 어느 때는 할 생각을 하고 어느 때는 하지 않을 생각을 가지는 등으로 구구한데

현재로는 하지 않을 생각이다.

피고 이익종(李翼鍾)에게

문) 종교는 무엇인가.

답) 종교는 없다.

문) 금년 3월 1일 학교에서 파고다공원으로 놀러 가자는 권유를
받았다는데 어떤가.

답) 함태홍(咸泰鴻)에게서 권유를 받았다.

문) 그래서 그날 파고다공원으로 놀러갔더니 독립선언이 있었는
가.

답) 그렇다.

문) 그리고 군중이 독립만세를 부르므로 피고는 기쁜 나머지 그
군중에 가담하여 만세를 부르면서 대한문 앞까지 갔었다는데
어떤가.

답) 틀림없다

문) 대한문 근처에서 일단 군중과 헤어져 매일신문사 앞에서 황
금정을 거쳐 돌아오다가 창덕궁 앞에서 시위운동을 하는 군
중을 만나 그것에 참가했다는 것인데 어떤가.

답) 틀림없다. 그리고 동대문까지 만세를 부르면서 갔었다.

문) 그리고 3월 15일 체포되었지만 종로 4정목 파출소에서 다른
사람이 체포되고 있는 순간에 도망했다는데 어떤가.

답) 그런 일은 없다.

문) 종로 4정목 파출소에서 만세를 부르다가 체포된 사람을 도와
달라고 하면서 순사에게 교섭했다는데 어떤가.

답) 종로 4정목 파출소 앞에 오니 체포되고 있는 사람이 있었으
므로 놓아달라고 교섭한 것임에 틀림이 없다.

문) 그래서 3월 15일이 되어 체포되었는가.

답) 그렇다.

문) 장래에도 그러한 운동에 가담할 생각인가.

답) 장래에는 참가하지 않겠다.

문) 또 피고는 통행인에게 자꾸 만세를 부르노록 권유했나는데 어떤가.

답) 순사보에게 독립이 되는 것은 대단히 기쁜 일이니 경하해야 할 일이 아니겠느냐고 동아연초회사 옆 파출소에서 말했다.

문) 다른 사람에게 권유할 것까지는 없지 않은가.

답) 너무 기뻤으므로 권유했다.

문) 피고는 3월 5일의 시위운동에는 참가하지 않았는가.

답) 그때는 참가하지 않았다.

피고 박승영(朴勝英)에게

문) 피고는 전수학교 3학년인가.

답) 그렇다.

문) 금년 2월 10일 경 피고의 학교에서 문아무개가 상장을 달지 않고 등교했다고 하여 싸움을 했다는데 어떤가.

답) 그런 사실이 있었다.

문) 이태왕 전하가 훙거했는데 상장을 달지 않는 것은 불경하다고 하면서 때렸다는데 어떤가.

답) 그런 사실이 있었다는 것을 들었다.

문) 그래서 아비코 마사루(吾孫子勝) 교장에게서 정학처분을 받았다는데 어떤가.

답) 나는 아니지만 두 사람이 정학되었다.

문) 그 일에 대하여 손한선(孫漢瑄), 김병수(金秉秀), 허진(許瑨), 현감(玄堪), 정구진(鄭求瑨) 등이 위원이 되어 교장에게 정학처분 취소의 담판을 했다는데 어떤가.

답) 나는 참가하지 않았으므로 상세한 것은 모르나, 뒤에 그런 일이 있었다는 것을 알았다.

문) 박윤하(朴潤夏)와 최아무개가 다시 정학처분을 받았는가.

답) 그렇게 들었다.

문) 그래서 2월 10일 경부터 분쟁이 일어나 한편으로 독립시위운동에 대한 이야기가 나왔는가.

답) 독립시위운동에 대한 말은 3월 초인지 2월 말 경이 되어서 비로소 있었다.

문) 피고는 그것에 찬성하여 금년 3월 1일 오후 2시 10분 경 파고다공원에 갔었는가.

답) 그렇다.

문) 그런데 수만의 군중이 모이고 육각당에서 독립선언서를 낭독하고 군중이 만세를 부르므로 피고도 그것에 가담하여 종로를 거쳐 남대문까지 갔다가 거기서 서대문, 정동, 대한문 앞을 거쳐 다시 종로로 와서 광화문, 서대문으로 해서 프랑스영사관 앞에 갔다가 서소문, 대한문 앞, 장곡천정을 거쳐 본정을 지나 명치정에서 체포되었다는데 어떤가.

답) 그렇다.

문) 그동안 독립만세를 부르고 광분했는가.

답) 그렇다.

문) 그때 피고는 군중과 함께 프랑스영사관에 들어갔는가.

답) 들어갔다.

문) 그리고 영사처럼 보이는 사람을 만나 민족자결주의에 의거하여 독립을 발표했으니 본국에 통지해 주기 바란다고 했다는데 어떤가.

답) 그렇다. 다만 의사표시를 했을 뿐 승낙을 구한 것은 아니었다.

문) 그리고 미국영사관에도 갔는가.

답) 가지 않았다.

문) 예심에서는 미국영사관에도 간 것처럼 말했던 것이 아닌가.

답) 영사관 앞에 까지 갔던 것이다.

문) 왜 그렇게 소란을 피우고 돌아다니게 되었는가.

답) 그 당시 독립운동에 참가한 심리상태를 자기 스스로도 또한 잘 알 수가 없다.

문) 법률학교 3학년으로서 국제공법도 배웠을 것인데 더구나 프랑스 영사까지 만날 정도이니 대단히 열성이 있는 것으로 보이는데 어떤가.

답) 내가 지금 생각해도 당시의 기세는 등등했다고 생각되는데 자기 스스로도 왜 그렇게 했는지 잘 모르겠다. 요컨대 그때의 기세에 편승하여 소란을 피우고 돌아다녔을 뿐이다.

피고 정구철(鄭求喆)에게

문) 금년 3월 1일 피고의 집에 윤자영(尹滋英)이 왔다는데 어떤가.

답) 그렇다.

문) 그래서 그날 오후 2시 파고다공원에서 독립선언이 있다는 것을 듣고 그날 오후 1시 반 경에 윤자영(尹滋英)과 함께 파고다공원으로 갔다는데 어떤가.

답) 그렇다.

문) 잠시 후에 육각당에서 손병희(孫秉熙) 외 32명의 독립선언서를 낭독하는 사람이 있고, 선언서를 배부하는 사람이 있었으므로 피고는 독립운동이라는 것을 알고 그것에 찬성하여 군중과 함께 독립만세를 불렀다는데 어떤가.

답) 틀림없다.

문) 그리고 그 군중과 함께 종로통으로 나와 만세를 부르면서 보신각 앞에까지 갔다가 집으로 돌아갔다는데 어떤가.

답) 틀림없다.

문) 예심에서 장래 가망이 있으면 감옥에 들어갈 각오로 하겠다고 했는데 그런가.

답) 그렇다. 일한합병이 되어 아무래도 동화되지 않는다면 조선은 조선으로 독립하여 조선, 중국, 일본 3국이 제휴하고 백인

에게 대응하지 않으면 안 된다는 생각을 가지고 있다. 다만
지금은 잘못되었다고 개전하고 있다.

문) 언제 보석으로 출옥했는가.

답) 금년 8월이었다.

피고 강용전(康龍田)에게

문) 종교는 무엇인가.

답) 종교는 없다.

문) 금년 3월 1일 학교에서 독립운동에 대한 말을 들었는가.

답) 듣지 못했다.

문) 경성고등보통학교 2학년인가.

답) 그렇다.

문) 그때 동맹휴학에 대한 말이 있었는가.

답) 그런 말은 못 들었다.

문) 금년 3월 1일 오후 2시 하숙집에 있는데 만세소리가 들려 대
한문 앞에까지 갔더니 다수의 군중이 독립만세를 부르고 있
었으므로 기쁜 나머지 그것에 가담했다는데 어떤가.

답) 틀림없다.

문) 그리고 만세를 부르면서 경성우편국 앞에까지 갔다가 군중과
헤어져 황금정에서 체포되었다는데 어떤가.

답) 틀림없다.

문) 장래는 어떻게 할 생각인가.

답) 장차는 참가하지 않겠다.

피고 유근영(柳近永)에게

문) 종교는 무엇인가.

답) 종교는 없다.

문) 금년 3월 4일에 내일 남대문 밖에서 학생단의 제2회 독립운

동을 한다는 말을 들었다는데 어떤가.

답) 그렇다.

문) 그리고 그달 5일 오전 9시 남대문역전에 갔다는데 어떤가.

답) 그렇다.

문) 그래서 수백 명의 군중이 독립만세를 부르고 있었으므로 피고는 그 취지에 찬동하고 그 군중에 가담하여 독립만세를 부르면서 조선은행 앞에까지 갔다가 체포되었다는데 어떤가.

답) 틀림없다.

문) 언제 보석되었는가.

답) 8월에 보석되었다.

문) 예심에서 독립의 시기가 오면 할 생각이라고 했는데 그대로 인가.

답) 그대로 틀림없다.

문) 보석으로 출감된 뒤의 감상은 어떤가.

답) 지금도 마찬가지이다.

문) 어떤 점에 불평이 있는가.

답) 별로 불평은 없다. 나는 총독정치에 불평이 있기 때문에 독립해야 한다는 작은 문제가 아니라, 사물에는 자기 본성에 입각한 자존심이 있으므로 조선반도도 또한 자존심에 의거하여 독립을 바라는 것이다.

피고 박희봉(朴喜鳳)에게

문) 당시 피고는 병중이었는가.

답) 그렇다.

문) 김경희(金景熙) 등과 동숙하고 있는가.

답) 그렇다.

문) 금년 3월 1일 산책하러 종로네거리까지 나갔다가 만세를 부르고 오는 군중과 만났다는데 어떤가.

답) 틀림없다.

문) 피고는 그 취지에 찬동하여 그 군중에 가담하고 독립만세를 부르면서 무교정, 대한문, 미국영사관 앞을 지나 되돌아 창덕궁 앞, 프랑스영사관, 서소문정, 장곡천정 방면을 거쳐 본정 2정목에까지 갔다가 체포되었다는데 어떤가.

답) 틀림없다.

문) 장래도 그런 운동에 참가하겠는가.

답) 금후에는 결코 참가하지 않겠다.

피고 박병원(朴炳元)에게

문) 김동환(金東煥)을 아는가.

답) 알고 있다.

문) 박준영(朴俊榮)도 아는가.

답) 알고 있다.

문) 금년 3월 1일 그 사람들과 학교 휴게시간에 학생 30여명을 모아 독립운동에 찬성하라고 했다는데 어떤가.

답) 그렇다. 그리고 다 찬성했다.

문) 그리고 그날 오후 2시 경 경성우편국 앞에서 독립만세를 부르면서 광분하는 군중과 만나 그것에 가담하고 독립만세를 부르다가 체포되었다는데 어떤가.

답) 틀림없다.

문) 물론 독립을 희망하여 그 시위운동에 가담한 것이 틀림없는가.

답) 틀림없다.

문) 예심에서는 별로 불평은 없다고 했는데 그런가.

답) 아무 불평도 없다.

피고 이형영(李亨永)에게

문) 금년 3월 1일 학교에서 독립시위운동이 있다는 것을 들었다는데 어떤가.

답) 그렇다.

문) 그리고 그날 종로네거리에서 다수의 군중이 독립만세를 부르면서 시위운동을 하는데 참가했다는데 어떤가.

답) 그렇다. 그 시위운동에 참가하여 독립만세를 부르고 거기에서 대한문 앞을 지나 본정 입구에까지 갔었다.

문) 피고는 학교에서 여러 학생에게 오늘 오후 2시 파고다공원에서 독립선언이 있다는 것을 말했을 뿐 아니라 3월 5일에 독립운동이 있다는 것을 학생에게 말했다는데 어떤가.

답) 그렇게 말하여 여러 학생에게 권유했다.

문) 장래도 또 소요할 생각인가.

답) 현재로는 소요할 생각은 없다.

피고 손홍길(孫洪吉)에게

문) 금년 3월 1일 학교에서 독립운동에 대한 말을 들었다는데 어떤가.

답) 그렇다.

문) 그리고 그날 파고다공원에서 다수의 군중이 독립만세를 부르면서 광분하고 있는데 가담하여 광화문통 조선보병대 앞에까지 만세를 부르면서 갔다는데 어떤가.

답) 틀림없다.

문) 장래도 또한 그런 운동에 참가하겠는가.

답) 장차는 참가하지 않을 각오이다.

문) 예심에서는 장래는 참가하지 않을 것이니 관대한 처분을 바란다고 했는데 그런가.

답) 장래는 결단코 참가하지 않을 것이니 관대한 처분을 바란다.

피고 **길영희(吉暎義)**에게

문) 금년 2월 20일 경에 한위건(韓偉鍵)을 방문했는가.

답) 그 무렵에 한위건(韓偉鍵)을 만난 일이 있다.

문) 그리고 이승만(李承晩)이 파리로 가서 독립운동을 한다는 말을 들었는가.

답) 나에게 그것을 물었었다.

문) 그리고 동경의 유학생이 독립운동을 하고 있는 것을 물었는가.

답) 그렇다. 그런데 한위건(韓偉鍵)은 잘은 모르겠으나 일반 학생 사이에서도 그것이 문제로 되어 있다고 말했다.

문) 금년 3월 1일 오후 2시 파고다공원에서 독립선언이 있다는 것을 알고 그 시각에 공원으로 가서 다수의 군중과 함께 독립만세를 부르고 종로에서 대한문 앞에까지 갔다가 돌아왔다는데 어떤가.

답) 틀림없다.

문) 지금은 어떻게 생각하고 있는가.

답) 나는 원래 정치상의 지식이 없으므로 아무 자신도 없이 3월 1일 경거망동을 했다는 것을 잘 알았으니, 장래에는 결코 그런 일에 가담하지 않겠다.

피고 윤기성(尹基誠)에게

문) 금년 3월 1일에 김원벽(金元璧)과 만나서 오늘 파고다공원에서 독립선언이 있다는 것을 들었다는데 어떤가.

답) 다만 그 사람에게서 모임이 있으므로 공원에 가라고 했었다.

문) 그래서 그는 파고다공원에 갔는가.

답) 가지 않았다. 나는 그날 오후 4시 경에 프랑스영사관 앞에 있는 목욕탕에 들어가 있었는데, 그 앞에서 군중이 만세를 부르고 있었으므로 나가서 그 군중에 가담하여 독립만세를 부르고 서소문, 장곡천정, 조선은행 앞에까지 갔다가 돌아왔다.

문) 예심에서는 장래는 하지 않겠다고 했는데 그런가.

답) 장래는 결코 하지 않겠다.

피고 이시영(李時英)에게

문) 금년 3월 1일 종로 청년회관 앞에서 다수의 군중이 독립만세를 부르고 광분하면서 만세를 부르라고 하기 때문에 그 군중에 가담하여 만세를 불렀다는데 어떤가.

답) 틀림없다.

문) 그 전 2월 27~8일 경에 장한준(張漢俊)에게서 독립운동계획이 있다는 것을 들었다는데 어떤가.

답) 그렇다.

문) 그것에 대하여 들었는데 독립시위운동을 하는 군중과 만났으므로 찬성하여 만세를 불렀는가.

답) 틀림없다.

문) 그리고 3월 4일 장한준(張漢俊)이 피고의 집에 와서 내일 남대문역전에서 독립운동이 있다고 말했다는데 어떤가.

답) 그 말이 있었다.

문) 전옥결(全玉玦)을 아는가.

답) 알고 있다.

문) 3월 5일 전옥결(全玉玦)이 붉은 천 3장을 피고에게 주면서 다른 학생에게 나누어 주라고 했다는데 어떤가.

답) 전옥결(全玉玦)이 3장을 가지고 와서 동숙하고 있는 세 사람 각자에게 주었으므로, 내가 준비한 것은 아니다.

문) 피고는 붉은 천 3장을 받아서 길원봉(吉元鳳), 최완규(崔完奎)에게 각각 한장씩 배부하고 남대문역으로 가려는 참에 등기우편이 온 것이 아닌가.

답) 틀림없다. 그래서 그날의 시위운동에는 참가하지 못했다.

문) 장차 또 그런 운동에 가입할 생각인가.

답) 다시는 그런 행동을 하지 않겠다.

피고 최강윤(崔康潤)에게

문) 금년 3월 1일 학교에서 오후 2시 파고다공원에서 독립선언이 있다는 것을 들었다는데 어떤가.

답) 그렇다.

문) 그래서 오후 2시 경에 모든 학생이 가므로 함께 공원에 갔던 것인가.

답) 그렇다.

문) 그리고 육각딩에서 손병희(孫秉熙) 외 32명의 독립선언서를 낭독하는 사람이 있었고, 또 선언서를 살포하는 사람이 있어서 다수의 군중이 독립만세를 부르므로 피고도 그것에 찬동하여 만세를 부르고 돌아왔다는데 어떤가.

답) 그날 오후 2시에 파고다공원에 간 것은 틀림없으나 만세를 부른 일은 없다.

문) 예심에서 피고는 그날 오후 2시에 파고다공원에 갔더니 다수가 집합하여 육각당에서 선언서의 낭독이 있었고, 어느 사람은 선언서를 살포하고, 또 군중이 박수하고 독립만세를 부르고 있었으므로 자기도 만세를 불렀으나, 그날 자기는 권덕중(權德仲)을 안내하여 다녀야 하기 때문에 공원에서 만세만 부르고 돌아왔다고 했는데 어떤가.

답) 그렇다.

문) 3월 4일 채순병(蔡順秉), 김종현(金宗鉉)과 함께 3월 5일 오전 8시 30분 남대문역전에 집합해야 한다는 취지를 탄산지를 사용하여 썼다는데 어떤가.

답) 틀림없다.

문) 반지 약 200장을 사서 그것을 반으로 끊어 400장을 세 사람이 복사했었는가.

답) 그렇다.

문) 그리고 3월 4일 밤에 그것을 배포했는가.

답) 그렇다. 수송동의 학생들 하숙집에 약간 배포하고 돌아왔다.

문) 그리고 그 통지서에는 내일 태극기를 만들어 가지고 나오라
고 썼다는데 어떤가.

답) 틀림없다.

문) 그리고 3월 5일 남대문역전에서의 시위운동에 참가하여 독
립만세를 부른 것은 틀림이 없는가.

답) 늦게 갔었는데 남대문 근처에서 군중이 만세를 부르다가 순
사에게 제지받고 있는 것을 구경하였을 뿐 나는 만세를 부르
지는 않았다.

문) 피고는 예심에서 3월 5일 남대문 밖으로 갔더니 조선독립이
라고 쓴 기를 들고 인력거를 탄 두 사람이 선두에 서서 독립
만세를 부르면서 오므로 자기도 그 군중에 가담하여 독립만
세를 부르면서 남대문 안으로 들어갔더니 순사에게 제지되어
돌아왔다고 공술을 했는데 어떤가.

답) 매일신문사 앞에서 기를 군중이 가지고 만세를 부르고 있었
다고 진술했었다.

(증 제155호를 보이다.)

문) 이 탄산지에 통지서를 복사했는가.

답) 그렇다.

문) 누구의 것인가.

답) 김종현(金宗鉉)의 소유이다.

(증 제156호를 보이다.)

문) 이것을 밑에 깔고 복사했는가.

답) 그렇다. 그리고 그것은 채순병(蔡順秉)의 소유이다.

(증 제157호를 보이다.)

문) 이 골필로 썼는가.

답) 틀림없다. 그런데 그 골필은 김종현(金宗鉉)의 소유이다.

(증 제154호를 보이다.)

문) 그리고 완성한 것은 이것인가.

답) 틀림없다.

문) 내일 5일 남대문 부근에 집합하여 오전 9시의 나팔소리로 우리 2,000만 동포는 준비해 두었던 태극기를 가지고 오전 8시 반까지 집합한다는 뜻인가.

답) 그렇다.

문) 그런 것을 만들어서 배포할 정도이므로 3월 5일 가지 않았다고는 믿기 어렵지 않은가.

답) 갔었으나 늦었기 때문에 구경하고 돌아왔었다.

피고 채순병(蔡順秉)에게

문) 금년 3월 2일 독립신문을 보고 손병희(孫秉熙) 등이 독립선언을 한 것을 알았다는데 어떤가.

답) 틀림없다.

문) 3월 5일 학생들이 제2회 시위운동을 한다는 것을 최강윤(崔康潤), 김종현(金宗鉉)과 공모하고 탄산지로 약 400장을 복사하여 배포했다는데 어떤가.

답) 틀림없다.

(증 제155호, 156호, 157호를 보이다.)

문) 반지, 골필, 탄산지는 김종현(金宗鉉)이 샀고, 판대기는 피고의 소유라는데 어떤가.

답) 틀림없다.

문) 이런 것을 다 사용하여 복사했는가.

답) 그렇다.

(증 제154호를 보이다.)

문) 그리고 완성된 것은 이것인가.

답) 그렇다.

문) 그 의미는 5일 오전 8시 반 남대문 부근에 집합하여 오전 9시의 나팔소리로 우리 2,000만 동포는 준비해 두었던 태극기를 가지고 집합한다는 뜻인가.

답) 그렇다.

문) 그리고 피고는 어디에 배포했는가.

답) 소격동의 조선인 민가 수십 호에 투입하여 배부했다.

문) 그리고 3월 5일에 기를 세우고 붉은 천을 흔들면서 수백 명의 군중이 남대문 밖에서 행한 독립운동에 참가하여 독립만세를 불렀는가.

답) 그렇다.

문) 그때 최강윤(崔康潤)도 김종현(金宗鉉)도 그 운동에 참가했는가.

답) 따로따로이었으므로 그 사람들이 있었는지 어떤지는 모른다.

문) 누가 발설하여 모사를 하게 되었는가.

답) 노상에서 어떤 사람에게서 듣고 만들게 되었다.

문) 피고의 아버지는 영광군수(靈光郡守)인가.

답) 그러했으나 지금은 그만두었다.

문) 피고가 그러한 불온행동을 했기 때문에 책임을 지고 사직한 것이 아닌가.

답) 그 점은 모른다.

문) 편지는 없었는가.

답) 한번 있었다.

문) 피고는 장남인가.

답) 그렇다.

피고 김종현(金宗鉉)에게

문) 종교는 무엇인가.

답) 종교는 없다.

문) 금년 3월 1일 파고다공원에 다수가 모여 독립만세를 부르므로 피고도 만세를 불렀다는데 어떤가.

답) 만세를 부른 것은 틀림없는데, 독립이 되었다고 생각하고 기쁨을 견디지 못하여 만세를 불렀다.

문) 그리고 군중과 함께 만세를 부르면서 종로, 남대문, 의주통, 미국영사관, 대한문, 광화문, 프랑스영사관, 서소문정, 장곡천정을 거쳐 본정 입구에까지 갔다가 경찰관에게 제지되어 돌아왔다는데 어떤가.

답) 틀림없다.

문) 그리고 3월 4일 다음 5일 남대문 밖에서 다수가 집합하여 만세를 부른다는 말을 들었다는데 어떤가.

답) 들림없나.

문) 그래서 채순병(蔡順秉), 최강윤(崔康潤)과 공모하고, 그 취지의 통지서를 만들었다는데 어떤가.

답) 종로를 지나고 있는데 어떤 사람이 '이러한 시기에 공부만 하고 있는가, 시기가 드디어 닥쳐왔으므로 찬동해 달라, 그래서 다음날 남대문역전에 모인다는 통지를 해 달라'는 부탁을 받고, 묻는 바와 같은 통지서를 만들게 되었던 것이다.

문) 그래서 피고는 반지, 탄산지, 골필을 사 왔는가.

답) 모두 다 우리집에 있던 것이다.

(증 제154호를 보이다.)

문) 그리고 이와 같은 통지서 400장을 복사했는가.

답) 그렇다. 자택에 있던 반지를 사용하여 복사했다.

(증 제155호, 156호, 157호를 보이다.)

문) 그 복사에 관한 물건인가.

답) 그렇다. 그리고 모두 피고의 소유이다.

문) 그리고 세 사람이 따로따로 배부했는가.

답) 그렇다. 그런데 나는 중학동의 학생 하숙집 수십 호에 투입하여 배부했다.

문) 3월 5일에 집합하도록 사람들에게 통지하고 그날 남대문 밖에 갔는가.

답) 가기는 갔는데 시간에 맞추어 가지 못하고 너무 늦었었다.

문) 그렇지 않고, 그날 남대문 밖에까지 갔는데 독립만세를 부르면서 오는 군중과 만나서 그것에 참가하여 만세를 부르고 남대문에까지 행진하다가 제지를 당하고 돌아왔다고 예심에서 말하지 않았는가.

답) 아니다. 말하지 않았다.

피고 정태화(鄭泰和)에게

문) 3월 1일 학교에서 전동환(全東煥)이 오늘 파고다공원에서 독립선언이 있으므로 학생은 참가하라는 말을 했다는데 어떤가.

답) 그렇다.

문) 그래서 그날 오후 2시경 파고다공원에 갔는가.

답) 그렇다.

문) 그래서 문 근처에 갔더니 군중이 독립만세를 부르면서 공원을 나오고 있었는가.

답) 그렇다.

문) 그리고 피고는 그것에 가담하여 독립만세를 부르면서 종로에서 대한문에까지 갔다가 돌아왔다는데 어떤가.

답) 틀림없으나 만세는 부르지 않았다.

문) 사법경찰관 및 검사에게는 만세를 불렀다고 하지 않았는가.

답) 다만 따라갔을 뿐이다.

문) 요컨대 선동하는 사람이 있었기 때문에 그 시위운동에 따라서 걸었다는 것인가.

답) 그렇다.

문) 장래에도 그런 운동에 참가하겠는가.

답) 장래는 참가하지 않겠다.

피고 최평집(崔枰楫)에게

문) 금년 3월 1일 서대문 부근에서 김원벽(金元璧)을 만난 일이 있는가.

답) 있다.

문) 그런데 그 사람이 말하기를 금일 오후 2시 파고다공원에서 천도교, 예수교가 조선독립선언을 하는데 가지 않겠느냐고 권유했다는데 어떤가.

답) 틀림없다.

문) 그래서 그 시각에 공원에 가서 다수의 군중에 가담하여 독립만세를 불렀는가.

답) 틀림없으나 몸이 불편하였기 때문에 공원 안에서 독립만세를 불렀을 뿐 집으로 돌아갔다.

문) 돌아오는 길에 손병희(孫秉熙) 외 32명의 독립선언서를 가지고 있는 사람이 있어서 그것을 보았다는데 어떤가.

답) 그렇다.

문) 금년 3월 5일 세브란스병원에 갔었는가.

답) 그렇다. 그 병원에 갔다가 돌아오는 길에 조선호텔 근처에서 체포되었다.

문) 거기에서 여학생들이 만세를 부르고 있는데 그것에 참가하여 만세를 부르다가 체포되었는가.

답) 거기서 나 혼자 독립만세를 부르다가 체포되었다.

문) 어떤 기회에 만세를 불렀는가.

답) 오전 10시 경 남대문 근처에서 시위운동이 있었기 때문에 다수의 사람이 순사에 체포되어 오는 것을 조선호텔 근처에서 보고 있다가 분개하여 독립만세를 불렀다.

문) 요컨대 첫째 점은 예심종결결정과 같고, 둘째 점은 단독으로 불렀다는 것인가.

답) 틀림없다.

문) 보석 후에 어떻게 하고 있었는가.

답) 고향에 돌아가 있었다.

문) 장래도 그런 불온한 행동을 할 생각인가.

답) 지금 생각으로는 하지 않을 생각이다.

피고 손덕기(孫悳基)에게

문) 금년 3월 1일 학교에서 돌아오는 길에 학생 일동이 파고다공원으로 가므로 따라갔다는데 어떤가.

답) 우리집이 동대문 쪽이므로 돌아오는 길에 파고다공원에서 다수가 모여 있었으므로 구경하고 있었다.

문) 그런데 군중이 만세를 부르므로 피고도 그것에 참가하여 만세를 불렀는가.

답) 그렇다.

문) 그리고 군중과 함께 독립만세를 부르면서 종로, 남대문, 서대문 밖, 미국영사관, 대한문 앞, 광화문통, 프랑스영사관 앞, 서소문정, 장곡천정을 거쳐 본정 2정목 파출소 앞에 갔다가 체포되었는가.

답) 틀림없다.

문) 피고의 아버지는 군청 서기인가.

답) 의령군 서기이다.

문) 장래에도 그런 운동에 가담하겠는가.

답) 가담하지 않겠다.

피고 남위(南偉)에게

문) 금년 2월 하순경에 피고인의 동숙인 한위건(韓偉鍵)에게 강기덕(康基德)이 간 일이 있다는데 어떤가.

답) 그렇다.

문) 그리고 그 사람들 사이에 독립운동에 대한 말이 있었는가.

답) 무엇인가 이야기를 했는데 독립운동에 대한 말인지 무엇인지
는 모른다.

문) 2월 25~6일 경에 한위건(韓偉鍵)이 학교에 가지 않았으므로
이상하게 생각하여 물어 보았더니 몸이 아픈 중이기 때문에
지금 들려줄 필요가 없다고 했는데 3월 1일 아침에 피고 등
동숙자 일동을 한위건(韓偉鍵)의 방으로 불러 오늘 오후 2시
파고다공원에서 독립선언이 있으니 거기에 모이라고 했다는
데 어떤가.

답) 틀림없다.

문) 그리고 그날 오후 3시 경에 종로네거리에서 독립만세를 부르
는 군중을 만났다는데 어떤가.

답) 틀림없다.

문) 그래서 기쁜 나머지 그 군중에 가담하여 만세를 불렀다는데
어떤가.

답) 기쁘기는 했으나 만세는 부르지 않았다.

문) 피고의 검사 조서에 의하면 두 번쯤 만세를 불렀다고 하지
않았는가.

답) 아니다. 부르지 않았다. 검사가 무엇인가 잘못 적었다.

피고 한창달(韓昌達)에게

문) 피고는 인천에서 전수학교에 통학하고 있었는가.

답) 그렇다.

문) 이전에 함흥지방법원 출장소에 고원으로 있었다는데 그런가.

답) 경성출장소에서 고원으로 있었다.

문) 그리고 다이쇼 6년 3월에 사직하고 전수학교에 입학했는가.

답) 그렇다.

문) 학자금은 어떻게 하고 있는가.

답) 집에서 보내오고 있다.

문) 인천에는 아는 집이라도 있는가.

답) 숙부의 집에 기식하면서 기차로 통학하고 있다.

문) 금년 3월 1일에 독립만세 군중에 참가했다는데 틀림없는가.

답) 틀림없다. 남대문역 근처에서 만세를 부르는 다수의 군중에 가담하여 만세를 부르면서 남대문통, 의주통, 서대문정을 거쳐 전수학교 근처에까지 갔었다.

문) 그리고 3월 5일 남대문역전에서의 학생단의 시위운동에 참가한 것은 틀림이 없는가.

답) 당시는 참가하지 않았다.

문) 검사에게는 참가했다고 하지 않았는가.

답) 참가했다고 했으나 실은 3월 5일 오전 10시 경 늦게 가는 도중에 순사에게 검문을 받았는데, 학생이면서 왜 정모를 쓰지 않느냐고 하면서 체포했기 때문에 호주머니에 수첩이 있어 도저히 그날의 일을 부인하더라도 인정되지 않을 것으로 생각되어 그날 만세를 부른 것처럼 진술하였으므로 첫째 사실을 부인했던 것인데, 진실한 사실은 첫째 사실에 참가했고, 둘째 사실에는 참가하지 않았던 것이다.

문) 예심에서 피고는 첫째 사실을 부인했기 때문에 피고의 숙부와 숙모를 조사한 결과, 피고가 3월 1일 밤 늦게 돌아온 것을 확인하게 되었고, 그것은 피고가 만세를 부르면서 시내를 돌아다녔기 때문이고, 그래서 예심판사에게 첫째 사실을 인정하고 둘째 사실을 부인하게 되었던 것인데 어떤가.

답) 그것에 틀림없다. 실은 그때 비로소 진실한 사실을 말하게 되었던 것이다.

문) 왜 처음부터 그 사실을 예심판사에게 말하지 않았는가.

답) 유치한 생각으로 5일 참가하지 않았다는 것이 신용되지 않을 것으로 생각되어 1일의 사실을 부인하게 되었는데 미안하게 되었다.

피고 박준영(朴俊榮)에게

문) 피고는 약학교 본과 1학년인가.

답) 그렇다.

문) 금년 3월 1일 오후 2시 파고다공원에서 손병희(孫秉熙) 외 32명의 조선독립선언서를 낭독하고 수만의 군중은 그것에 찬성하여 독립만세를 불렀을 때 피고도 그 취지에 찬성하여 그 군중에 가담하고 독립만세를 불렀다는데 어떤가.

답) 나는 그날 파고다공원에는 가지 않았다.

문) 이용재(李龍在)를 아는가.

답) 깊이 사귄 일은 없으나 이름은 알고 있다.

문) 이용재(李龍在)의 예심 제2회 조서에 의하면 3월 1일 등교하여 배한빈(裵漢斌), 박준영(朴俊榮), 황도범(黃道範), 전동환(全東煥)과 함께 독립운동에 참가할 상의를 하고, 전날 밤 강기덕(康基德)에게서 들은 것을 말했더니 피고 등은 선언서를 가져 오라고 했으므로 방과 후 하숙으로 돌아와 전날 밤 가지고 온 독립선언서를 가지고 학교에 갔었다고 공술했고, 피고에게도 3월 1일 오후 2시 파고다공원에서 독립선언이 있다는 것을 말했다고 했는데 그 점은 틀림이 없는가.

답) 아니다. 나는 그런 말을 들은 일이 없다.

문) 그리고 그 선언서를 부탁하여 30여명의 학생에게 선언서를 배부하게 되었다고 했는데 어떤가.

답) 아니다. 나는 그날 학교 사무실에서 4시 경까지 있다가 돌아왔으므로 소요한 일조차 몰랐다.

문) 전동환(全東煥)의 예심조서에 의하면 선언서를 배부해 달라고 한 학생 중에는 배한빈(裵漢斌), 박준영(朴俊榮)도 있었다고 했고, 공판에서도 같은 내용의 공술을 했는데 어떤가.

답) 아니다. 그런 일은 없다.

문) 그리고 예심에서 피고와 전동환(全東煥)의 대질신문 때도 그때 피고도 있었다고 진술했는데 어떤가.

답) 전동환(全東煥)은 그렇게 말하나 결코 나는 그 협의에 참가하지 않다.

문) 그리고 이용재(李龍在)의 예심 제2회 조서에 의하면 3월 1일 파고다공원에서의 군중 중에는 피고도 있었다고 되어 있는데 어떤가. 그 뿐 아니라 '너에게 준 선언서는 어떻게 했느냐'고 물었더니 피고는 배부했다고 대답했다고 공술하고 있는데 어떤가.

답) 나는 학교에서 4시에 돌아왔으므로 참가할 리가 없다.

문) 피고의 검사 조서에 3월 1일 오후 1시 경 학교에서 배한빈(裵漢斌)에게서 독립선언서 1장을 얻었다는 취지의 공술을 했는데 어떤가.

답) 종로 3정목에서 4시 경 학교에서 돌아오는 길에 선언서를 보았던 것이다.

문) 검사에게는 배한빈(裵漢斌)에게서 받은 그 선언서를 아버지에게 드렸다고 했는데 어떤가.

답) 아버지에게 그런 것을 드릴 까닭이 없다.

  (여기에서 증 제112호의 붉은 천 1묶음, 증 제115호의 독립기를 보이고 둘째 사실에 사용한 것이 아니냐고 신문하니 둘째 범죄를 한 각 피고인은 틀림없다고 진술하다.
  여기에서 각 피고의 사법경찰관, 검사, 예심판사의 각 신문조서를 읽어서 들려주고 각 증거물건을 보이다.)

문) 의견이나 변명이 있는가. 또 이익이 되는 증빙이 있으면 신청할 수 있다.

답) (피고 일동) 따로 진술할 것이 없다.

판사는 결심한다는 말을 하고 공개정지를 해제한다는 취지의 결정을 언도하다.

검사는 증거가 충분하다는 취지를 논고하고 각각 보안법 제7조에 해당하며 피고 고재완(高在玩), 최흥종(崔興琮), 이익종(李翼鍾)에게 각각 징역 1년, 박승영(朴勝英), 이형영(李亨永), 최강윤(崔康潤), 김종현(金宗鉉), 채순병(蔡順秉)에게는 각각 징역 10개월, 남위(南偉), 신특실(申特實), 성주복(成周復), 유근영(柳近永)에게는 각각 징역 6개월에 처하기 바라며 또 피고 중 장래는 다시 하지 않을 것으로 인정되는 자에게는 상당히 고려할 필요가 있다고 믿는다는 취지의 논고를 하다.

고노오(木尾) 변호인은 피고 김윤옥(金允玉)을 위하여 이익이 되는 변론을 하고 형의 집행유예를 희망하다.

마츠모토(松本) 변호인은 피고 김종현(金宗鉉)을 위하여 이익이 되는 변론을 하고 집행유예의 은전을 희망하다.

가코(加古) 변호인은 이익종(李翼鍾)을 위하여 이익이 되는 변론을 하고 관대한 처분을 구하다.

기리야마(切山) 변호인은 **길영희(吉瑛義)**를 위하여 이익이 되는 변론을 하다.

미우라(三浦) 변호인은 박준영(朴俊榮)을 위하여 이익이 되는 변론을 하다.

이종혁(李鍾赫) 변호인은 탁명숙(卓明淑)을 위하여 이익이 되는 변론을 하다.

아사쿠라(朝倉) 변호인은 정태화(鄭泰和)를 위하여 이익이 되는 변론을 하고 형의 집행유예를 해주기를 희망하다.

피고 일동은 최종의 진술할 것이 없다고 진술하다.

판사는 변론을 종결하고 오는 11월 6일 오전 9시에 판결을 언도할 것이라는 취지의 말을 하고 그 일시에 출정할 것을 명하고 폐정하다.

본건 심리는 조선총독부 재판소 통역생 바바 이치로(馬場一郎)가 통역하다.

작성일 다이쇼 8년 10월 18일

경성지방법원에서

서기 조선총독부 재판소 서기 소노베 고이치(園部弘一)
신문자 조선총독부 판사 다나카 요시하루(田中芳春)

2.
공판시말서(7-1) 일본어 원문

申特實 外 31名 公判始末書(第7回ノ1)

保安法違反等被告事件ニ付大正8年10月18日午前9時京城地方法院
ノ公開シタル法院ニ於テ
同院
朝鮮總督府判事 田中芳春
朝鮮總督府裁判所書記 園部弘一列席
朝鮮總督府檢事 山澤佐一郎立會.
各被告人ハ身體ノ拘束ヲ受クルコトナク出廷セリ.
辯護人切山篤太郎, 朝倉外茂鐵, 李重赫, 木尾虎之助, 松本正寬, 加
古貞太郎, 三浦末喜出廷セリ.

判事ハ被告人ニ對シ

  問) 氏名, 年齡, 職業, 出生地, 本籍, 住所如何.
  答) 本籍, 出生地 平壤府衛廳里37番地.
  住所 京城貞洞梨花學堂寄宿舍內.
  梨花學堂 2年生.

憙心事 申特實, 2月17日生, 18年.

本籍, 出生地 咸鏡南道北靑郡良家面初里.
住所 京城府諫洞88番地. 全命禹方.
私立東京物理學校 1年生.
高在玩, 2月10日生, 27年.

本籍, 出生地 水原郡儀旺面淸溪里361番地.
住所 富川郡桂南面開峯里. 金在達方.
培材高等普通學校 4年生.
成周復, 8月29日生, 26年.

本籍, 出生地 全羅南道光州郡光州面須寄屋町153番地.
住所 全羅南道光州郡光州面須寄屋町153番地.
耶蘇敎傳道師
崔興琮, 5月2日生, 39年.

本籍, 出生地 咸鏡南道咸興郡西湖面西嶋里59番地.
住所 元山府山祭洞救世病院內.
看護婦
瑪利亞事 卓明淑, 12月4日生, 25年.

本籍, 出生地 黃海道松禾郡蓮井面鳥嶺里284番地.
住所 京城府蓮建洞325番地. 張應奎方.
中央學校 1年生.
金允玉, 1月18日生, 18年.

本籍, 出生地 咸鏡南道洪原郡鶴泉面龍陵里147番地.
住所 京城府齋洞106番地. 金元培方.
中央學校 2年生.

林東乾, 10月15日生, 23年.

原籍, 出生地 咸鏡北道明川郡西面雩東洞252番地.
住所 京城府壽松洞16番地. 崔光勳方.
中央學校 1年生.
皓健事 韓戶石, 8月24日生, 17年.

原籍, 出生地 咸鏡北道明川郡西面雩東洞264番地.
住所 京城府壽松洞16番地. 崔光勳方.
中央學校 2年生.
金承濟, 2月1日生, 17年.

原籍, 出生地 平安南道順川郡順川面館下里3番地.
住所 京城府光化門通リ85番地. 劉秉倫方.
京城醫學專門學校 1年生.
金昌湜, 12月23日生, 24年.

本籍, 出生地 平安南道平原郡青山面雲松里165番地.
住所 京城府樂園洞254番地. 李仁植方.
京城醫學專門學校 2年生.
金漢秀, 11月18日生, 30年.

原籍, 出生地 振威郡古德面栗浦里35番地.
住所 京城燻井洞78番地. 李斗鍾方.
京城醫學專門學校 2年生.
李翼鍾, 4月20日生, 23年.

本籍, 出生地 平安北道博川郡德安面南五洞291番地.
住所 京城府中學洞28番地. 咸龍靜方.
京城專修學校 3年生.

朴勝英, 2月23日生, 21年.

本籍, 出生地 忠淸北道報恩郡懷北面中央里.
住所 京城寬勳洞 66番地. 姜世根方.
京城專修學校 1年生.
鄭求喆, 4月29日生, 22年.

本籍, 出生地 咸鏡南道新興郡加平面豊上里307番地.
住所 仁川內里148番地. 柳承鎭方.
京城專修學校 2年生.
韓昌達, 7月23日生, 23年.

本籍, 出生地 平安北道寧邊郡少林面角秀洞353番地.
住所 京城府仁寺洞102番地., 徐佳平方
京城高等普通學校 2年生.
康龍田, 1月11日生, 22年.

本籍, 出生地 龍仁郡慕賢面日山里238番地.
住所 京城府三淸洞36番地. 趙容璧方.
柳近永, 1月3日生, 23年.

本籍, 出生地 慶尙北道尙州郡牟東面壽峯里579番地.
住所 京城府蓮池洞202番地. 崔守連方.
朝鮮藥學校 1年生.
喜昌事 朴喜鳳, 6月22日生, 21年.

本籍, 出生地 平安北道義州郡批峴面蘆南洞336番地.
住所 京城府禮智洞162番地. 張永祚方.
朝鮮藥學校 1年生.
朴炳元, 12月28日生, 23年.

本籍, 住所, 出生地共
京城府竹添町1丁目97番地.
朝鮮藥學校 1年生.
朴俊榮, 6月27日生, 23年.

本籍, 住所, 出生地共
全羅南道麗州郡麗水面西町681番地.
京城工業專門學校附屬工業傳習所 1年生.
李亨永, 7月4日生, 24年.

出生地 平安南道順興郡面里不詳.
本籍 平壤府巡營里143番地.
住所 平壤府南山町.
延禧專門學校 農科 1年生.
尹基誠, 7月1日生, 18年.

本籍, 出生地 咸鏡南道端川郡水下面龍源里178番地.
住所 京城松峴洞56番地. 柳光善方.
普成高等普通學校 2年生.
李時英, 3月29日生, 22年.

本籍, 出生地 咸鏡南道北靑郡陽化面湖滿浦里958番地.
住所 京城府仁義洞85番地. 孫昇龍方.
京城工業專門學校 土木科 2年生.
孫洪吉, 11月6日生, 28年.

本籍, 出生地 平安北道熙川郡熙川面邑上洞92番地.
住所 京城府授恩洞182番地. 曺秉九方.
京城醫學專門學校 1年生.
吉瑛羲, 10月9日生, 20年.

本籍, 出生地　咸鏡南道洪原郡龍川面東洋里497番地.
住所　京城府齋洞106番地. 金元培方.
普成法律商業專門學校 2年生.
南 偉, 9月25日生, 20年.

本籍, 出生地　全羅南道咸平郡咸平面咸平里173番地.
住所　京城府安國洞130番地. 朴台秉方.
京城高等普通學校 3年生.
崔康潤, 8月9日生, 19年.

本籍, 出生地　全羅南道濟州島濟州面一徒里1,358番地.
住所　京城府安國洞130番地. 朴台秉方.
私立國語普及學館　高等科生.
蔡順秉, 6月26日生, 16年.

本籍, 出生地　全羅北道山君益山面裡里627番地.
住所　京城府安國洞130番地. 朴台秉方.
中央學校　高等科生.
金宗鉉, 1月10日生, 19年.

出生地　平安北道義州郡水仁面花折洞.
本籍　平安北道宣川郡宣川面宣北洞490番地.
住所　高陽郡延禧面延禧專門學校內.
延禧專門學校 2年生.
崔平楫, 2月14日生, 20年.

本籍, 出生地　黃海道海州郡羅德面通山里507番地.
住所　黃海道海州郡羅德面通山里507番地.
朝鮮藥學校 1年生.
鄭泰和, 1月5日生, 24年.

本籍, 出生地 京城北米倉町5番地.
住所 京城府昌信洞500番地. 趙鎭崑方.
京城高等普通學校 3年生.
孫悳基, 10月13日生, 20年.

判事ハ尹益善外262名保安法違反被告事件中以上32名ニ對シ分離ノ
上審理スル旨決定ヲ言渡シタリ.
檢事ハ豫審終結決定書記載ノ通リ公訴事實ヲ陳述セリ.
判事ハ本件ハ安寧秩序ヲ害スル虞アリト認ムルヲ以テ公開ヲ停止ス
ル旨決定ヲ言渡シタリ.

判事ハ被告一同ニ,

問) 前科アリヤ.
答) (被告一同) 無シ.
問) 位記, 勳章, 年金等ヲ有セサルヤ.
答) (被告一同) 無シ.

判事ハ被告 申特實ニ

問) 被告ハ 京城府貞洞梨花學堂寄宿舍ニ本年3月1日居リタル際
其前ヘ數千ノ群衆カ獨立萬歲ヲ唱ヘテ來タ由ナルカ如何.
答) 左樣テアリマス.
問) 其處テ被告ハ嬉シサノ餘リ該群集ニ加ハリ獨立萬歲ヲ唱ヘタ
趣ナルカ如何.
答) 夫レニ相違アリマセヌ.
問) 被告ハ3月5日長橋通リ 朴一卿方ニ行キタル由ナルカ如何.
答) 行キマシタ.
問) 其處ニ行ク際鍾路通リニ於テ獨立萬歲ヲ唱フル數千ノ群集ニ

出會シタル由ナルカ如何.

答) 左様テアリマス.

問) 而シテ被告ハ其獨立運動ニ贊成シ該群集ニ加ハリ獨立萬歲ヲ
唱ヘタ由ナルカ如何.

答) 夫レニ相違アリマセヌ. 普信閣ノ所テ群集ニ加ハリ萬歲ヲ唱
ヘテ鍾路警察署ノ處迄行キマシタ.

問) 夫レハ午前10時頃ノ事テ其場テ巡査ニ捕ヘラレタ譯カ.

答) 左様テアリマス.

問) 被告ハ米國人ヨリ學資ノ補助ヲ受ケ通學シテ居ル由ナルカ左
様カ.

答) 左様テアリマス.

問) 要スルニ朝鮮獨立ヲ希望シ意思繼續シテ示威運動ニ加ハリタ
ル譯カ.

答) 左様テス. 獨立カシタイカラ萬歲ヲ唱ヘタノテス.

問) 學校ニ於テハ如何ナルコトヲ習フカ.

答) 日語, 英語, 算術, 其他科目ハ澤山テアリマス.

問) 倂合以來10年日本ノ恩義ヲ受ケテ居リナカラ何故不穩行動ヲ
爲スカ.

答) 恩義ハ恩義テアリマスカ束縛ヲ受ケ自由ヲ拘束サレテ居ルノ
ハ本義テナイカラテアリマス.

問) 被告ノ云フ自由トハ如何ナルコトヲ云フノカ.

答) 束縛ヲ受ケス何事モ自由勝手ニ出來ルコトヲ云フノテス.

問) 如何ナル束縛ヲ受ケテ居ルカ.

答) 束縛ヲ受ケテ居ル故萬歲ヲ唱ヘルコトニ迄干涉ヲ受ケルノテ
自分ノロテ自分カ勝手ニ萬歲ヲ唱ヘルノハ自由テナケハナラ
ヌノテス.

問) 誰ノ煽動ヲ受ケテ示威運動ニ加ハツタカ.

答) 他人ノ煽動ハ受ケマセヌ.

問) 被告ハ獨立萬歲ヲ唱ヘテ騒ケハ獨立カ出來ルト思フカ.

答) 出來テモ出來ナクテモ1ツ遣ッテ見ヨウト思ッタノテス.

問) 誰カラ勸メラレテ左様ナ思想ヲ持ツニ至ッタカ.

答) 學識カ廣クナルニ從ヒ思想モ廣クナッテ自然分ルノテアリマ
ス.

被告 高在玩ニ

問) 東京ヘハ何時行ッタカ.

答) 昨年春私立 五星學校卒業後行キマシタ.

問) 五星學校ニテ内地語ヲ習セ私立物理學校ニ入學セシ譯カ.

答) 左様テアリマス.

問) 而シテ昨年12月下旬歸宅セシ譯カ.

答) 冬休ミ旁々金策ノ爲メ郷里 北青ニ歸リ2月21・2日頃京城ニ
出テ來マシタ.

問) 而シテ諫洞ノ 全命禹方ニ泊リタル譯カ.

答) 左様テアリマス.

問) 其宿ニハ 東京ノ留學生等カ宿泊シテ居タ譯カ.

答) 左様テアリマス.

問) 金裕寅・梁周洽・李春均・高炳南・趙正基・李應泳等カ泊ッ
テ居タ譯カ.

答) 左様テアリマス.

問) 東京ニテ獨立示威運動ヲ爲シ警視廳ヨリ訓示ヲ受ケタ連中ハ
皆2月末頃全命禹方ニ集マリタル譯カ.

答) 22日 京城ニ着シ安國洞ニ宿ヲ取リマシタカ全命禹ハ北青ノ
モノテ諫洞テ宿屋ヲ始メマシタ故其處ニ移リマシタ處東京留
學生テ咸鏡道ノモノカ數名泊ッテ居タノテス.

問) 皆其者等ハ 東京ニ於テ騷ク連中故民族自決ニヨリ獨立スルト
云フ様ナ咄計リシテ居タ譯カ.

答) 御訊ノ如キ咄モアリマシタ.

問) 被告等カ　京城ノ學生ト連絡ヲ取リ獨立示威運動ヲスル考テアッタ譯カ.

答) 私ハ　東京ニ於ケル學生ノ示威運動前ニ歸リマシタ故知リマセヌ.

問) 諫洞ノ宿屋ニ一緒ニ居タ　金裕寅ノ如キハ後ニ假政府組織セシ1人テ李春均, 梁周洽等モ本件ノ被告トナッテ居ルカ如何.

答) 其點ハ分リマセヌ.

問) 本年3月1日正午頃　李春均ト共ニパコタ公園ニ赴キタル由ナルカ如何.

答) 左樣テアリマス.

問) 時間カ早カリシヨリ　團成社ニ入リタル譯カ.

答) 否. 團成社ノ處迄廻ッテ行ッタノテス. 單ニ時間ヲ費ス爲メテアリマシタ.

問) 李春均以外ニ尙連レカアッタカ.

答) 否. 李春均ト2人丈テシタ.

問) 而シテ午後2時ヲ期シ　パコタ公園ニ行キシ譯カ.

答) 左樣テス.

問) 誰カラ　パコタ公園ニ於テ獨立宣言ノアルコトヲ聞イタカ.

答) 3月1日朝宿屋ノ門前ニ諸君　パコタ公園ニ來タレト書イテアッタ故知ッタノテス.

問) 而シテ　パコタ公園ニ行キタル處多數群集シ六角堂ニ於テ孫秉熙外32名々義ノ獨立宣言書ヲ朗讀スルモノカアッタ譯カ.

答) 左樣テアリマス.

問) 處カ數千ノ群集ハ獨立萬歲ヲ唱ヘ被告モ之ニ和シテ萬歲ヲ唱ヘタ譯カ.

答) 夫レニ相違アリマセヌ.

問) 而シテ同公園ニ於ケル群集ハ數萬トナリ隊ヲ爲シテ公園ヲ出テ被告ハ其群集ノ一員トシテ鍾路ニ出テ　大漢門ニ行キ引返シテ安國洞ニ行キ同所ヨリ光化門,　佛國領事舘方面ヲ經テ京城

郵便局ノ處迄萬歲ヲ唱ヘ行キタルカ同所ニ於テ巡査ニ制止セ
ラレテ歸リタル譯カ.

答) 夫レニ相違アリマセヌ.

問) 獨立宣言書ヲ讀ンタカ.

答) パコタ公園ニテ散布セシモノヲ拾ヒ讀ミマシタ.

問) 而シテ其趣旨ニ贊同シ該獨立示威運動ニ加ハリ萬歲ヲ唱ヘテ
狂奔セシ譯カ.

答) 夫レニ相違アリマセヌ.

問) 被告ハ其後3月4日或ル學生ヨリ明日學生團ノ第2次ノ示威運
動ノアルコトヲ聞キタル由ナルカ如何.

答) 學生團第2次ノ示威運動トハ聞カヌカ明日獨立示威運動カア
ルト聞キマシタ.

問) 何ト云フモノカラ聞イタカ.

答) 金在益ヨリ聞キマシタ.

問) 何レノ學校ノ生徒カ.

答) 其點ハ知リマセヌ.

問) 尚被告ニ對シ明日ハ印シヲ付ケテ示威運動ヲ爲スコトニナリ
居ル故赤布ヲ托シ之ヲ持チ行キ吳レト云ヒタル由ナルカ如何.

答) 夫レニ相違アリマセヌ. (證第118號ヲ示シ)

問) 其赤布ハ之レカ.

答) 左樣テス.

問) 澤山アリタル配布殘リカ.

答) 否. 托セラレタ儘テ1筋モ配付シマセヌ故初メヨリ夫丈テアリ
マシタ.

問) 此赤布ヲ托セラレ配付スルコトヲ承諾セシニ相違ナイカ.

答) 相違アリマセヌ.

問) 而シテ此赤布ヲ持チ3月5日午前9時過 大漢門ノ處ニ於テ獨立
示威運動ノ群集ニ出會セシ譯カ.

答) 左樣テス. 9時半頃 南大門外ニ行キ途中巡査ニ調ヘラレ衣囊

中ニ赤布ヲ持ッテ居タ爲捕ヘラレタノテス.

問) 要スルニ3月5日ノ群集ハ赤布ヲ振リ萬歳ヲ唱ヘテ居タ譯ナル
カ其配付殘リテハナイカ.

答) 否. 私ノ行キシトキハ往キ來ノ人カ調ヘラレテ居タノテス.

問) 預リ居ル赤布ヲ配付スル爲メニ持ッテ行ク處ヲ捕ヘラレタ譯
カ.

答) 夫レニ相違アリマセヌ.

問) 然ラハ未タ配付ニ着手セス未タ使用セス其集團ニ入ラサル前
ニ相違ナキヤ.

答) 左樣テス.

問) 當時被告ハ570圓持ッテ居タカ如何ニシテ斯カル大金ヲ所持
シテ居タカ.

答) 私ノ家ハ多クノ資産モナイノテアリマスカ學問ヲ 東京ニテ修
メルニハ10年モ居ラネハナリマセヌ故宿屋ヲ爲ス旁々學資ヲ
得テ勉強シタイト思セ其資金ヲ調達シテ持ッテ居タノテス.

問) 12月31日ニ 京城ヲ出發シ郷里ニ歸リタルハ何時カ.

答) 郷里ニ着シタルハ1月6・7日頃テ2月21頃 京城ニ出テ來タノ
テス.

問) 其時郷里ヨリ金ヲ持ッテ來タ譯カ.

答) 左樣テアリマス.

問) 然ラハ何故直ク 東京ヘ行カヌカ.

答) 金裕寅ニ聞キマスト東京ノ學生ハ未タ勉強ヲシテ居ラヌト云
ヒマス故東京ニ行ケハ飯代モ高キ故京城ニ滯在シテ居ッタノ
テス.

問) 5・600圓ノ金テ 東京ニ於テ下宿屋カ出來ルカ.

答) 大キク遣ル考モナク鮮人學生ノ6・7名モ置キ自分ニモ勉強ス
ル考テアリマシタ.

問) 2月21日ヨリ3月5日頃迄滯在シ居ル處ヲ見レハ學生ト連絡ヲ
取リ一旗擧ケル積リテ滯在シテ居タノテハナイカ.

答) 左樣ナコトハアリマセヌ.

被告 成周復ニ

問) 本年2月頃ヨリ 東京留學生カ朝鮮獨立運動ヲ爲シ又巴里講和
會議ニ於テモ民族自決主義カ唱道セラレル故獨立カ出來ルモ
ノト思ヒシ譯カ.

答) 民族自決主義カ唱道セラレ朝鮮ニ及ホスト云フ咄ハ聞キマシ
タカ内地留學生カ獨立運動ヲスルト云フ咄ハ聞キマセヌ.

問) 被告ハ 梧柳驛ヨリ培材學校ニ通學シテ居ル驛カ.

答) 左樣テアリマス.

問) 本年3月5日朝 梧柳驛ヨリ汽車ニ乘リ南大門驛ニ降リタ處數
百ノ群集カ獨立萬歲ヲ唱ヘ居ル故其中ニ加ハリ萬歲ヲ唱ヘタ
由ナルカ相違ナイカ.

答) 夫レニ相違アリマセヌ.

問) 而シテ萬歲ヲ唱ヘツヽ 南大門通リ, 太平町, 鍾路迄來タ處ヲ
警察官ニ逮捕セラレタ由ナルカ如何.

答) 左樣テアリマス. (第291號, 292號, 293號ヲ示シ)

問) 此 獨立新聞及韓國旗ヲ見タコトカアルカ.

答) 何レモ見タコトハアリマセヌ.

問) 豫審テハ將來モ獨立ヲ希望シ向運動スルト云フテ居ルカ其通
リカ.

答) 豫審テハ左樣申シマシタカ將來日本カ獨立セシメ吳レル見込
カアレハ運動シマスカ無益ノ運動ハ致シマセヌ.

被告 崔興琮ニ

問) 被告元覆審法院判事タリシ 咸台永ト懇意カ.

答) 同窓ノ關係カラ懇意テアリマス.

問) 何時 光州ヨリ京城ニ來タカ.

答) 本年3月1日 京城ニ着シマシタ.

問) 李太王殿下國葬ノ爲メ田舎人カ多數京城ニ入込ムヲ以テ之ニ
獨立思想ヲ鼓吹シ覺醒セシムル好機會ナリト信シ態々京城ニ
來タ譯カ.

答) 左様テス. 平壤ノ神學校ニ行ク途中兼テ獨立思想ヲ發表セント思ヒ國葬ノ爲メ集合セシ田舎モノヲ煽動スル爲メ京城ニ立寄リタルニ相違アリマセヌ.

問) 要スルニ獨立思想ヲ鼓吹スル説教ヲスル爲メニ 京城ニ來タコトハ相違ナイ譯カ.

答) 夫レニ相違アリマセヌ.

問) 而シテ3月5日 南大門驛ニ至リ汽車ノ昇降客ニ對シ獨立鼓吹ノ演説ヲ爲シタル由ナルカ如何.

答) 夫レニ相違アリマセヌ. 處カ其際2名ノモノカ腕車ニ乘ッテ來マスト群集ハ一齊ニ獨立萬歳ヲ高唱スル故演説ヲ中止セサルヲ得ヌ様ニナリ中止シテ其群集ニ加ハリ萬歳ヲ唱ヘツ、 大漢門迄進行セシ次第テアリマス. (證第115號ヲ示シ)

問) 被告ハ其際或ルモノヨリ獨立旗ヲ貰ヒ人力車ニ乘リ兩手ニテ之ヲ飜ヘシ數百ノ群集ヲ指揮セシ由ナルカ如何.

答) 御示ノ獨立旗ハ初メ 康基德, 金元璧カ南大門驛前ニ於テ人力車ニ乘リ飜シテ群集ヲ指揮シテ居タモノテスカ太平通リニ於テ落シマシタ故被告カ之ヲ拾ノ俥ノ上ニテ擴ケタ譯テ被告カ貰ッタモノテハアリマセヌ. (證第114號ヲ示シ)

問) 南大門驛前ニ於テ被告カ30枚計リヲ群集ニ散布セシ新朝鮮新報ハ之ト同様ノモノカ.

答) 左様テアリマス.

問) 其 新朝鮮新報ハ誰カラ配付ヲ賴マレタカ.

答) 初メ自分カ驛前ニ於テ演説セントシテ居ルト或ル青年カ新聞ヲ配布シテ居リマス故其者ノ持ツ30枚計リヲ引タリテ俥ノ上ニ立チテ被告カ配付シタノテアリマス.

問) 其 新朝鮮新報ハ朝鮮カ獨立スルト云フ國憲紊亂ニ關スル文書
ニシテ治安ヲ妨害スル文書ト知リナカラ配付セシ譯カ.

答) 無論其點ハ承旨シテ配付シマシタ.

更ニ證第114號中新朝鮮民報ト題スル印刷物ヲ示シ

問) 被告ノ配布セシ30餘枚ハ之レト同樣カ.

答) 左樣テス. (證第115號ヲ示シ)

問) 今示シタ 新朝鮮民報及此獨立旗ハ被告ノ手ヨリ押收サレタモ
ノカ.

答) 否. 旗ハ押收サレマシタカ 新朝鮮民報ハ全部配付シテ仕舞ヒ
マシタ.

問) 被告ハ耶蘇傳道師ナルカ何派ニ屬スルカ.

答) 長老派テアリマス.

問) 誰ノ煽動ニヨリ斯カル不穩ノ行動ヲスルコトニナッタカ.

答) 誰ノ煽動モ受ケマセヌ. 唯新聞紙等ニヨリ人道正義 民族自決
主義等ニヨリ現代ハ覺醒セネハナラヌ. 而カモ覺醒シテ計劃
ヲセネハナラヌト考ヘタノテアリマス.

問) 豫審ニ於テハ獨立思想ハ止メヌ故將來モ遺ルト云ッテ居ルカ
今尚其考カ.

答) 正義人道ニヨリ朝鮮獨立ハ可能ト思ヒマシテ爲シタコトテス
カ將來ハ一意傳道ニ從事シ政治ニハ關係致シマセヌ.

問) 宗敎ノ傳道者ハ政治ニ關係ハ出來ヌコトニナッテ居リハセヌ
カ.

答) 自分ハ傳道ニ從事シテ居リマスカ國家ノ一員トシテハ獨立運
動ニ携ハルハ相當ノ理由アリト信シテ居タノテアリマスカ將
來ハ專ラ傳道ニ從事シ政治ニ關係致シマセヌ.

問) 被告等カ謬リタル思想ヲ鼓吹スルトキハ學生等一般ノ迷惑ナ
ルノミナラス國家ノ爲メ非常ナ害惡ヲ及ホスコトニナルカ將
來斷シテ關係セヌカ.

答) 將來斷シテ關係シマセヌ.

被告 卓明淑ニ

問) 被告ハ耶蘇教信者ナルカ何派ニ屬スルカ.
答) 長老派テアリマス.
問) 何レノ學校ヲ卒業シ何時ヨリ看護婦ヲシテ居ルカ.
答) 3年前セブランス學校ヲ卒業シ直ク 救世病院ノ看護婦ニナリ
マシタ.
問) 被告ハ本年3月5日都染洞 呉華英ノ處ニ行キタル由ナル何.
答) 左様テス. 夫レハ私ノ宿テアリマス.
問) 其處ニ行ク途中明月館前ニ於テ多數群集カ獨立萬歲ヲ唱ヘテ
來ルノニ出會シタル由ナルカ如何.
答) 左様テアリマス.
問) 故ニ被告ハ其趣旨ヲ賛同シ該群集ニ參加シ萬歲ヲ唱ヘ鍾路十
字街迄行キ巡査ニ捕ヘラレタ由ナルカ如何.
答) 夫レニ相違アリマセヌ.
問) 豫審テハ將來ノ事ハ分ラヌト云ッテ居ルカ保釋出獄後ノ感想
ハ如何.
答) 病氣テモアリマスカラ自分ノ感想モ分リマセヌ.

被告 金允玉ニ

問) 耶蘇教ハ何派カ.
答) 長老派テアリマス.
問) 本年3月5日 南大門驛前ニ於テ多數群集ト共ニ獨立萬歲ヲ唱
ヘタ由ナルカ如何.
答) 左様テス. 驛前ヨリ群集ト共ニ萬歲ヲ唱ヘ 南大門迄來マシタ
カ制止セラレテ歸リマシタ.
問) 豫審テハ將來斯カルコトハセヌト云フカ如何.
答) 將來ハ致シマセヌ.
問) 朝鮮ノ獨立ヲ希望シテ萬歲ヲ唱ヘタコトハ相違ナイカ.

答) 相違アリマセヌ.

被告 林東乾二

問) 耶蘇教ハ何派カ.
答) 聖公會テアリマス.
問) 本年3月1日午後2時頃學校道具ヲ買フ爲メ鍾路迄行キタル由ナルカ如何.
答) 左樣テアリマス.
問) 處カ鍾路ニ於テ多數群集カ 獨立宣言書ヲ讀ンテ居ルモノカアッタノテ其中ニ加ハリ萬歲ヲ唱ヘタ由ナルカ如何.
答) 夫レニ相違アリマセヌ.
問) 而シテ共ニ萬歲ヲ唱ヘツヽ 南大門, 米國領事舘, 大漢門, 佛國領事舘ヲ經テ再ヒ大漢門ニ來タリ長谷川町, 明治町ヲ經テ東拓附近迄行キ捕ヘラレタル由ナルカ如何.
答) 夫レニ相違アリマセヌ.
問) 豫審ニテハ將來ハセヌト云ッテ居ルカ如何.
答) 將來ノ事ハ分リマセヌ.
問) 現在ノ考ハ如何.
答) 今ノ考テハ將來遣ラヌ考テス.

被告 韓戶石二

問) 被告ハ無宗敎カ.
答) 左樣テス.
問) 被告ハ本年3月1日學校ヨリ歸途壽松洞ニ於テ獨立萬歲ヲ唱ヘテ來ル群集ニ出會セシ由ナルカ如何.
答) 西大門通リテ出會シマシタ.
問) 壽松洞ニ於テ示威運動ノコトヲ聞キ 西大門通リ迄追縣ケ群集ニ逢ヒタル譯カ.

問) 答) 左様テアリマス.

答) 左様テアリマス.
問) 而シテ該群集ニ加ハリ獨立萬歳ヲ唱ヘ 佛國領事舘, 西大門町, 大漢門前, 長谷川町, 本町, 黃金町方面ヲ經テ鍾路ニ至リ歸ッタ譯カ.
答) 左様テアリマス.
問) 尚3月4日夜投書アリテ明日午前9時 南大門外ニ於テ萬歳ヲ唱フルヨリ參加セヨト云フ通知カアッタ趣ナルカ如何.
答) 左様テアリマス.
問) 夫レテ3月5日被告ハ 南大門驛前ニ至リタル處赤布ヲ配付スルモノアリテ多數群集ハ赤布ヲ振リ萬歳ヲ唱ヘ金元璧, 康基德ハ腕車ニ乗リ獨立旗ヲ立テ、萬歳ヲ唱ヘ數百名ノモノカ騒キ廻リ居タル由ナルカ如何.
答) 夫レニ相違アリマセヌ.
問) 被告ハ之ニ加入シ萬歳ヲ唱ヘツ、 南大門驛ヨリ南大門迄行キ巡査ニ制止セラレテ歸リタル由ナルカ如何.
答) 左様テアリマス.
問) 前夜ノ投書ニ 太極旗ヲ作リ持チ來タレト書キアリシヨリ友人ト共ニ紙ニテ太極旗ヲ作リタル由ナルカ如何.
答) 通知ハアリマセヌカ紙ニテ 太極旗ヲ作リマシタカ持ッテハ行キマセヌテシタ.
問) 豫審テハ將來斯カルコトヲセヌト云ッテ居ルカ如何.
答) 將來ハ致シマセヌ.

被告 金承濟ニ

問) 宗敎ハ如何.
答) 無宗敎テス.
問) 本年3月1日學校ヨリ歸途午後3時頃 光化門前ニ於テ獨立萬歳ヲ高唱シ來タル群集ニ會シタル由ナルカ如何.

答) 夫レニ相違アリマセヌ.

問) 而シテ該群集ト共ニ萬歳ヲ唱ヘツ丶 佛國領事舘, 西小門町, 朝鮮銀行前ニ至リ鍾路迄來テ警官ニ制止セラレ歸リタル由ナルカ左様カ.

答) 左様テアリマス.

問) 尙3月5日鍾路十字街ニ於テ獨立萬歳ノ群集ニ會シ之ニ加入シテ萬歳ヲ唱ヘ直ク逮捕セラレタ由ナルカ如何.

答) 夫レニ相違アリマセヌ. 南大門外ニテ出會シ之ニ加入シ萬歳ヲ唱ヘテ鍾路迄來マシタ.

問) 其際被告ハ赤布ヲ振リ廻シ萬歳ヲ唱ヘタ由ナルカ如何.

答) 左様テアリマス. 而シテ其赤布ハ逮捕セラレタ際押收サレマシタ. (證第112號ヲ示シ)

問) 之レヲ振リ廻シテ騷イタ譯カ.

答) 其中ノ1ツテアルト思ヒマス.

問) 要スルニ朝鮮ノ獨立ヲ希望シテ不穩ノ行動ニ出テタモノカ.

答) 左様テス.

問) 將來謹愼ヲ表スルカ.

答) 今ノ考テハ遣ラヌ積リテス.

被告 金昌湜ニ

問) 宗敎ハ如何.

答) 無宗敎テス

問) 本年3月4日晚明日 南大門驛ニ於テ獨立萬歳ヲ唱ヘ示威運動ヲ爲スト云フ咄ヲ聞キタル趣ナルカ如何.

答) 夫レニ相違アリマセヌ.

問) 而シテ3月5日午前9時頃 南大門外ニ行キタル譯カ.

答) 行キマシタ.

問) 問處カ多數群集カ獨立旗ヲ樹テ赤布ヲ振リ2人カ腕車ニ乘リ

テ群集ヲ指揮シ獨立萬歳ヲ唱ヘテ居タ由ナルカ如何.

答) 夫レニ相違アリマセヌ.

問) 被告ハ 南大門驛前ニ於テ該群集ニ加入シ萬歳ヲ唱ヘナカラ靑木堂邊迄來テ逮捕サレタ由ナルカ如何.

答) 夫レニ相違アリマセス.

問) 要スルニ獨立ヲ希望シ該示威運動ニ加ハリタル譯カ.

答) 左様テアリマス.

問) 將來モ騷キク考カ.

答) 將來ハ騷キマセヌ.

被告 金瀁秀ニ

問) 本年3月1日午後2時半頃 パコタ公園ニ行キ獨立萬歳ヲ唱ヘタ譯カ.

答) 多數群集ト共ニ萬歳ヲ唱ヘマシタ.

問) 而シテ群集ト共ニ萬歳ヲ唱ヘナカラ鍾路ニ出テ 大漢門迄行キテ歸リタル譯カ.

答) 左様テアリマス.

問) 檢事ニ對シテ後悔シテ居ル故決シテ將來ハ遣ラヌト云ヒ豫審ニ於テハ僞リテ將來モ遣 ルト云ッテ居ルカ如何.

答) 人ノ思想ハ一定不變ノモノニアラス, 或時ハ遣ル考ヲ持チ或時ハ遣ラヌ考ヲ持ツ等區々テアリマスカ現在テハ遣ラヌ積リテス.

被告 李翼鍾ニ

問) 宗敎ハ如何.

答) 無宗敎テス.

問) 本年3月1日學校ニ於テ パコタ公園ニ遊ヒニ行ク勸誘ヲ受ケタ由ナルカ如何.

答) 咸泰鴻ヨリ勸メラレマシタ.

問) 而シテ同日　パコタ公園ニ遊ヒニ行クト獨立宣言カアッタ譯カ.

答) 左樣テアリマス.

問) 而シテ群集カ獨立萬歲ヲ唱ヘル故被告ハ嬉シサノ餘リ其群集ニ加入シ萬歲ヲ唱ヘテ　大漢門前迄行キタル趣ナルカ如何.

答) 夫ルニ相違アリマセヌ.

問) 大漢門ノ處ニ於テ一旦群集ニ別レ毎日新聞社ノ前ヨリ黃金町ヲ經テ歸途昌德宮前ニ於テ示威運動ヲ爲スニ會シ之レニ參加シタル由ナルカ如何.

答) 夫レニ相違アリマセヌ. 而シテ　東大門迄萬歲ヲ唱ヘテ行キマシタ.

問) 而シテ3月15日逮捕セラレ鍾路4丁目派出所ニ於テ外ノモノハ捕ヘラレテ居ル際ニ逃ケタ趣ナルカ如何.

答) 左樣ナコトハアリマセヌ.

問) 鍾路4丁目巡査派出所ニ於テ萬歲ヲ唱ヘ捕ヘラレテ居ルモノヲ助ケテ吳レト云ヒ巡査ニ交涉セシ由ナルカ如何.

答) 鍾路4丁目派出所前ニ來ルト浦ヘラレテ居ルモノカアリマス故放還シテ吳レト交涉シタルニ相違アリマセヌ.

問) 而シテ3月15日ニ至リ逮捕セラレタ譯カ.

答) 左樣テアリマス.

問) 將來斯カル運動ニ加入スル考カ.

答) 將來ハ加入シマセヌ.

問) 尙被告ハ通行人ニ對シ, シ切リニ萬歲ヲ唱ヘルコトヲ勸メタ趣ナル如何.

答) 巡査補ニ對シ獨立ニナルハ非常ニ喜フヘキコト故賀スヘキテハナイカト　東亞煙草會社ノ手前ノ派出所テ咄シタノテス.

問) 外ノモノニ勸メルニハ及ハヌテナイカ.

答) 餘リ嬉シカッタ故勸メタノテス.

問) 被告ハ3月5日ノ示威運動ニハ加ハラヌカ.

答) 其時ハ加ハリマセヌ.

被告 朴勝英ニ

問) 被告ハ專修學校3年生カ.

答) 左様テス.

問) 本年2月10日頃被告ノ學校テ文某カ喪章ヲ付セス登校セシヨリ喧嘩ヲセシ由ナルカ如何.

答) 左様ナ事實カアリマス.

問) 李太王殿下薨去後ノ事テアルノニ喪章ヲ付セサルハ失敬テアルト云ッテ毆ッタ由ナルカ如何.

答) 左様ノ事實ノアッタコトヲ聞イテ居リマス.

問) 爲メニ 吾孫子(アビコ)校長ヨリ停學處分ニ處セラレタ由ナルカ如何.

答) 私テハアリマセヌカ2人停學サレマシタ.

問) 其事ニ付キ 孫漢瑄 ・ 金秉秀 ・ 許瑨 ・ 玄堪 ・ 鄭求瑢等カ委員トナリ校長ニ停學取消ノ談判ヲ爲シタル由ナルカ如何.

答) 自分ハ參加セヌ故精シクハ分リマセヌカ後ニ左様ナコトノアリタルヲ承知シマシタ.

問) 朴潤夏ト崔某カ改ッテ停學ニナッタ譯カ.

答) 左様ニ聞キマシタ.

問) 爲メニ2月10日頃ヨリ紛議ヲ生シ居リ一面獨立示威運動ノ咄カ持上ッタ譯カ.

答) 獨立示威運動ノ咄ハ3月始メカ2月末頃ニナッテ始メテアッタノテス.

問) 被告ハ之レニ賛成シ本年3月1日午後2時10分頃 パコタ公園ニ赴キタル由ナルカ如何.

答) 左様テアリマス.

問) 處カ數萬ノ群集カ居テ六角堂ニ於テ 獨立宣言書ヲ朗讀シ群集カ萬歳ヲ唱ヘルノテ被告モ之ニ加ハリ鍾路ヲ經テ南大門ニ至リ夫ヨリ西大門, 貞洞, 大漢門前ヲ經テ再ヒ鍾路ニ至リ光化門, 西大門ヲ經テ佛國領事舘前ニ至リ西小門, 大漢門前, 長谷川ヲ經テ本町ニ至リ明治町ニ於テ逮捕セラレタ由ナルカ如何.

答) 左樣テアリマス.

問) 其間獨立萬歳ヲ唱ヘ狂奔セシ譯カ.

答) 左樣テアリマス.

問) 其際被告ハ群集ト共ニ 佛國領事舘ニ入シヤ.

答) 入リマシタ.

問) 而シテ領事カロノニ逢ヒ 民族自決主義ニヨリ獨立ヲ發表セシ故本國ニ通知シテ貰ヒタイト云ヒタル由ナルカ如何.

答) 左樣テアリマス. 單ニ意思表示ヲ爲シタルノミテ承諾ヲ求メタノテハアリマセヌ.

問) 而シテ 米國領事舘ニモ行キシ譯カ.

答) 行キマセヌ.

問) 豫審テハ 米國領事舘ニモ行ッタ樣ニ申立テ, 居ルテハナイカ.

答) 領事舘ノ前ニ行ッタノテス.

問) 如何ナル譯テ左樣ニ騷キ廻ルニ至ッタカ.

答) 其當時獨立運動ニ參加セシ心理狀態カ自分ナカラ今尚分ラヌノテアリマス.

問) 法律學校ノ3年生トシテ國際公法モ習ッテ居ルナランカ. 而カモ佛國領事ニ迄逢ッテ居ル位テアルカラ餘程熱心ノ樣ニ見ヘルカ如何.

答) 自分カ今考ヘテモ當時ノ勢ハ餘程克カッタロート思ヒマスカ自分ナカラ解シ兼ヌルノテ要スルニ其時ノ勢ニ乘シテ喧鬧シ廻ッタニ過キヌノテアリマス.

被告 鄭求喆ニ

問) 本年3月1日被告方ヘ 尹滋英カ來タ趣ナルカ如何.

答) 左様テアリマス.

問) 而シテ同日午後2時 パコタ公園ニ於テ獨立宣言ノアルコトヲ
聞キ同日午後1時半頃尹滋瑛ト共ニパコタ公園ニ行キタル由ナ
ルカ如何.

答) 左様テアリマス.

問) 姑クスルト六角堂ニ於テ 孫秉熙外32名ノ獨立宣言書ヲ朗讀
スルモノアリ, 宣言書ヲ配付スルモノアリタルヨリ被告ハ獨
立運動ナルト思ヒ之ニ賛成シ群集ト共ニ獨立萬歳ヲ唱ヘタ趣
ナルカ如何.

答) 夫レニ相違アリマセヌ.

問) 而シテ該群集ト共ニ鍾路通リニ出テ萬歳ヲ唱ヘツ、 普信閣ノ
前迄行キテ歸リタル由ナルカ如何.

答) 夫レニ相違アリマセヌ.

問) 豫審ニ於テ將來見込カアレハ監獄ニ覺悟テ遣ルト云ッテ居ル
カ左様カ.

答) 左様テアリマス. 今平和ノ時代ニ朝鮮カ日本ニ合併セラレ如
何ニシテモ同化セヌトスレハ朝鮮ハ朝鮮テ獨立シ朝鮮, 支那,
日本ノ3國カ提携シテ白人ニ對セネハナラヌト云フ感想ヲ持ッ
テ居ルノテアリマス. 唯今ハ惡カリシト改煥シテ居リマス.

問) 何時保釋出獄シタカ.

答) 本年8月テアリマス.

被告 康龍田ニ

問) 宗教ハ如何.

答) 無宗敎テス.

問) 本年3月1日學校ニ於テ獨立運動ノ咄ヲ聞イタカ.

答) 聞キマセヌ.

問) 京城高等普通學校2年生カ.

答) 左樣テス.

問) 其際同盟休校ノ咄カアッタカ.

答) 左ル咄ハ聞キマセヌ.

問) 本年3月1日午後2時下宿ニ居ルト萬歲ノ聲カ聞ヘルノテ 大漢門前迄行キタルニ多數群集カ獨立萬歲ヲ唱ヘテ居ルニ會ヒ嬉シサノ 餘リ之ニ加入セシ趣ナルカ如何.

答) 夫レニ相違アリマセヌ.

問) 而シテ萬歲ヲ唱ヘツヽ萬歲ヲ唱ヘナカラ 京城郵便局前迄行キ群集ニ分レ黃金町ニ於テ逮捕セラレタ由ナルカ如何.

答) 夫レニ相違アリマセヌ.

問) 將來ハ如何ニスル考カ.

答) 將來ハ加入シマセフ.

被告 柳近永二

問) 宗敎ハ如何.

答) 無宗敎テス.

問) 本年3月4日明日 南大門外ニ於テ學生團ノ第2回運動ヲ爲スコトヲ聞キタル由ナルカ如何.

答) 左樣テアリマス.

問) 而シテ同月5日午後9時 南大門驛前ニ行キタル由ナルカ如何.

答) 左樣テアリマス.

問) 處カ數百人ノ群集カ獨立萬歲ヲ唱ヘテ居ルノテ被告ハ其趣旨ニ參同シ該群集ニ加ハリ獨立萬歲ヲ唱ヘツヽ 朝鮮銀行前迄來テ捕ヘラレタ由ナルカ如何.

答) 夫レニ相違アリマセヌ.

問) 何時保釋ニナッタカ.

答) 8月保釋ニナリマシタ.

問) 豫審ニ於テ獨立ノ時機カ來レハ遣ル積リテアルト云ッテ居ル
　　カ其通リカ.

答) 其通リニ相違アリマセヌ.

問) 保釋出獄後ノ感想ハ如何.

答) 今モ同様テアリマス.

問) 如何ナル點ニ不平カアルカ.

答) 別段不平ハアリマセヌ. 自分ハ總督政治ニ不平故獨立シタイ
　　ト云フ小ナル問題ニアラスシテ物ニハ自己心カアリマスカラ
　　朝鮮半島モ亦此自己心ニヨリ獨立ヲ希望スルノテアリマス.

被告 朴喜鳳ニ

問) 當時被告ハ病氣テアッタ譯カ.

答) 左様テアリマス.

問) 金景熙等ト同宿シテ居ルカ.

答) 左様テアリマス.

問) 本年3月1日散歩ニ出テ鍾路十字街迄行クト群集カ萬歳ヲ唱ヘ
　　テ來ルノニ出會セナシ由ナルカ如何.

答) 夫レニ相違アリマセス.

問) 被告ハ其趣旨ヲ贊同シ該群集ニ加ハリ獨立萬歳ヲ唱ヘナカラ
　　武橋町, 大漢門, 米國領事舘前ヲ通リ引返シテ昌德宮前, 佛國
　　領事舘, 西小門町, 長谷川町方面ヲ經テ本町2丁目迄行キ捕ヘ
　　ラレタ由ナルカ如何.

答) 夫レニ相違アリマセヌ.

問) 將來モ斯カル運動ニ參加スルカ.

答) 今後ハ決シテ參加シマセヌ.

被告 朴炳元ニ

問) 全東煥ヲ知ルカ.

答) 知ッテ居リマス.

問) 朴俊榮ヲ知ルカ.

答) 知ッテ居リマス.

問) 本年3月1日同人等カ學校ノ休憩時間ニ生徒30餘名ヲ集メ獨立
運動ニ賛成セヨト云ヒタル由ナルカ如何.

答) 左様テアリマス. 而シテ皆賛成シマシタ.

問) 而シテ同日午後3時頃 京城郵便局前ニ於テ獨立萬歳ヲ唱ヘ狂
奔セル群集ニ出會シ其中ニ加ハリ獨立萬歳ヲ唱ヘテ居ル處ヲ
逮捕セラレタ趣ナルカ如何.

答) 夫レニ相違アリマセヌ.

問) 勿論獨立ヲ希望シテ該示威運動ニ加ハリタルニ相違ナイカ.

答) 夫レニ相違アリマセヌ.

問) 豫審ニ於テハ別ニ不平ハナイト云ッテ居ルカ其通リカ.

答) 何ノ不平モアリマセヌ.

被告 李亨永ニ

問) 本年3月1日學校ニ於テ獨立示威運動ノアルコトヲ聞キタル由
ナルカ如何.

答) 左様テアリマス.

問) 而シテ同日鍾路十字街ニ於テ多數群集カ獨立萬歳ヲ唱ヘ示威
運動ヲ爲スニ會シ之ニ參加セシ趣ナルカ如何.

答) 左様テアリマス. 該示威運動ニ參加シ獨立萬歳ヲ唱ヘ同所ヨ
リ 大漢門前ヲ經テ本町入口迄行キマシタ.

問) 被告ハ3日間學校ニ於テ各學生ニ對シ今日午後2時 パコタ公
園ニ於テ獨立宣言アル旨ヲ告ケタルノミナラス3月5日獨立運
動アルコトヲ學生ニ告ケタル由ナルカ如何.

答) 左様申シテ各學生ニ勸誘シマシタ.

問) 將來モ尙騒ク考ヲ持ッテ居ルカ.

答) 現在テハ騷ク考ハアリマセヌ.

被告 孫洪吉ニ

問) 本年3月1日學校ニ於テ獨立運動ノ呶ヲ聞キタル由ナルカ如何.

答) 左様テアリマス.

問) 而シテ同日 パコタ公園ニ於テ多數群集カ獨立萬歳ヲ唱ヘ狂奔スルニ會シ之ニ参加シ光化門通リ朝鮮歩兵隊ノ前迄萬歳ヲ唱ヘテ行ッタ由ナルカ如何.

答) 夫レニ相違アリマセヌ.

問) 將來モ亦斯カル運動ニ加入スルカ.

答) 將來ハ参加セヌ覺悟テス.

問) 豫審ニ於テハ將來参加セヌ故寬大ノ處分ヲ乞フト云ッテ居ルカ其通リカ.

答) 將來ハ斷シテ参加シマセヌ故寬大ノ處分ヲ願ヒマス.

被告 朴瑛羲ニ

問) 本年2月20日頃 韓偉鍵ヲ訪ネタカ.

答) 其頃 韓偉鍵ヲ逢ッタコトカアリマス.

問) 而シテ 李承晩カ巴里ニ行キ獨立運動ヲスルト云フ呶ヲ聞イタカ.

答) 私カラ其事ヲ尋ネタノテス.

問) 尙 東京ノ留學生カ獨立運動ヲスルコトヲ尋ネタ譯カ.

答) 左様テアリマス. 處カ 韓偉鍵ハ克ク知ラヌカ一般學生間ニモ其事カ問題ニナッテ居ルト云ヒマシタ.

問) 本年3月1日午後2時 パコタ公園ニ於テ獨立宣言ノアルコトヲ知リ同時刻該公園ニ行キ多數群集ト共ニ獨立萬歳ヲ唱ヘ鍾路ヨリ大漢門前迄行キ歸リタル由ナルカ如何.

答) 夫レニ相違アリマセヌ .

問) 今日ハ如何ニ考ヘテ居ルカ.

答) 私ハ元來政治上ノ智識ハナイノテスカラ何等自信ナクテ3月1日輕擧ニ出テタコトカ克ク分リマシタ故將來決シテ斯カルコトニ加ハリマセヌ.

被告 尹基誠ニ

問) 本年3月1日　金元璧ニ逢ヒ本日パコタ公園ニ於テ獨立宣言アリト聞キタル由ナルカ如何.

答) 單ニ同人ヨリ集リカアルカラ公園ニ出ヨト云ハレタノテアリマス.

問) 夫レテ同日　パコタ公園ニ赴イタカ.

答) 行キマセヌ. 自分ハ同日午後4時頃　佛國領事舘前ノ湯ニ入ッテ居リマスト其前ニ於テ萬歲ヲ唱ヘマス故出テ, 其群集ニ加ハリ獨立萬歲ヲ唱ヘテ西小門, 長谷川, 朝鮮銀行迄行キ歸リマシタ.

問) 豫審ニ於テハ將來ハ遣ラヌト云フカ其通リカ.

答) 將來ハ決シテ遣リマセヌ.

被告 李時英ニ

問) 本年3月1日鍾路靑年會前ニ於テ多數群集カ獨立萬歲ヲ唱ヘ狂奔スルニ會シタルニ萬歲ヲ唱ヘヨト云フ故該群集ニ加ハリ萬歲ヲ唱ヘタ由ナルカ如何.

答) 夫レニ相違アリマセヌ.

問) 其前2月27・8日頃　張漢俊ヨリ獨立運動ノ計劃アルコトヲ聞キタル由ナルカ如何.

答) 左樣テアリマス.

問) 其事ヲ聞キ居ル折柄獨立示威運動ノ群集ニ逢ヒタル故贊成シテ萬歲ヲ唱ヘタ譯カ.

答）夫レニ相違アリマセヌ.

問）尚3月4日 孫漢俊カ被告方ニ來タリ明日南大門驛前ニ於テ獨
　　立運動カアルト咄シタル由ナルカ如何.

答）其咄カアリマシタ.

問）全玉玦ヲ知ルカ.

答）知ッテ居リマス.

問）3月5日 全玉玦カ赤布3枚ヲ被告ニ渡シ他ノ學生ニ配付シテ吳
　　レト云ヒタル由ナルカ如何.

答）全玉玦カ3枚持チ來タリ同宿シテ居ルモノカ3人各自ニ貰ッタ
　　ノテ私カ配付シタノテハアリマセヌ.

問）被告ハ赤布3枚ヲ受取リ 吉元鳳, 崔完奎ニ1枚宛配付シ南大門
　　驛ニ行カントスル處へ書留郵便カ來タ譯テナイカ.

答）夫レニ相違アリマセヌ. 爲メニ其日ノ示威運動ニハ參加シマ
　　セヌテシタ.

問）將來尚斯ノ如キ運動ニ加入スル積リカ.

答）再ヒ斯カル行動ハ致シマセヌ.

被告 崔康潤ニ

問）本年3月1日學校ニ於テ午後2時 パコタ公園ニ於テ獨立宣言ノ
　　アルコトヲ聞キタル由ナルカ如何.

答）左樣テアリマス.

問）而シテ午後2時頃皆ノ生徒カ行キシ故共ニ公園ニ行キタル譯
　　カ.

答）左樣テアリマス.

問）處カ六角堂ニ於テ 孫秉熙外32名ノ獨立宣言書ヲ朗讀スルモ
　　ノアリ, 宣言書ヲ散布スルモノアリテ多數群集カ獨立萬歲ヲ
　　唱ヘル故被告モ之ニ贊同シ萬歲ヲ唱ヘテ歸リタル由ナルカ如
　　何.

答) 其日午後2時　パコタ公園ニ行キシコトハ相違アリマセヌカ萬歳ヲ唱ヘタコトハアリマセヌ.

問) 豫審ニ於テ被告ハ其日午後2時　パコタ公園ニ行キタルニ多數群集合シテ六角堂ニ於テ宣言書ノ朗讀カアリ,　惑人ハ宣言書ヲ散布シ,　又群集ハ拍手シ獨立萬歳ヲ唱ヘ居タ故自分モ萬歳ヲ唱ヘタカ其日自分ハ權德仲ヲ案内シテ歩クコトニナッテ居タ故公園ニテ萬歳ヲ唱ヘタ丈テ歸リマシタト云ッテ居ルカ如何.

答) 左様テアリマセヌ.

問) 3月4日　蔡順秉, 金宗鉉ト共ニ3月5日午前8時30分南大門驛前ニ集合スヘキ旨炭酸紙ヲ用ヒテ書キタル由ナルカ如何.

答) 夫レニ相違アリマセヌ.

問) 半紙約200枚ヲ買ヒ之ヲ半切シテ400枚ヲ3人ニテ復寫セシ譯カ.

答) 左様テアリマス.

問) 而シテ3月4日晩之ヲ配付セシ譯カ.

答) 左様テス. 壽松洞ノ學生下宿屋ヘ若干配付シテ歸リマシタ.

問) 而カモ其通知書ニハ明日　太極旗ヲ作ッテ出ヨト書キテル由ナルカ如何.

答) 夫レニ相違アリマセヌ.

問) 而シテ3月5日　南大門驛前ニ於ケル示威運動ニ參加シ獨立萬歳ヲ唱ヘタコトハ相違ナイカ.

答) 遲ク行キマシタカ　南大門ノ處テ群集カ萬歳ヲ唱ヘ巡査ニ制止サレテ居ルノヲ見物セシノミテ私ハ萬歳ヲ唱ヘマセヌ.

問) 被告ハ豫審ニ於テ3月5日　南大門外ニ行クト朝鮮獨立ト記載セル旗ヲ持チ腕車ニ乘リタル2人ノ者カ先登ニ立チ獨立萬歳ヲ唱ヘテ來マシタカラ自分モ該群集ニ加ハリ獨立萬歳ヲ唱ヘツ、南大門内ニ入リタルニ巡査ニ制止セラレ歸ッタ旨供述シテ居ルカ如何.

答) 毎日新聞社前テ旗ヲ群集カ持チ萬歳ヲ唱ヘテ居タト申シマシタノテス.

（證第155號ヲ示シ）

問) 此炭酸紙テ通知書ヲ復寫セシ譯カ.

答) 左様テアリマス.

問) 誰ノモノカ.

答) 金宗鉉ノ所有テフリマス. そして

（證第156號ヲ示シ）

問) 之ヲ下ニ敷キテ復寫セシ譯カ.

答) 左様テス. 而シテ夫レハ 蔡順秉ノ所有テス.

（證第157號ヲ示シ）

問) 此骨筆ニテ書イタカ.

答) 夫レニ相違アリマセヌ. 而シテ骨筆ハ 金宗鉉ノ所有テス. （證第154號ヲ示シ）

問) 而シテ出來上ッタ物カ之レカ.

答) 夫レニ相違アリマセヌ.

問) 明5日 南大門附近ニ集合シ午前9時ノ喇叭一聲ニ我2,000萬同胞ハ準備シ置キタル太極旗ヲ持　チ午前8時半迄ニ集合スルコト、云フ意味カ.

答) 左様テアリマス.

問) 斯カル物ヲ摺リ配付シテ居ル位故3月5日ニ行カヌハ信セラレヌテナイカ.

答) 行キマシタカ遲カリシ爲メ見物シテ歸ッタノテス.

被告 蔡順秉ニ

問) 本年3月2日 獨立新聞ヲ見テ孫秉熙等カ獨立宣言セシコトヲ知リタル由ナルカ如何.

答) 夫レニ相違アリマセヌ.

問) 3月5日學生等カ第2回示威運動ヲ爲スコトヲ 崔康潤, 金宗鉉
ト共謀シ炭酸紙ヲ以ッテ約400枚ヲ復寫シ配付セシ由ナルカ
如何.

答) 夫レニ相違アリマセヌ.

(證第155號, 156號, 157號ヲ示シ)

問) 半紙, 骨筆, 炭酸紙ハ 金宗鉉カ買ヒ板ハ被告ノ所有ナル由ナ
ルカ如何.

答) 夫レニ相違アリマセヌ.

問) 之ヲ皆使用シテ復寫セシ譯カ.

答) 左樣テス.

(證第154號ヲ示シ)

問) 而シ出來上リタルハ之レカ.

答) 左樣テス.

問) 其意味ハ5日午前8時半 南大門附近ニ集合シ午前9時ノ喇叭一
聲ニ我2,000萬同胞ハ準備シ置キシ太極旗ヲ持チ集合スルコ
ト丶云フ意味カ.

答) 左樣テアリマス.

問) 而シテ被告ハ何レヘ配付シタカ.

答) 昭格洞ノ鮮人民家數十戸ニ投入配付シマシタ.

問) 而シテ3月5日旗ヲ立テ赤布ヲ振リ數百名ノ群集ノ 南大門外
ニ於ケル獨立運動ニ參加シ獨立萬歲ヲ唱ヘタ譯カ.

答) 左樣テアリマス.

問) 其際 崔康潤モ金宗鉉モ該運動ニ加ハッテ居タカ.

答) 別々故同人等カ居タカ否分リマセヌ.

問) 誰カ云出シテ復寫スルコトニナッタカ.

答) 途中或人ヨリ聞イテ摺ルコトニナッタノテス.

問) 被告ノ父ハ靈光郡守カ.

答) 左樣テアリマスカ今ハ罷メマシタ.

問) 被告カ斯カル不穩ノ行動ヲ爲セシ爲メ責任ヲ負フテ識ヲ辭シ

タノテハナイカ.

問) 其點ハ分リマセヌ.

問) 通信ハナイカ.

答) 一度アリマシタ.

問) 被告ハ長男カ.

答) 左様テス.

被告 金宗鉉ニ

問) 宗教ハ如何.

答) 無宗教テス.

問) 本年3月1日 パコタ公園ニ多數群集シテ獨立萬歳ヲ唱ヘルノ
テ被告モ萬歳ヲ唱ヘタ由ナルカ如何.

答) 萬歳ヲ唱ヘタニ相違アリマセヌカ自分ハ獨立ニナッタト思ヒ
嬉シサニ堪ヘスシテ萬歳ヲ昌ヘタノテス.

問) 而シテ群集ト共ニ萬歳ヲ昌ヘツ、鍾路, 南大門, 義州通リ, 米
國領事舘, 大漢門, 光化門, 佛國領事舘, 西小門町, 長谷川町ヲ
經テ本町ノ入口迄行キ警官ニ制止セラレテ歸リタル由ナルカ
如何.

答) 夫レニ相違アリマセヌ.

問) 尙3月4日ニ明5日 南大門外ニ於テ多數集合シ萬歳ヲ唱ヘル咄
ヲ聞キタル由ナルカ如何.

答) 夫レニ相違アリマセヌ.

問) 故ニ 蔡順秉, 崔康潤ト共謀シ其旨ノ通知書ヲ作リタル由ナル
カ如何.

答) 鍾路ヲ通ッテ居リマスト或者カ斯カル時代ニ勉强シテ居ルカ,
時機愈々到來セシ故活動シテ吳レ付テハ明日 南大門驛前ニ集
マルコトノ通知ヲシテ吳レト云ハレ御訊ノ如ク通知書ヲ作ル
コトニナッタノテス.

問) 其處テ被告ハ半紙, 炭酸紙, 骨筆ヲ買ッテ來タ譯カ.

答) 惣テ自宅ニアッタモノテアリマス.

(證第154號ヲ示シ)

問) 而シテ如斯通知書400枚ヲ復寫セシ譯カ.

答) 左様テアリマス. 自宅ニアリタル半紙ヲ用ヒテ復寫致シマシタ.

(證第155號, 156號, 157號ヲ示シ)

問) 其復寫ニ用ヒタルモノカ.

答) 左様テアリマス. 而シテ惣テ被告所有テアリマス.

問) 而シテ3人別々ニ配付セシ譯カ.

答) 左様テアリマス. 而シテ自分ハ中學洞ノ學生下宿屋數十戶ニ投入配付シマシタ.

問) 3月5日集合スル様人ニ通知スル位故同日　南大門外ニ行ッタカ.

答) 行キマシタカ時間カ遅レテ間ニ合ヒマセヌテシタ.

問) 左様ニアラスシテ同日　南大門外迄行キタル處獨立萬歲ヲ唱ヘテ來ル群集ニ逢ヒ之ニ參加シ萬歲ヲ唱ヘテ南大門迄行進シ制止セラレテ歸リタル旨豫審ニ申立テ、居ルテハナイカ.

答) 否. 申シマセヌ.

被告 鄭泰和ニ

問) 3月1日學校ニ於テ　全東煥ヨリ本日パコタ公園ニ於テ獨立宣言カアル故學生ハ參加セヨト云フ咄カアリタル由ナルカ如何.

答) 左様テアリマス.

問) 夫レテ同日午後2時頃 パコタ公園ニ行キ譯カ.

答) 左様テアリマス.

問) 而シテ門ノ處迄行クト群集カ獨立萬歲ヲ唱ヘテ公園ヲ出ル處テアッタ譯カ.

答) 左様テアリマス.

問) 其處テ被告ハ之レニ加入シ獨立萬歳ヲ唱ヘツヽ鍾路ヨリ 大漢
門迄行キテ歸リタル由ナルカ如何.

答) 夫レニ相違アリマセヌカ萬歳ヲ唱ヘマセヌ.

問) 司法警察官並ニ檢事ニ對シテ萬歳ヲ唱ヘタト云ッテ居ルテハ
ナイカ.

答) 唯跟イテ行ッタ丈テアリマス.

問) 要スルニ煽動スル人アリタル爲メ該示威運動ニ跟イテ步イタ
ト云フ譯カ.

答) 左樣テアリマス.

問) 將來モ斯カル運動ニ參加スルカ.

答) 將來ハ加ハリマセヌ.

被告 崔平楫ニ

問) 本年3月1日西小門附近ニ於テ 金元璧ニ出會セシコトカアル
カ.

答) アリマス.

問) 處カ同人カ云フニハ本日午後2時 パコタ公園ニ於テ天道教耶
蘇教カ朝鮮獨立宣言ヲスル故行カヌカト勸メタ由ナルカ如何.

答) 夫レニ相違アリマセヌ.

問) 故ニ同時刻公園ニ行キ多數群集ニ加ハリ獨立萬歳ヲ唱ヘタ譯
カ.

答) 夫レニ相違アリマセヌカ身體ノ工合カ惡カッタ爲メ公園內テ
獨立萬歳ヲ唱ヘタノミテ歸宅シマシタ.

問) 其歸途 孫秉熙外32人名ノ獨立宣言書ヲ持ッタモノアリテ夫
レヲ見タ趣ナルカ如何.

答) 左樣テアリマス.

問) 本年3月5日 セブランス病院ニ行ッタカ.

答) 左樣テアリマス. 同院ニ行キ歸途朝鮮ホテルノ處テ逮捕サレ

マシタ.

問) 其處テ女學生等ノ萬歳ヲ唱ヘテ居タ故之レニ參加シ萬歳ヲ唱ヘル處ヲ逮捕セラレタ譯テナイカ.

答) 其處テ自分1人獨立萬歳ヲ唱ヘ逮捕サレタノテアリマス.

問) 如何ナル機會ニ萬歳ヲ唱ヘタカ.

答) 午前10時頃 南大門邊ニテ示威運動カアッタ爲メ多數ノモノカ巡査ニ捕ヘラレテ來ルヲ朝鮮ホテルノ處テ見テ居リ之レニ憤慨シテ獨立萬歳ヲ唱ヘタノテアリマス.

問) 要スルニ第1ノ點ハ豫審終結決定ノ通リ第2ノ點ハ單獨ニテ唱ヘタト云フ譯カ.

答) 夫レニ相違アリマセヌ.

問) 保釋後如何ニシテ居タカ.

答) 郷里ニ歸ッテ居リマシタ.

問) 將來モ斯カル不穩ノ行動ヲスル考カ.

答) 今ノ考ハセヌ積リテス.

被告 孫悳基ニ

問) 本年3月1日學校ヨリ歸途生徒一同カ パコタ公園ニ行ク故跟イテ行ッタ趣ナルカ如何.

答) 自分ノ家カ 東大門ノ方テスカラ歸ル途中パコタ公園ニ多數集ッテ居リマシタ故見物シテ居マシタ.

問) 處カ群集カ萬歳ヲ唱ヘル故被告モ之ニ參加シテ萬歳ヲ唱ヘタ譯カ.

答) 左樣テアリマス.

問) 而シテ群集ト共ニ獨立萬歳ヲ唱ヘツゝ鍾路, 南大門, 西大門外, 米國領事舘, 大漢門前, 光化門通リ, 佛國領事舘前, 西小門町, 長谷川町ヲ經テ本町2丁目派出所前ニ行キ逮捕セラレタ譯カ.

答) 夫レニ相違アリマセヌ.

問) 父ハ郡書記カ.

答) 宜寧郡書記テス.

問) 將來ハ斯カル運動ニ加入スルカ.

答) 加入致シマセヌ.

被告 南 偉二

問) 本年2月下旬頃被告ノ同宿人 韓偉鍵ノ處ニ康基德カ行キタル
由ナルカ如何.

答) 左樣テアリマス.

問) 而シテ同人等ノ間ニ獨立運動ノ咄カアッタ譯カ.

答) 何カ話ヲシテ居リマシタカ獨立運動ノ咄カ何カ知リマセヌ.

問) 2月25・6日頃 韓偉鍵カ學校ニ行カヌカラ下審ニ思ッテ尋ネ
タ處君ハ病氣故今聞カス必要ハナイト云ヒタルカ3月1日朝被
告等同宿者一同韓偉鍵ノ部屋ニ呼ハレ今日午後2時パコタ公園
ニ於テ獨立宣言カアル故同所集マレト云ハレタ由ナルカ如何.

答) 夫レニ相違アリマセヌ.

問) 而シテ同日午後3時頃鍾路十字街ニ行キ獨立萬歲ヲ唱フル群
集ニ出會セシ由ナルカ如何.

答) 夫レニ相違アリマセヌ.

問) 其處テ嬉シサノ餘リ該群集ニ加ハリ萬歲ヲ唱ヘタ由ナルカ如
何.

答) 嬉シカッタ萬歲ヲ唱ヘマセヌ.

問) 被告ノ檢事調書ニ依レハ二度計リ萬歲ヲ唱ヘタト云ッテ居ル
テハナイカ.

答) 否. 唱ヘマセヌ. 檢事カ何カノ書キ違ヒト思ヒマス.

被告 韓昌達二

問) 被告ハ 仁川ヨリ專修學校ニ通學スル譯カ.

答) 左様テアリマス.

問) 己前　咸興地方法院ノ出張所ニ雇員ヲシテ居タ由ナルカ左様
　　カ.

答) 鏡城出張所ニ雇ハラレテ居リマシタ.

問) 而シテ大正6年3月ニ罷メテ專修學校ニ入學シタ譯カ.

答) 左様テアリマス.

問) 學資ハ如何ニシテ居ルカ.

答) 家カラ送ッテ貰ヒマス.

問) 仁川ハ知己ノ家ニテモ居ル譯カ.

答) 叔父ノ處ニ寄食シ汽車テ通學シテ居リマス.

問) 本年3月1日獨立萬歳ノ群集ニ參加シタル由ナルカ相違ナキヤ.

答)　相違アリマセヌ.　南大門驛ノ處ニ於テ萬歳ヲ唱フル多數群集
　　ニ加ハリ萬歳ヲ唱ヘナカラ南大門通リ, 義州通リ, 西大門町ヲ
　　經テ專修學校ノ處迄行キマシタ.

問) 尚3月5日　南大門驛前ニ於ケル學生團ノ示威運動ニ加ハリタ
　　ルコトハ相違ナキヤ.

答) 當時ハ參加致シマセヌ.

問) 檢事ニ對シテハ參加シタト云フカ如何.

答) 檢事テハ參加シタト云ヒマシタカ實ハ3月5日午前10時頃遲ク
　　ナッテ行ク途中刑事巡査ヨリ調ヘラレ依襄ニ手帖アリタル爲
　　メ學生カ何故正帽ヲ冠ッテ居ラヌカト云ハレ捕ヘラレタ爲メ
　　到底其日ノ事ヲ否認シテモ承知サレタト思ヒ,　其日萬歳ヲ唱
　　ヘタ様ニ申上ケタ爲メ第1ノ事實ヲ否認シタ次第テ眞ノ事實ハ
　　第1事實ニ參加シ第2ノ事實ニハ參加セヌノテアリマス.

問)　豫審ニ於テ被告ハ第1事實ヲ否認セシ爲メ叔父叔母ヲ調ヘタ
　　結果被告カ3月1日夜遲ク歸　萬歳ヲ唱ヘテ市中ヲ歩キ廻リタル
　　故遲クナッタト咄シタコトカ明ニナリシ爲メ更ニ豫審判事ニ
　　對シ第1事實ヲ認メ第2事實ヲ否認スルニ至ッテ居ルカ如何.

答) 夫レニ相違アリマセヌ.　實ハ其時始メテ眞事實ヲ申上ケルコ

トニナッタノテス.

問) 何故始メヨリ其事實ヲ豫審判事ニ申立テヌカ.

答) 幼稚ナ考テ5日參加セヌト云フコトカ信用シテ貰ヘヌト思ッテ1日ノ事實ノ事實ヲ否認シ申譯カアリマセヌ.

被告 朴俊榮ニ

問) 被告ハ藥學校本科1年生カ.

答) 左様テアリマス.

問) 本年3月1日午後2時 パコタ公園ニ於テ孫秉煕外32名カ朝鮮獨立宣言書ヲ爲シ數萬ノ群集ハ之ニ贊成シテ獨立萬歳ヲ唱ヘタ際被告モ其趣旨ヲ贊成シ該群集ニ加ハリ獨立萬歳ヲ唱ヘタ申ナルカ如何.

答) 自分ハ其日 パコタ公園ニハ行キマセヌ.

問) 李龍在ヲ知ルカ.

答) 深ク交際ハシマセヌカ名前ハ知ッテ居リマス.

問) 李龍在ノ豫審第2回調ニヨレハ3月1日登校シ裵漢斌・朴俊榮・黄道範・全東煥ト共ニ獨立運動ニ參加スル相談ヲ爲シ, 前夜康基德ヨリ聞キタル次第ヲ咄シタ處カ被告等ハ宣言書ヲ持ッテ來イト云フ故放課後下宿ニ歸リ前夜受取リ來タリシ獨立宣言書ヲ携ヘ學校ニ至リタリト供述シ被告ニモ3月1日午後パコタ公園ニ於テ獨立宣言ノアルコトヲ咄シタト云フカ其點ハ相違ナイカ.

答) 否. 自分ハ左様ナ咄ヲ聞イタコトハアリマセヌ.

問) 而シテ該宣言書ヲ賴ミ30餘名ノ學生ニ該宣言書ヲ配付シテ貰ッタト云フカ如何.

答) 否. 自分ハ其日學校ノ事務室ニ4時頃居テ歸リマシタ故騒イタコトスラ分ラヌノテアリマス.

問) 全東煥ノ豫審調書ニヨレハ宣言書ノ配付方ヲ依賴セシ學生中ニハ裵漢斌, 朴俊榮モ居タト云ヒ公判ニ於テモ同趣旨ノ供述

ヲシテ居ルカ如何.

答) 否. 左様ナコトハアリマセヌ.

問) 尚豫審ニ於テ被告ト 全東煥對質ノ際モ其時被告モ居タト申立テ、居ルカ如何.

答) 全東煥ハ左様ニ申シマスカ決シテ私ハ其協議ニ加ハリマセヌ.

問) 尚 李龍在ノ豫審第1回調書ニ依レハ3月1日パゴタ公園ニ於ケル群集中ニハ被告モ居タトアルカ如何. 而己ナラス汝ニ渡シタ宣言書ハ如何ニシタト尋ネタ處被告ハ配付シタト答ヘタト供述シテ居ルカ如何.

答) 自分ハ學校ヨリ4時ニ歸ッタノテスカラ參加スル筈カアリマセヌ.

問) 被告ノ檢事調書ニ3月1日午後1時頃學校ニ於テ 裵漢斌ヨリ獨立宣言書1枚ヲ貰ッタ旨供述シテ居ルカ如何.

答) 鍾路3丁目ニ於テ4時頃學校ヨリノ歸途宣言書ヲ見タノテアリマス.

問) 檢事ニ對シテハ 裵漢斌ヨリ貰受ケ其宣言書ヲ父ニ遣ッタト云フテ居ルカ如何.

答) 父ニ斯カルモノヲ遣ル筈カアリマセヌ.

   (於玆證第122號ノ赤布一括, 證第115號ノ獨立旗ヲ示シ第2事實ニ使用シタルモノナリヤ否ヲ訊ホタルニ第2犯罪ヲ爲シタル各被告ハ相違ナキ旨陳述セリ.

   於玆各被告ノ司法警察官, 檢事, 豫審判事ノ各訊問調書ヲ讀聞ケ, 各證據物件ヲ示シ)

問) 意見辯解アリヤ. 且ツ利益ノ證憑アレハ申立ツルコトヲ得.

答) (被告一同) 外ニ申立アリマセヌ.

判事ハ結審ノ旨ヲ告ケ且ツ公開停止ヲ解ク旨決定ヲ言渡シタリ.

檢事ハ證據十分ナル旨ヲ論シ各保安法第7條ニ該リ被告高在玩, 崔興琮, 李翼鍾各懲役1年, 朴勝英, 李亨永, 崔康潤, 金宗鉉, 蔡順秉

ヲ各懲役10月, 南偉, 申特實, 成周復, 柳近永ヲ各懲役8月其他ノ各
被告ヲ各懲役6月ニ處セラレタク, 尚被告中將來再ヒセヌト認メラ
ルヽ者ニ對シテハ相當考量スルノ必要アリト信スル旨論告セリ.

木尾辯護人ハ被告金允玉ノ為メ利益ノ辯論ヲ為シ刑ノ執行猶豫ヲ
希望シ

松本辯護人ハ被告金宗鉉ノ為メ利益ノ辯論ヲ為シ執行猶豫ノ恩典
ヲ希望シ

加古辯護人ハ李翼鍾ノ為メ利益ノ辯論ヲ為シテ寬大ノ處分ヲ求メ

切山辯護人ハ**吉瑛羲**ノ為メ利益ノ辯論ヲ為シ.

三浦辯護人ハ朴俊榮ノ為メ利益ノ辯論ヲ為シ.

李重赫辯護人ハ卓明淑ノ為メ利益ノ辯論ヲ為シ.

朝倉辯護人ハ鄭泰和ノ為メ利益ノ辯論ヲ為シ各刑ノ執行猶豫アリタ
キ旨希望セリ.

被告一同最終ノ申立ナシト陳述セリ.

判事ハ辯論ヲ終結シ來ル11月6日午前9時判決言渡スヘキ旨ヲ告ケ
同日時出廷ヲ命シ閉廷セリ.

本件審理ハ朝鮮總督府裁判所通譯生 馬場一郎ヲ介セリ.

作成日 大正8年10月18日午前9時
京城地方法院

書記 朝鮮總督府裁判所書記 園部弘一.
訊問者 朝鮮總督府判事 田中芳春.

3.
공판시말서(7-2) 번역문

신특실(申特實)　고재완(高在玩)　성주복(成周復)　최흥종(崔興琮)
탁명숙(卓明淑)　김윤옥(金允玉)　임동건(林東乾)　한호석(韓戶石)
이익종(李翼鍾)　김승제(金承濟)　김양수(金瀁秀)　김창식(金昌湜)
박승영(朴勝英)　정구철(鄭求喆)　한창달(韓昌達)　강용전(康龍田)
유근영(柳近永)　박희봉(朴喜鳳)　박병원(朴炳元)　박준영(朴俊榮)
이형영(李亨永)　윤기성(尹基誠)　이시영(李時英)　손홍길(孫洪吉)
길영희(吉暎羲) 남위(南偉) 최강윤(崔康潤) 채순병(蔡順秉) 김종
현(金宗鉉) 최평집(崔平楫) 정태화(鄭泰和) 손덕기(孫悳基)

보안법 위반 등 피고사건에 대하여 다이쇼 8년 11월 6일 오전 9시
경성지방법원의 공개한 법정에서
동원
조선총독부 판사 다나카 요시하루(田中芳春)
조선총독부 재판소 서기 소노베 고이치(園部弘一) 열석
조선총독부 검사 야마사와 사이치로(山澤佐一郎) 입회.
각 피고인은 신체의 구속을 받지 않고 출정하다.
변호인 기리야마 도쿠타로(切山篤太郎), 이중혁(李重赫), 고노오 도
라노스케(木尾虎之助), 마츠모토 마사히로(松本正寬) 출정하다.
변호인 아사쿠라 도모테츠(朝倉外茂鐵), 가코 사다타로(加古貞太
郎), 미우라 스에키(三浦末喜)는 불출정하다.

판사는 판결을 언도한다는 취지를 말하고, 판결주문(判決主文)의 낭독으로 판결을 언도하고, 구두로 그 이유의 요령을 말하고, 또 이 판결에 대하여 5일 이내에 공소할 수 있다는 것과 자비로 판결서의 정본, 등본, 초본을 청구할 수 있다는 것을 말하다.
위 언도는 조선총독부 재판소 통역생 바바 이치로(馬場一郎)가 통역하다.

작성일 다이쇼 8년 11월 6일 오전 9시
경성지방법원에서

서기　조선총독부 재판소 서기 소노베 고이치(園部弘一)
신문자 조선총독부 판사 다나카 요시하루(田中芳春)

4.
공판시말서(7-2) 일본어 원문
公判始末書

申特實	高在玩	成周復	崔興琓	卓明淑	金允玉	林東乾
韓戸石	李翼鍾	金承濟	金濊秀	金昌湜	朴勝英	鄭求喆
韓昌達	康龍田	柳近永	朴喜鳳	朴炳元	朴俊榮	李亨永
尹基誠	李時英	孫洪吉	**吉暎羲**	南偉	崔康潤	蔡順秉
金宗鉉	崔平楫	鄭泰和	孫悳基			

保安法違反等被告事件ニ付大正8年11月6日午前9時京城地方法院ノ
公開シタル法院ニ於テ
同院
朝鮮總督府判事 田中芳春.
朝鮮總督府裁判所書記 園部弘一.
列席
朝鮮總督府檢事 山澤佐一郎立會.
各被告人ハ身體ノ拘束ヲ受クルコトナク出廷セリ.
辯護人切山篤太郎, 李重赫, 木尾虎之助, 松本正寛出廷.
辯護人朝倉外茂鐵, 加古貞太郎, 三浦末喜不出廷.
判事ハ判決言渡スヘキ旨ヲ告ケ判決主文ノ朗讀ニヨリ判決ヲ言渡シ
口頭ヲ以テ其理由ノ要領ヲ告ケ具ッ此判決ニ對シ5日內ニ控訴ヲ爲
シ得ルコト及自費ヲ以テ判決書ノ正本謄本抄本ヲ請求シ得ル旨ヲ告

知シタリ.
右言渡ハ朝鮮總督府裁判所通譯生　馬場一郎ヲ介セリ.

作成日　大正8年11月6日午前9時
京城地方法院

書記　朝鮮總督府裁判所書記　園部弘一.
訊問者　朝鮮總督府判事　田中芳春.

5장
판결문(判決文)

1.
판결문 번역문

피고

본적 전라남도 광주군 광주면 수기옥정 153번지
예수교 전도사
최흥종(崔興琮), 5월 2일생, 39세

본적 함경남도 북청군 양가면 초리 12통 4호
주소 경성부 간동 88번지 전명우(全命禹)방
사립 동경물리학교 1학년
고재완(高在玩), 2월 10일생 27세

본적 경기도 진위군 고덕면 율포리 35번지
주소 경성부 훈정동 78번지 이두종(李斗鍾)방
경성의학전문학교 2학년
이익종(李翼鍾), 4월 20일생 23세

본적 주소 전라남도 여수면 서정 681번지
경성공업전문학교 부속공업전습소 1학년
이형영(李亨永), 7월 4일생 24세

본적 전라남도 함평군 함평면 함평리
주소 경성부 안국동 130번지 박태병(朴台秉)방
경성고등보통학교 3학년
최강윤(崔康潤), 8월 8일생 19세

본적 전라남도 제주도 제주면 일도리
주소 경성부 안국동 130번지 박태병(朴台秉)방
사립국어보급학관
채순병(蔡順秉), 6월 26일생 16세

본적 전라남도 익산군 익산면 이리 627번지
주소 경성부 안국동 130번지 박태병(朴台秉)방
중동학교 고등과생
김종현(金宗鉉), 1월 10일생 19세

본적 평안북도 박천군 덕안면 남오동 291번지
주소 경성부 중학농 28번지 함용도(咸龍都)방
경성사수학교 3학년
박승영(朴勝英), 3월 23일생 21세

본적 평안남도 평원군 청산면 운송리 165번지
주소 경성부 낙원동 254번지 이인식(李仁植)방
경성의학전문학교 2학년
김양수(金瀁秀), 11월 18일생 20세

본적 평안북도 선천군 선천면 선북동 490번지
주소 고양군 연희면 연희전문학교내
연희전문학교 2학년
최평집(崔平楫), 2월 14일생 21세

본적 경상북도 상주군 모동면 수봉리 579번지
주소 경성부 연지동 202번지 취수련(崔守連)방
조선약학교 1학년
박희봉(朴喜鳳) 일명 희창(喜昌), 6월 22일생 21세

본적 충청북도 보은군 회북면 중앙리
주소 경성 관훈동 66번지 강세근(姜世根)방
경성전수학교 1학년
정구철(鄭求喆), 4월 29일생 22세

본적 수원군 의왕면 청계리 361번지
주소 부천군 계남면 개봉리 김재달(金在達)방
배재고등보통학교 4학년
성주복(成周復), 8월 29일생 26세

본적 용인군 모현면 일산리 238번지
주소 경성부 삼청동 36번지 조용벽(趙容璧)방
경성고등보통학교 4학년
유근영(柳近永), 2月 3일생 23세

본적 평양부 위청리 37번지.
주소 경성 정동 이화학당 기숙사내
이화학당 2학년
신특실(申特實), 일명 덕심(惪心), 2월 17일생 18세

본적 함경남도 함흥군 서호면 서도리 59번지
주소 원산부 산제동 구세병원내
간호부
탁명숙(卓明淑), 일명 마리아(瑪利亞), 12월 4일생 25세

본적 황해도 송화군 연정면 조령리 284번지
주소 경성부 연건동 325번지 장응규(張應奎)방
중앙학교 1학년
김윤옥(金允玉), 1월 18일생 18세

본적 함경남도 홍원군 학천면 용릉리 147번지
주소 경성부 재동 106번지 김원배(金元培)방
중앙학교 2학년
임동건(林東乾), 10월 15일생 23세

본적 함경북도 명천군 서면 우동동 252번지
주소 경성부 수송동 16번지 최광훈(崔光勳)방
중앙학교 1학년
한호석(韓戶石), 일명 호건(皓健), 8월 24일생 17세

본적 함경북도 명천군 서면 우동동 264번지
주소 경성부 수송동 16번지 최광훈(崔光勳)방
중앙학교 2학년
김승제(金承濟), 2월 1일생 17세

본적 평안남도 순천군 순천면 관하리 3번지
주소 경성부 광화문통 85번지 유병륜(劉秉倫)방
경성의학전문학교 1학년
김창식(金昌湜), 12월 23일생 24세

본적 함경남도 신흥군 가평면 풍상리 307번지
주소 경기도 인천부 내리 148번지 유승순(柳承錞)방
경성전수학교 2학년
한창달(韓昌達), 7월 23일생 23세

본적 평안북도 영변군 소림면 각수동 353번지
주소 경성부 인사동 102번지 서가평(徐佳平)방
경성고등보통학교 2학년
강용전(康龍田), 1월 11일생 22세

본적 평안북도 의주군 비현면 노남동 336번지
주소 경성부 예지동 162번지 장영조(張永祚)방
조선약학교 1학년
박병원(朴炳元), 12월 28일생 23세

본적 경성부 죽첨정 1정목 97번지
조선약학교 1학년
박준영(朴俊榮), 6월 27일생 23세

본적 평양부 순영리 143번지
주소 평양부 남산정
연희전문학교 농과 1학년
윤기성(尹基誠), 7월 1일생 18세

본적 함경남도 단천군 수하면 용원리 178번지
주소 경성부 송현동 56번지
보성고등보통학교 2학년
이시영(李時英), 3월 29일생 22세

본적 함경남도 북청군 양화면 호만포리 958번지
주소 경성부 인의동 85번지 손승룡(孫昇龍)방
경성공업전문학교 토목과 2학년
손홍길(孫洪吉), 11월 6일생 28세

본적 평안북도 희천군 희천면 읍상동 92번지
주소 경성부 수은동 182번지 조병구(曺秉九)방
경성의학전문학교 1학년
길영희(吉瑛義), 10월 9일생 20세

본적 함경남도 홍원군 용천면 동양리 497번지

주소 경성부 재동 106번지 김원배(金元培)방
보성법률상업전문학교 2학년
남위(南偉), 9월 25일생 20세

본적 황해도 해주군 나덕면 통산리 507번지
주소 황해도 해주군 나덕면 통산리 507번지
조선약학교 1학년
정태화(鄭泰和), 1월 5일생 24세

본적 경성부 북미창정 5번지
주소 경성부 창신동 500번지 조진곤(趙鎭崑)방
경성고등보통학교 3학년
손덕기(孫悳基), 10월 13일생 20세

위 보안법 위반 피고사건에 관하여
조선총독부 검사 야마사와 사이치로(山澤佐一郎)
관여 하에 심리를 마치고 판결함이 다음과 같다.

주문(主文)

피고 최흥종(崔興琮), 고재완(高在玩)을 각 징역 1년에 처한다.
피고 이익종(李翼鍾)·이형영(李亨永)·최강윤(崔康潤)·김종현(金宗鉉)·박승영(朴勝英)·채순병(蔡順秉)을 각 징역 10월에 처한다.
피고 신특실(申特實)·성국복(成國復)·유근영(柳近永)을 각 징역 6월에 처한다.
단 각 피고에 대하여 미결 구류일수 90일을 각 본형에 산입한다.

그 다음의 각 피고를 각 징역 6월에 처한다.
단 미결 구류일수 중 90일을 각 본형에 산입하고, 또 3년간 형의 집행을 유예한다.

압수물건 중 증제102호의 빨간 띠 일괄, 증제15호의 독립기 1개, 증제154호의 통지서 1매는 몰수하고 그 외의 물건은 각 차출인에게 환부한다.

이유(理由)

제1, 피고인 고재완(高在玩)은 동경에 체류 중 다이쇼(大正) 8년 2월에 조선독립운동을 하려는 조선인 유학생과 서로 전후하여 조선에 돌아갔다. 동월 하순부터 경성부 간동 전명우(全命禹)방에 머물면서 내지유학생으로 위험사상을 가지고 있었던 김유인(金裕寅)과 양주흡(梁周洽) 기타 여러 명과 연락하고 조선독립운동을 일으킬 기회를 희망하던 차에, 손병희(孫秉熙) 등이 조선독립선언을 하였다는 것을 듣자 크게 이를 찬성하였다.

또한 피고인 이형영(李亨永)·이익종(李翼鍾)·박승영(朴勝英)·최평집(崔平楫)·김양수(金瀁秀)·정구철(鄭求喆)·박희봉(朴喜鳳) 일명 희창(喜昌)·남위(南偉)·정태화(鄭泰和)·강용전(康龍田)·손덕기(孫悳基)·이시영(李時英)·박병원(朴炳元)·박준영(朴俊榮)·임동건(林東乾)·손홍길(孫洪吉)·**길영희(吉瑛羲)**·윤기성(尹基誠)·한창달(韓昌達)·신특실(申特實)·최강윤(崔康潤)·한호석(韓戶石)·김승제(金承濟) (이상 25명)는 손병희(孫秉熙) 등이 위의 독립선언을 한다는 것을 통지하자 그 취지를 찬성하여 다수와 함께 정치에 관해 불온한 행동을 하고 계속하여 치안을 방해하고자 계획하였다. 동년 3월 1일 오후 2시경에 경성부 파고다공원에서 수천 명의 군중에게 위의 독립선언서를 낭독한 후 그 군중과 함께 독립만세를 고창하고 그 곳에서 경성부 내 각소를 행진하는 무리에 참가하여 함께 조선 독립 만세를 절규하고 광분하였다.

그 중 피고인 박승영(朴勝英)은 군중과 함께 프랑스영사관에 이르자 군집에 솔선하여 동관(同館) 내 영사관원에게 '조선은 오늘 독립을 선언하였고 사람들 모두 독립국이 될 것을 열망한다'라는 뜻을 본국 정부에 통고해 줄 것을 말하여 시위운동의 기세를 올렸다.

피고인 이익종(李翼鍾)은 시내를 광분한 끝에 종로통에서 학생 두 세 명과 함께 군중을 선동하여 만세를 부르라고 권유하고 통행인에게 조선독립만세를 고창해야 한다고 선동하다가, 동대문에 이르러 되돌아와 종로 4정목 경찰관 파출소 앞에 쇄도하여 떠들썩함이 극에 이르게 하였으므로 각 피고인은 치안을 방해하였다.

제2, 피고인 최흥종(崔興琮)은 장로파에 속한 예수교 전도사인 바, 다이쇼(大正) 8년 3월 2일경 광주지방에서 경성으로 와서 당시 이태왕(李太王) 전하의 국장(國葬)을 당해 많은 군중이 경성에 모인 것을 기회로 삼아 군중에게 조선독립운동 할 것을 고취시켜서 그 목적을 관철하시고자 할 때에 마침 다이쇼(大正) 8년 3월 5일 학생단에서 위의 시위운동이 있음을 들어 알게 되자 크게 이 취지에 찬동하였다.

또 피고인 최강윤(崔康潤)·김종현(金宗鉉)·채순병(蔡順秉) 3명은 3월 4일 밤 그 일이 일어날 것을 들어 알고 그 취지에 찬동하였다. 다수의 사람들을 올 수 있도록 하여 독립운동을 왕성하게 하는 목적을 가지고서 경성부 안국동 박태병(朴台秉)방에서 다음날 5일 오전 8시 30분에 동대문역 앞에서 제 2회 독립운동을 개최하는데 태극기를 가지고 오라는 뜻을 담은 통고서 약 400매를 만들고, 피고 3명은 함께 이것을 경성부 중학동과 그 외의 각 동에 배포함으로서 다수를 선동하는 해당 범의를 계속하였다.

피고인 성주복(成周復)·유근영(柳近永)·전옥결(全玉玦)·김창식(金昌湜)·탁명숙(卓明淑)은 범의를 계속하였다.

피고인 신특실(申特實)·한호석(韓戶石)·김승제(金承濟)와 함께 모든 정치에 관한 불온한 행동을 하여 치안을 방해할 것을 계획하였다. 동년 3월 5일 동부 남대문역 앞에서 수백 명은 조선독립이라고 쓴 깃대를 흔들었고 다수의 붉은 수건(증제 123호)을 뿌리며 같은 장소에서 조선 독립 만세를 고창하고 남대문을 향하여 같은 장소 내에서 행진하는 군중에 참가하여 함께 독립만세를 절규하고 떠들썩함을 극에 이르게 하였다.

그 중 피고인 최흥종(崔興琮)은 인력거 위에 신조선신보(新朝鮮新報)라고 써서 조선의 독립을 고취하는 불온의 인쇄물 수십 매(증제 104호와 동일한 물품)를 살포하고, 대한문 앞에 이르자 인력거 위에 조선독립이라고 크게 쓴 깃대를 흔들면서 군집을 지휘하여 시위운동의 기세를 올리고, 이로서 각 피고는 치안을 방해하였다.

제3, 피고인 최평집(崔平楫)은 조선독립운동을 하는 불온한 행동을 하고 치안을 방해하려고 계획하였다. 3월 5일 오전 10시 경 경성부 조선호텔 부근의 도로에서 여학생이 조선독립만세를 불러 소란을 일으키자, 체포되는 것을 보고 분개한 나머지 즉시 같은 장소에서 단독으로 독립만세를 불렀고 이로서 치안을 방해하였다.

위의 사실은

1, 피고 최강윤(崔康潤) 예심조사서(丙五冊 二一一一丁), 채순

병(蔡順秉) 예심조사서(丙五冊 二一三零丁), 김종현(金宗鉉) 예심조사서(丙五冊 二一四八丁)에

동 피고인에 대한 전 판시 동 취지의 공술기재.

1, 피고 박승영(朴勝英) 예심조사서(丙冊 一三七三丁)에

동 각피고에 대한 전 판시 동 취지의 공술기재.

1, 피고 이익종(李翼鍾) 예심조사서(丙冊 二零四四丁)에

동 피고인에 대한 전 판시 동 취지의 공술기재.

1, 피고 이형영(李亨永) 예심조사서(丙冊 二九六丁), 이형영(李亨永)·유만종(劉萬種) 대질조사서(丙冊 三三八丁)에

피고 이형영(李亨永)이 3월 1일 각 학생들에게 '오늘 오후 2시에 파고다공원에서 독립선언이 있다'는 취지를 알리고, '동 3월 5일에 독립운동이 있다'는 것을 학생들에게 알렸던 바, 틀림없다는 뜻을 공술기재.

1, 피고 최흥종(崔興琮) 예심조사서(丙冊 三零六七丁)에

　동 피고인에 대한 전 판시 동 취지의 공술기재.

1, 피고 고재완(高在玩) 예심조사서(丙冊 二九六二丁)에

　동 피고인에 대한 전 판시 동 취지의 공술기재.

1, 피고 성주복(成周復) 예심조사서(丙冊 二六五九丁), 피고 유근영(柳近永) 예심조사서(丙冊 一七三一丁)에

모두 각 피고에 대한 전 판시 동 취지의 공술. 독립운동을 하였다는 뜻을 공술하였음에 따라 이를 인정한다.

그러나 기타 피고인에 대한 증거는 이에 생략한다.

법률에 비추어 보아,

본 건은 제1, 제2의 범죄 후의 법령에 의하여 형의 변경이 있었으므로 형법 제6조, 제8조, 제10조에 의하여 신구 2법의 형을 비교하여 그 경한 것을 적용하여 처단한다.

그리하여 제1, 제2의 각 피고인의 치안 방해의 소행은 구법에

의하면 보안법 제7조, 조선형사령 제42조에 해당하는 바, 피고인 최강윤(崔康潤)·김종현(金宗鉉)·채순병(蔡順秉)·한호석(韓戶石)·김승제(金承濟)·신특실(申特實)은 연속범이므로 형법 제55조를 통용하여 각 1죄로써 처단한다. 신법에 의하여 다이쇼(大正) 8년 제령 제1조 제1항에 해당하는 바, 피고인 최강윤(崔康潤)·김종현(金宗鉉)·채순병(蔡順秉)·한호석(韓戶石)·김승제(金承濟)·신특실(申特實)은 연속범이므로 형법 제55조를 통용하여 각 1죄로써 처단되므로, 신구 2법을 비교하면 구법이 가벼우므로 전시(前示) 구법에 관한 법조를 적용하여 소정형 중 징역형을 선택하고 그 형의 범위에서 처단한다.

또 피고인 최평집(崔平楫)은 제3의 단독으로 치안을 방해한 소행은 위의 보안법 제7조에 해당하므로 소정형 중 징역형을 선택하고 처단하나, 죄의 병합에 속하므로 형법 제45조, 제10조에 의해 전시의 다수 피고인과 함께 치안을 방해한 범위에서 처단한다.

각 미결 구류일수는 형법 제 21조에 의해 각 피고인에 대해 90일간을 본형에 산입하고, 주문에 씨명(氏名)을 적시한 피고인을 제외한 기타의 각 피고인에 대해서는 동법 제 25조에 의하여 3년간 형의 집행을 유예한다.

압수물건 중 증제 112호, 증제 115호, 증제 154호는 범죄용에 제공된 범인 이외의 사람에 속하지 않는 것으로 인정되므로 형법 제 19조에 의해 이를 몰수하고, 기타는 모두 몰수와 관계가 없으므로 형사소송법 제 202조에 의하여 각 차출인에게 돌려준다.

피고인 고재완(高在玩)이 제2의 사실에 관여한 점과 피고 김종현(金宗鉉)이 제1의 사실 중 치안 방해이나 독립만세를 불렀다는 공소 사실은 이를 인증할 만한 증빙이 충분하지는 않으나 주문에서 특히 무죄를 언도하지 아니한다.
이에 주문과 같이 판결한다.

다이쇼(大正) 8년 11월 6일
경성지방법원
조선총독부 판사 다나카 요시하루(田中芳春)
조선총독부 서기 소노베 고이치(園部弘一)

2.
판결문(일본어) 영인본

判決原本　　　　　　朝鮮總督府裁判所

住所京城府安國洞二〇三十番地　朴
光武□年生□六年

住所京城府安國洞二〇三十七番地

中東學校高等科生。

　　　　　　金宗錫

開國□年生十八年

住所京城府中學洞二〇三十八番地

朴　㕓英

光武□年生十五年

住所京城府樂園洞二〇五十四番地

京城露学専門學校二年生

金辰守

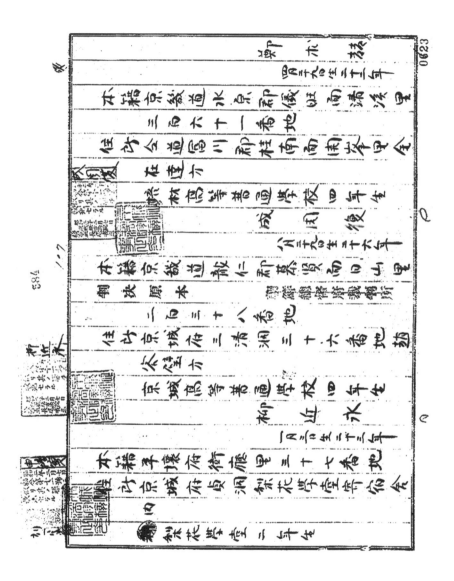

113

通山里五百七番地
朝鮮藥學校一年生
鄭泰和
一月五日生二十四年

本籍京城府北米倉町五番地
住所仝府呂俊洞五百番地趙鎮崑
方
京城高等普通學校三年生
孫惠基
十月十三日生二十六年

判決原本　朝鮮總督府裁判所

右保安法違反被告事件ニ付朝鮮總督府檢事山澤佐一郎干與ノ上審理判決スルコト左ノ如シ

主文

被告崔興琮高在玩ヲ各懲役一年ニ処ス
被告李翼鍾李亨永崔康潤蔡愼泉全宗錫朴勝英ヲ各懲役十月ニ処ス
被告申特實成周復柳近永ヲ各

3.
조서(일본어) 영인본

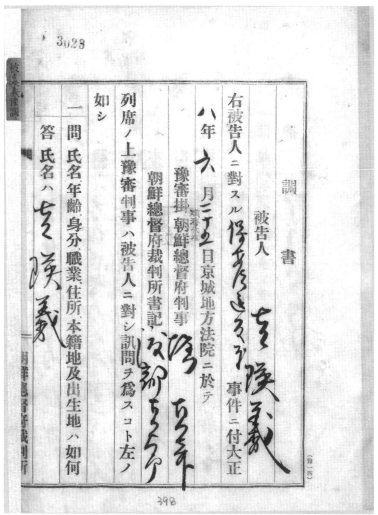

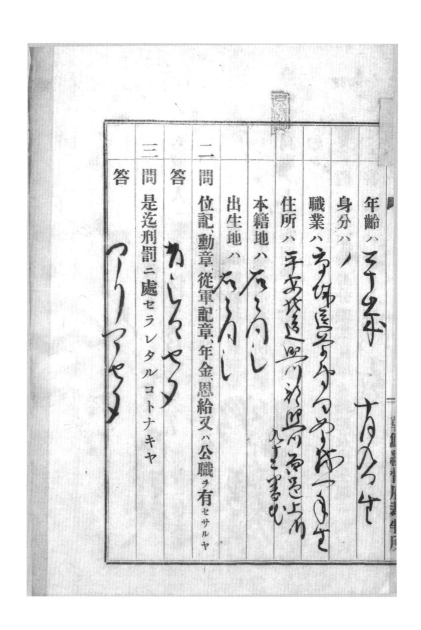

　　　年齡ハ

　　　身分ハ

　　　職業ハ

　　　住所ハ

　本籍地ハ

　出生地ハ

二　問　位記、勳章、從軍記章、年金、恩給又ハ公職ヲ有セサルヤ

　答

三　問　是迄刑罰ニ處セラレタルコトナキヤ

　答

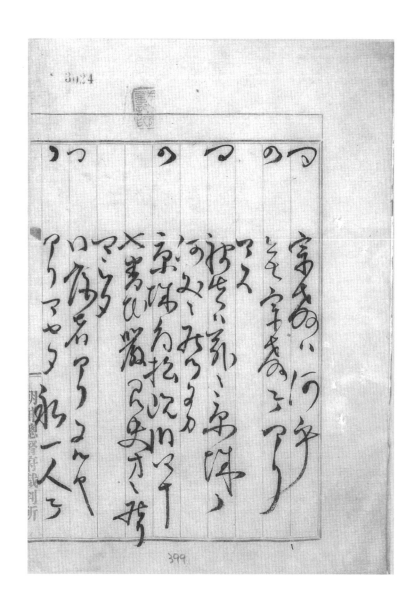

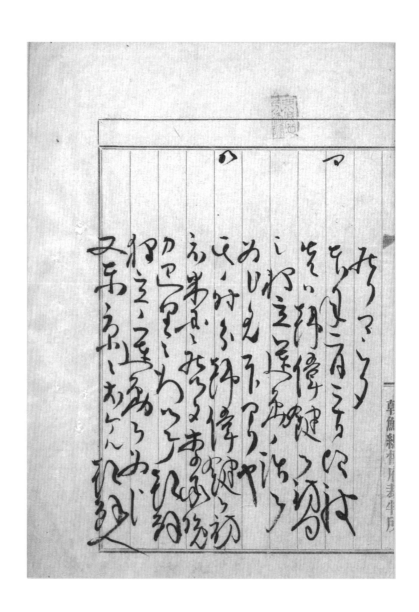

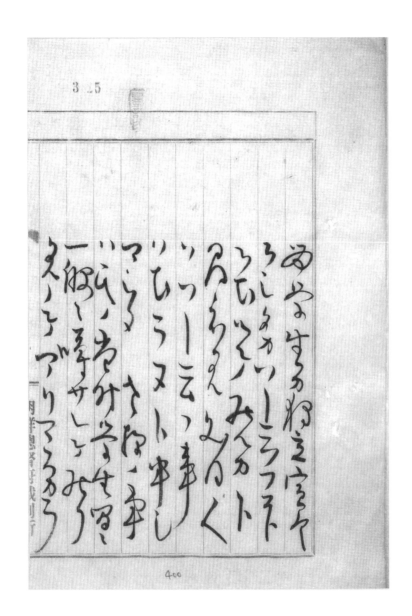

400

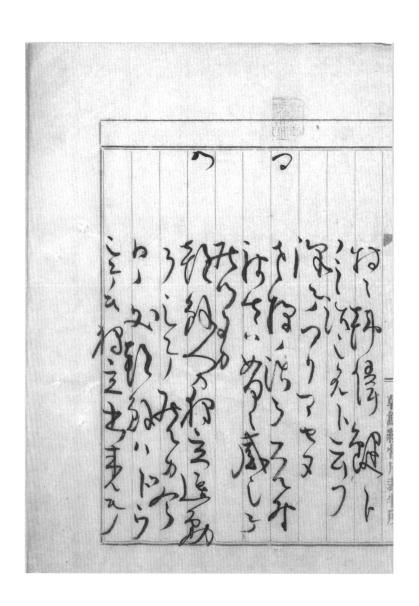

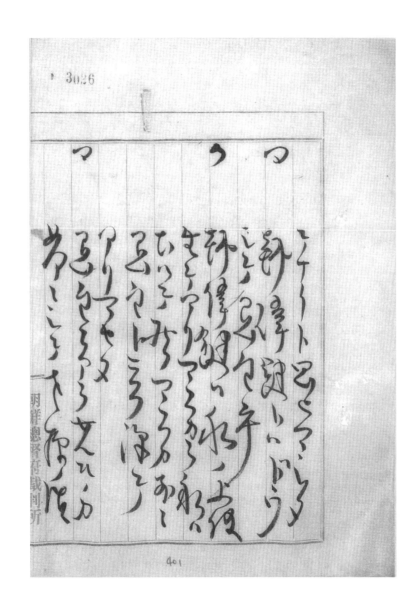

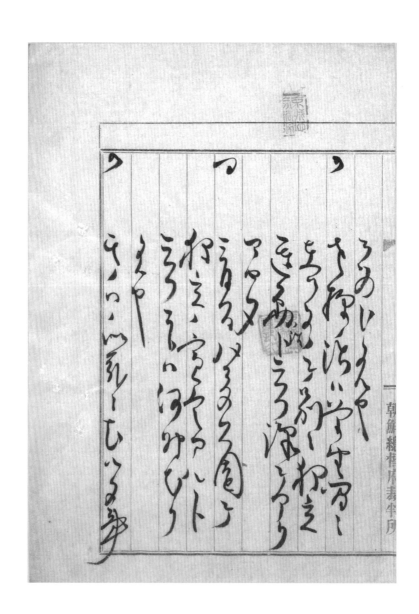

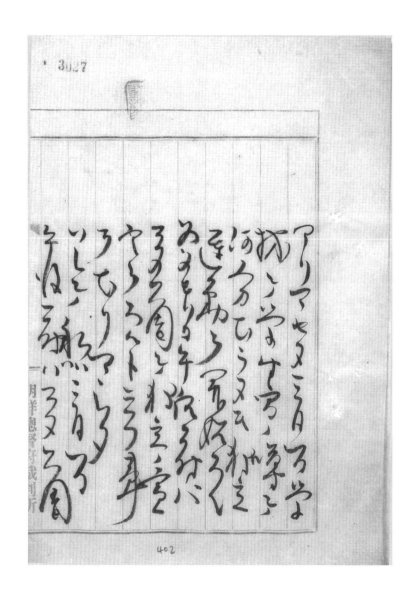

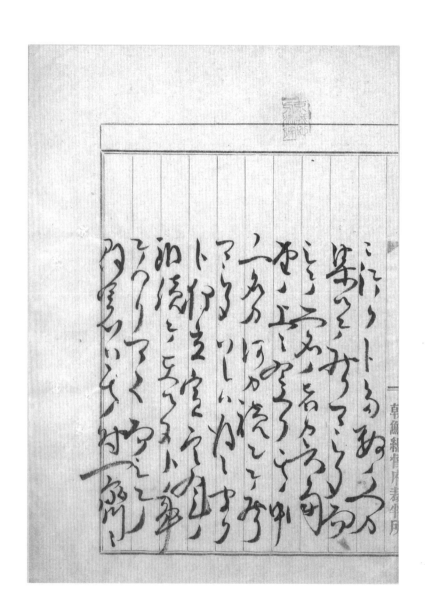

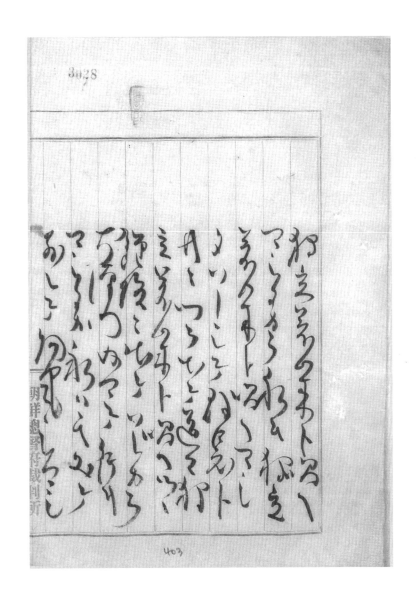

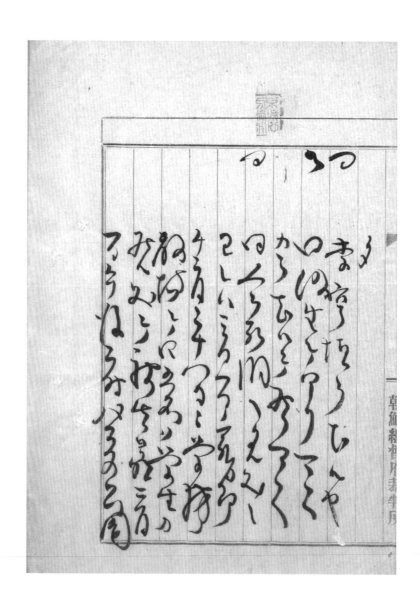

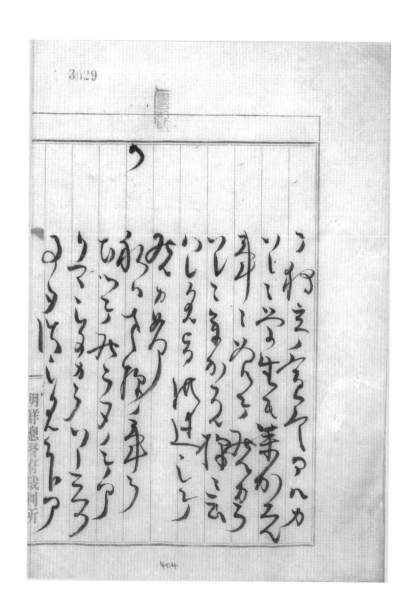

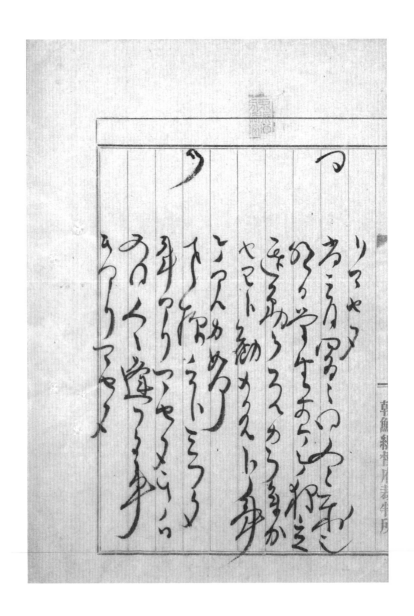

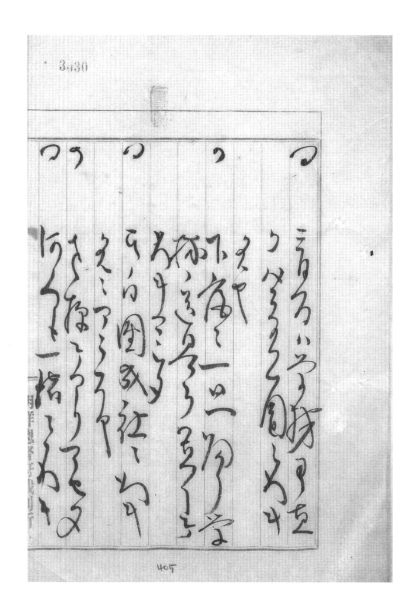

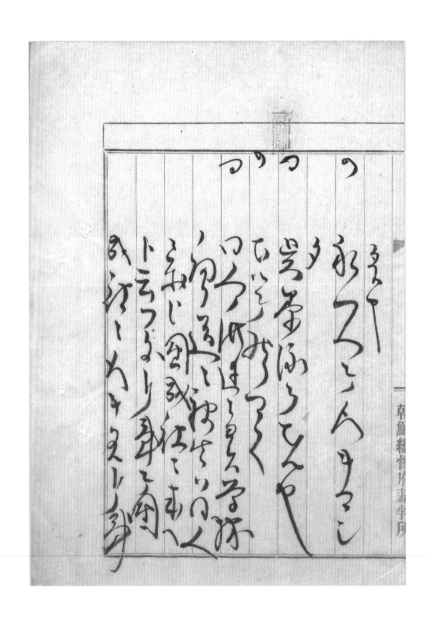

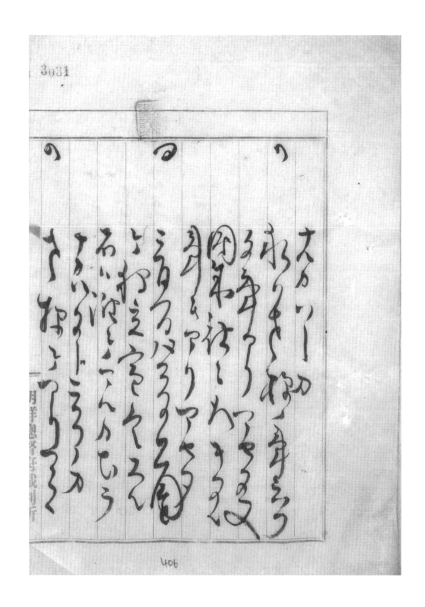

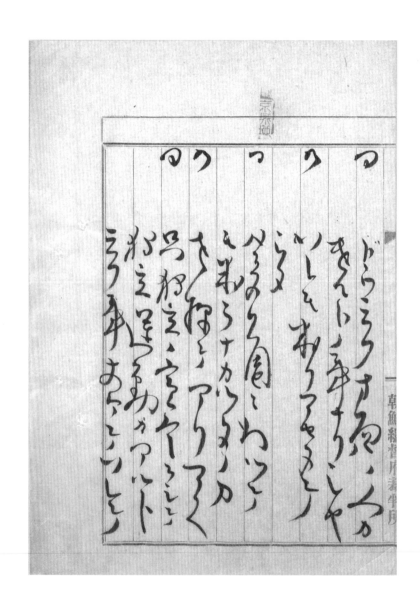

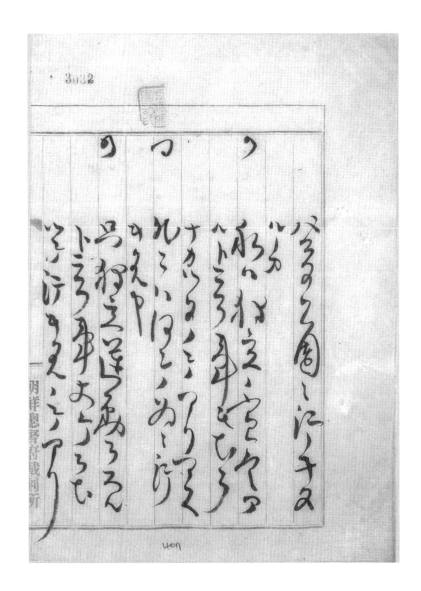

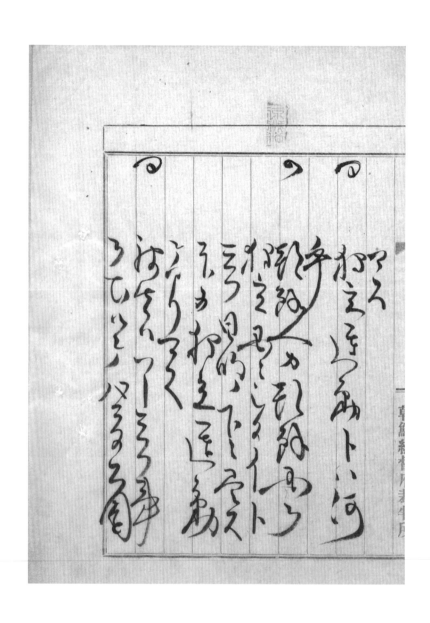

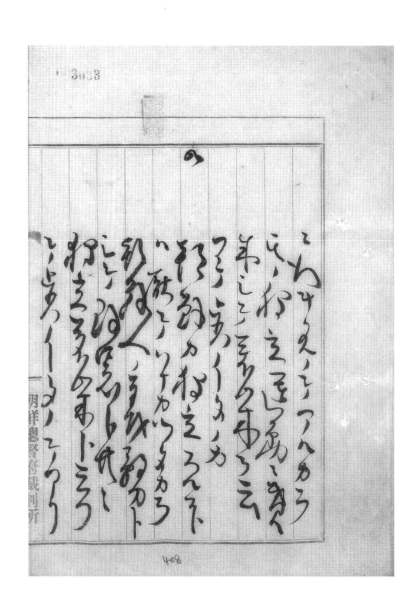

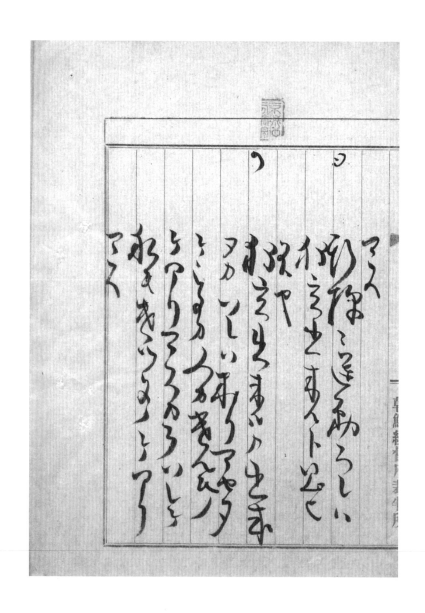

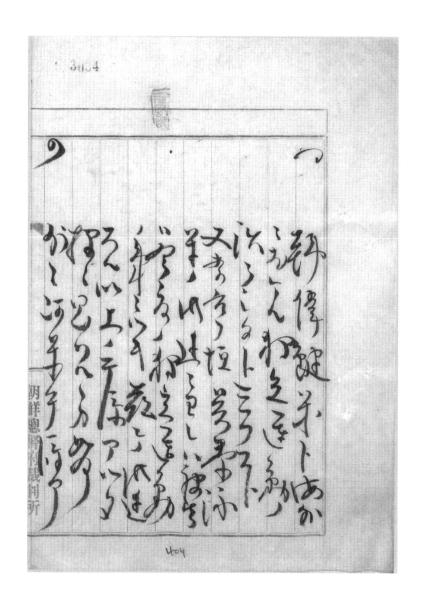

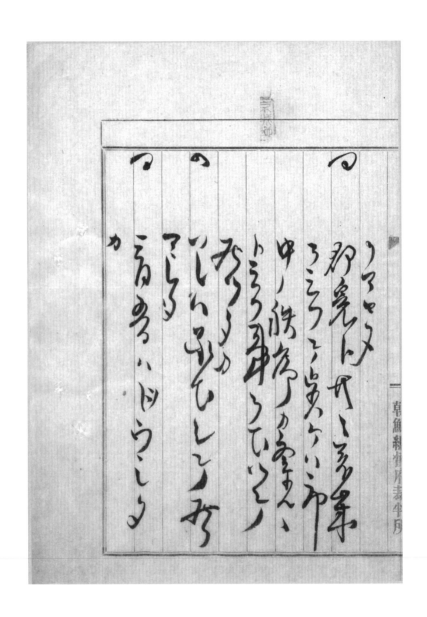

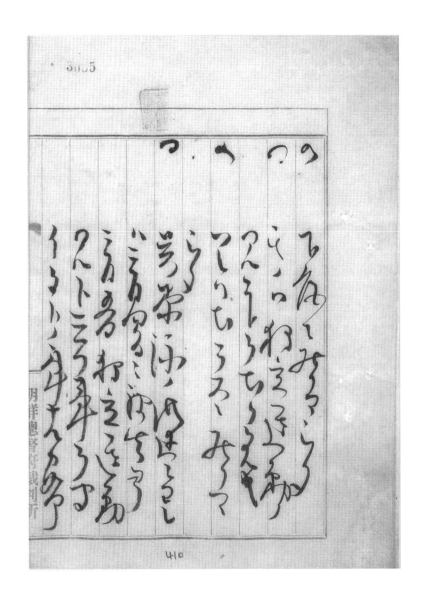

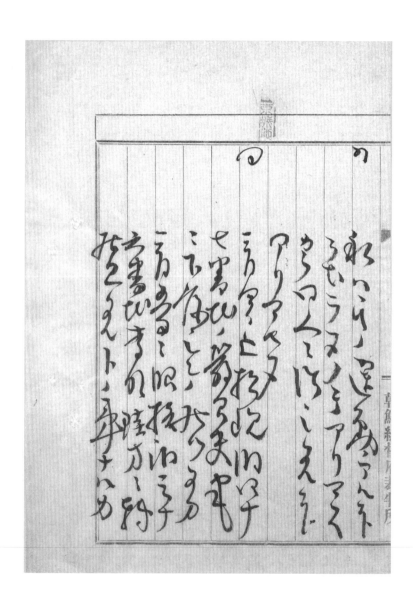

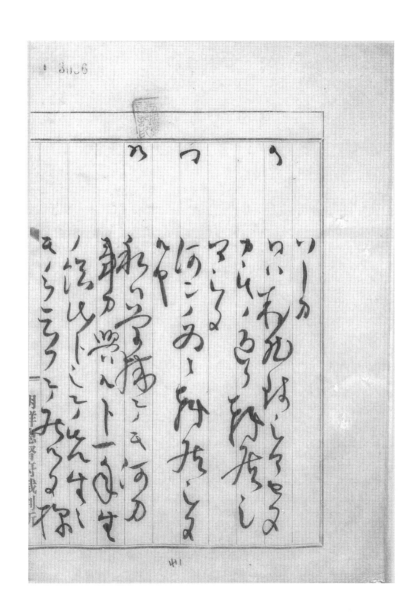

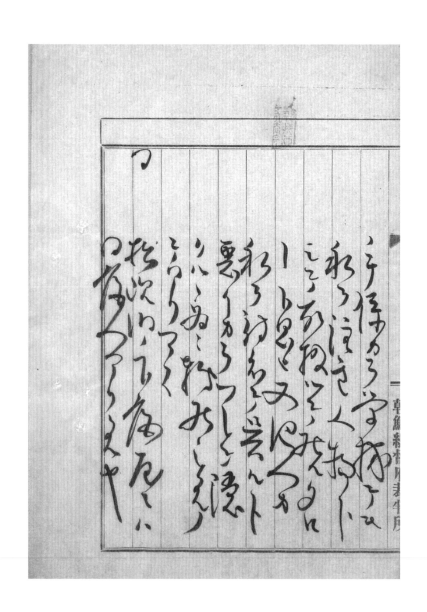

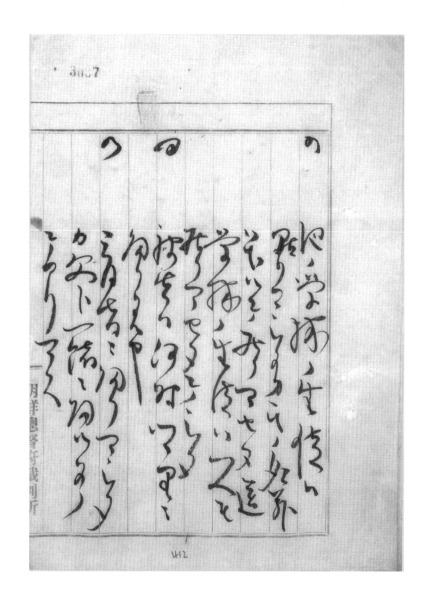

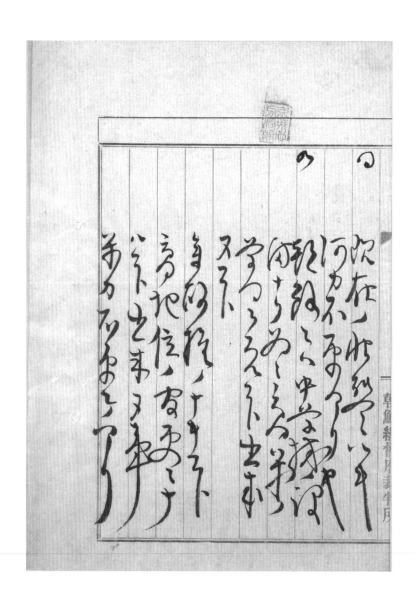

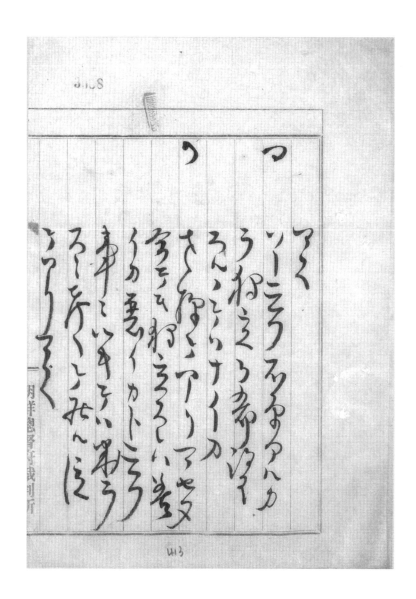

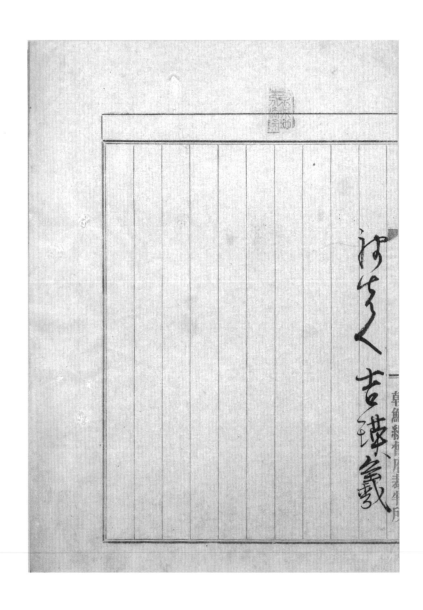

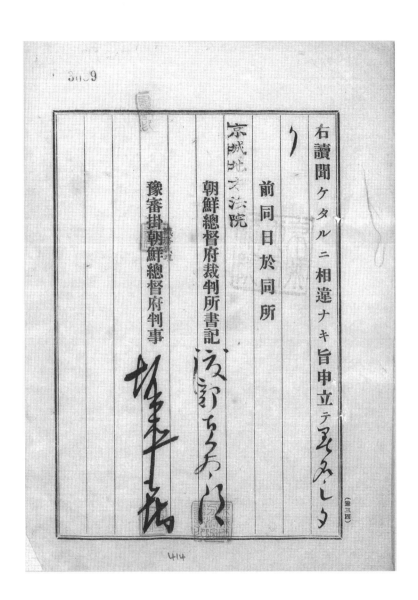

右讀聞ケタルニ相違ナキ旨申立テ署名シタ

前同日於同所

京城地方法院

朝鮮總督府裁判所書記

豫審掛朝鮮總督府判事

길영희 교장선생 재판기록

옮기고 엮은이 · 허경진
펴낸이 · 이정옥
펴낸곳 · **평민사**
2023년 11월 23일 초판 1쇄 인쇄
2023년 11월 30일 초판 1쇄 발행
주소 · 서울시 은평구 수색로 340, 202호
전화 · 375-8571(영업)
Fax · 375-8573
E-mail · pyung1976@naver.com
등록번호 · 제25100-2015-000102

값 15,000원
ISBN 978-89-7115-093-1 03300